Heyne Report ...

HEYNE BÜCHER

Jennings Michael Burch

Tiere sperren sie nur nachts ein

Die Geschichte eines Kindes, das überleben lernte

Deutsche Erstveröffentlichung

Wilhelm Heyne Verlag
München

HEYNE-REPORT
Nr. 10/4

Titel der amerikanischen Originalausgabe
THEY CAGE ANIMALS AT NIGHT
Deutsche Übersetzung von Sepp Leeb

Printed in Germany 1985
Umschlaggestaltung: Atelier Ingrid Schütz, München
Satz: Schaber, Wels
Druck und Bindung: Ebner Ulm

ISBN 3-453-43069-7

Für

Alan Arkin

und

Scarlet Rivera

Er schenkte mir Kraft und Zuversicht
Sie schenkte mir Frieden und Liebe

ANMERKUNG DES AUTORS

Hierbei handelt es sich um eine wahre Geschichte; nur die Namen der einzelnen Personen und Institutionen wurden geändert.

Vorwort

»Kelly!«

Sie trat von dem Gitter zurück, das sie von dem Schneeleoparden trennte. Dann ergriff sie meine Hand.

»Wo sind deine Schwestern?« fragte ich sie, während ich mich nach ihnen umsah.

»Lori ist mit Carolyn auf die Toilette.«

»Hol sie doch schon mal, ja? Wir müssen jetzt gehen.«

»Ach, können wir uns nicht noch die Seehunde ansehen?«

»Aber sicher. Hol erst deine Schwestern; dann treffen wir uns am Seehundbecken.«

Sie entfernte sich in Richtung des Raubtierhauses, wo sich auch die Toiletten befanden. Ich sah ihr nach, bis sie um die Ecke des Gebäudes verschwand.

Kelly ist die mittlere meiner Töchter. Sie ist zierlich und zart und ein wenig schüchtern. Sie erinnert mich sehr stark an mich als ich acht war. Und diese Szene erinnert mich an die Zeit, als dieser Ort, dieser Zoo, meine Zuflucht, mein Zuhause war. Es mag seltsam klingen, aber ich suchte Trost hier. Hier fand ich Unterschlupf vor meiner Angst und Einsamkeit. Hier verbarg ich mich vor Mißachtung und Lieblosigkeit.

Ich saß auf einer Bank am Seehundbecken und stemmte meine Fäuste in meine Taschen. Ich atmete die kühle, frische Luft dieser letzten Herbsttage ein und dachte zurück …

1

Es ist nicht gut, auf die Ritzen und Sprünge im Pflaster des Gehsteigs zu treten, aber Mama scheint das nicht zu verstehen. Ständig zerrte sie auf dem langen Weg von der U-Bahn an meinem Arm und ermahnte mich, gerade zu gehen. Es hatte fast den ganzen Vormittag geregnet, aber jetzt, am frühen Abend, lag nur noch dichter Nebel in der Luft. Der dunkelgraue Rauch aus den Schornsteinen entlang dieser Straße in Brooklyn mußte nicht sehr hoch steigen, um mit dem tiefhängenden Abendhimmel zu verschmelzen.

Wir waren unterwegs zu Freunden von Mama. Da es selten vorkam, daß ich mit ihr allein war, machte mir das naßkalte Wetter nichts aus und auch nicht, daß sie so schweigsam war und ständig an meinem Arm riß. Wir gingen ziemlich rasch. Obwohl ich sie mehrere Male fragte, ob wir zu spät kämen, gab sie mir keine Antwort. Ihre ansonsten sehr glatte Stirn hatte sich leicht in Falten gelegt, und ihre Augenbrauen hatten sich nachdenklich zusammengezogen.

»Ist irgendwas, Mama?«

Statt einer Antwort zog sie nur wieder an meinem Arm, als ich der nächsten Ritze im Pflaster auszuweichen versuchte. Dann ließ sie plötzlich meine kleine Hand los, um auf einen Zettel zu deuten, den sie aus ihrer Tasche geholt hatte.

»Sind wir jetzt da?« fragte ich. Als ich zu ihr aufsah, studierte sie nur den Zettel und die Hausnummern der umstehenden Gebäude, ohne mir zu antworten.

Dann griff sie wieder nach meiner Hand und zerrte mich weiter. Langsam begann ich durch das Loch in meinem linken Schuh die Nässe zu spüren. Die Socke klebte an meinen Zehen, während ich sie im Gehen zu bewegen versuchte.

Plötzlich blieb sie stehen und beugte sich zu mir herab, um mir ein paar Haare glatt zu streichen, die mir vom Kopf abstanden.

»So, und jetzt sei ein braver Junge.«

»Ja, Mama.« Das war meine Standardantwort, ob ich nun vorhatte, brav zu sein oder nicht.

Wir stiegen eine kurze, ausgetretene Treppe hoch, die an beiden Seiten von einem gußeisernen Geländer gesäumt war, und betraten durch eine auf Hochglanz polierte Holztür, die beim Öffnen quietschte, ein altmodisches Backsteingebäude. Im Flur wurden wir von einer ganz in Weiß gekleideten Nonne in Empfang genommen. Mama nickte sie zu; mich lächelte sie an. Ihre Nickelbrille war ihr fast bis auf die Nasenspitze heruntergerutscht, so daß sie uns beim Sprechen darüber hinweg ansah.

»Und wie heißt du, junger Mann?« wandte sie sich an mich.

»Jennings«, gab ich zur Antwort.

»Oh, das ist aber ein schöner Name«, meinte sie dazu, worauf sie sich umdrehte und uns einen sehr dunklen und schmalen Korridor entlangführte. Es war so ruhig und still, und der Geruch von brennenden Kerzen erweckte in mir den Eindruck, als wären wir in einer Kirche. Mama nahm mich oder einen meiner Brüder oft in die Kirche mit.

Ich klammerte mich fest an Mamas warme Hand. Am Ende des Korridors standen zwei Holzbänke mit roten Filzkissen.

»Sei ein braver Junge und warte hier«, sagte die Nonne und sah mich über ihre Brille hinweg an. »Deine Mutter und ich haben ein paar Dinge zu besprechen.«

Ich nickte, und dann verschwanden Mama und die Nonne in einem Büro, dessen Tür sich hinter ihnen schloß.

Ich wollte mich schon auf die hübschen Filzkissen setzen, als mir einfiel, daß meine Hose vom Regen noch feucht war. Deshalb stellte ich mich auf die Zehenspitzen und lugte durch ein Fenster aus buntem Glas. Ich kniff ein Auge zu und spähte durch die verschiedenfarbigen Scheiben.

»Jennings!« riß mich die Stimme der Nonne aus einer Welt voller rosa Autos und grüner Häuser. Ich drehte mich um und faßte wieder nach Mamas Hand. Sie wirkte traurig und hatte gerötete Augen.

»Was ist denn, Mama?«

Sie schüttelte nur den Kopf und drückte meine Hand fester, als wir wieder den dunklen Flur zurückgingen. Auf halbem Weg blieben wir vor einer Tür stehen, welche die Nonne für uns öffnete.

In dem großen, blau gestrichenen Raum dahinter wimmelte es von lärmenden Kindern. Als wir eintraten, verstummten die Kinder abrupt und starrten uns entgegen. Ihr Schweigen war mir unbehaglich.

Mama beugte sich zu mir herab, um mir aus meinem Mantel zu helfen. Und dann nahm sie mich in die Arme. Sie küßte mich mehreremale und strich ein letztes Mal nach meiner widerspenstigen Locke. Ich konnte ganz deutlich die Tränen in ihren Augen sehen, als sie mich mit einem gezwungenen Lächeln ansah. Sie machte mir Angst, so daß ich mich an ihren Arm klammerte.

»Mama! Was ist denn?«

Sie zog mich noch einmal an sich und umarmte mich. Meinen Mantel hatte ich immer noch erst zur Hälfte abgelegt, als sie sich aufrichtete. Sie packte mich an den Schultern, um mich zurückzuhalten. Und dann sagte sie mit eigenartig heiserer Stimme: »Ich bin gleich wieder zurück.«

Dann drehte sie sich um und verschwand durch die offene Tür. Die Nonne folgte ihr und schloß die Tür hinter sich.

Mich hinterließen sie inmitten von, wie es mir schien, tausend starrenden Augenpaaren. Mir war ganz komisch zumute. Ich war unfähig mich zu bewegen. Meinen Mantel ließ ich einfach von meiner linken Schulter baumeln. Die Augen starrten mich weiter an, während es meinen Kopf wild durchzuckte: Was ist los mit Mama? Warum hat sie mich von sich weggestoßen? Wo ist sie? Wo bin ich?

Langsam nahmen die anderen Kinder ihr Spiel wieder auf.

Erst nur ein paar, dann allmählich alle. Als ich sie spielen sah, kehrte langsam das Gefühl zurück, mich wieder bewegen zu können. Aber ich rührte mich nicht. Als meine Anspannung schließlich nachließ, begann ich, mich in dem Raum umzusehen.

Die blaue Wandfarbe blätterte bereits an einigen Stellen ab. Hinter den zwei sehr großen, beschlagenen Fenstern auf der einen Seite des Raums war es bereits Nacht. Von der Decke hingen ein halbes Dutzend Kugellampen. Der abgenutzte Holzfußboden war an den Wänden entlang von einem hohen Podest umgeben. Wozu es diente, begriff ich erst, als ein kleines Mädchen fast von einem Jungen auf einem Dreirad überfahren worden wäre. Das Podest diente der Sicherheit der Kinder. An den Ecken des Podests erhoben sich vier mächtige Säulen, welche die Decke zu stützen schienen. Und direkt mir gegenüber befanden sich zwei Türen. Über der einen stand »Jungen«, über der anderen »Mädchen«.

Ich bahnte mir einen Weg auf eine der Säulen in den Ekken des Raums zu. Dort setzte ich mich und beobachtete die Kinder beim Spielen und Raufen. Alle schienen mit den wenigen Fahr- und Dreirädern fahren zu wollen, die es in dem Raum gab. Allerdings hatten sich ihrer die Größeren bemächtigt. Zwei Jungen betraten den Raum und strebten schnurstracks auf ein Dreirad zu. Sie warfen den Jungen, der darauf saß, zu Boden und fuhren lachend davon.

Ich zog meine Beine an den Körper und schlang meine Arme um die Knie. Dann legte ich meinen Kopf seitlich auf meine Arme und schloß die Augen. Ich war ziemlich müde.

»Los, aufstehen!« fuhr mich eine Nonne barsch an. Sie stand drohend über mir. »Was machst du hier eigentlich?«

Ich war leicht benommen und verwirrt. Während ich noch aufzustehen versuchte, zog sie mich bereits an meinem Mantelkragen hoch.

»Ich warte auf meine Mutter.«

»Was du nicht sagst!« Sie begann, mich über den Boden des inzwischen leeren Raums zu zerren. Offensichtlich war ich eingeschlafen, und die anderen Kinder hatten währenddessen den Raum verlassen.

»Aber ich warte auf meine Mutter!« stieß ich mühsam hervor. Mein Mantelkragen schnürte sich um meine Kehle.

Mit einem Schwung riß die Nonne nun die Tür auf, über der Jungen stand und stieß mich hindurch. Ich taumelte in völlige Dunkelheit.

»Los, rein da!«

»Aber, Schwester ...«

»Rein mit dir!«

Sie packte mich heftig am Arm, so daß ich halb vom Boden hochgehoben wurde. Und dann wurde ich durch das Dunkel in einen schwach erhellten Raum gedrängt.

Dieser Raum war lang und schmal. Auf der einen Seite befanden sich, durch dunkle Türen getrennt, dicht über dem Boden kleine, rosa Lichter. Sie beleuchteten nur die untere Hälfte des Raums, so daß er sich nach oben hin in unendliche Dunkelheit zu erstrecken schien. Entlang der anderen Wand zog sich eine Reihe von Betten hin. Zwischen jeweils zwei Betten tat sich ein vergittertes Fenster auf. Ich hatte Angst.

Die Nonne stieß mich durch eine der Türen und tastete nach einem Lichtschalter. Der dahinterliegende Raum wurde plötzlich in grelles Licht getaucht. Es war ein Waschraum, mit Millionen winziger, weißer Fliesen gekachelt. Fußboden, Decke, Wände – alles. Unwillkürlich erinnerten mich die Fliesen an Chicklets-Kaugummi.

»Deine Nummer ist siebenundzwanzig. Vergiß das nicht!« Damit deutete die Nonne auf eine Reihe von Haken an der gegenüberliegenden Wand, von denen jeder mit einer Nummer versehen war. An den meisten Haken hingen Kleider, an einigen Schlafanzüge. »Hast du eine Zahnbürste?«

Da ich zu Hause eine hatte, antwortete ich: »Ja.«

»Also dann wasch dich jetzt, putz dir die Zähne und zieh dich um. Und sieh zu, daß du keinen Dreck machst!« Sie verschwand darauf ebenso schnell, wie sie gesprochen hatte, worüber ich nur froh war. Ich hatte Angst vor ihr.

Nachdem ich von dem Haken mit Nummer siebenundzwanzig den Schlafanzug genommen hatte, setzte ich mich auf die lange Holzbank unter den Haken und sah mich um. An der einen Wand war eine Reihe Waschbecken angebracht, an der anderen eine Reihe Toiletten. Als ich in den Schlafanzug schlüpfte, konnte ich plötzlich die Tränen nicht mehr zurückhalten. Ich ging auf eines der Waschbecken zu und drehte das Wasser auf. Es war kalt. Ich wusch mir das Gesicht und sah mich nach einem Handtuch um. Da es keines gab, trocknete ich mir das Gesicht am Schlafanzugärmel ab.

»Was machst du da schon wieder!« kreischte mich die Nonne an, als sie unvermutet wieder in den Raum trat. Sie hatte mich ganz schön erschreckt.

»Ich möchte zu meiner Mama«, schluchzte ich.

Sie schlug mir mit der flachen Hand ins Gesicht, so daß ich das Gefühl hatte, als bohrten sich unzählige heiße Nadeln in meine Wange.

»Die ist nicht mehr hier! Und jetzt laß das! Wo ist deine Zahnbürste?«

»Zu ... zu ...« Ich hatte Mühe, die Worte hervorzubringen. »... Hause.«

Aus den Nichts zauberte sie plötzlich eine in Papier gewickelte Zahnbürste hervor, die sie mir entgegenstreckte. Ich nahm sie entgegen und führte sie an meinen Mund, um mit den Zähnen das Papier zu entfernen. Sie schlug mich noch einmal.

»So machen wir das hier nicht!«

Ich faßte mir an meine brennende Wange. »Ich wollte doch nur das Papier ...«

»So wird das hier jedenfalls nicht gemacht.« Und dann verschwand sie wieder, etwas Unverständliches vor sich hin murmelnd.

Auf einem der Waschbecken fand ich eine Tube Zahnpasta und drückte mir etwas davon auf meine Zahnbürste, die immer noch mit Papier umwickelt war. Beim Zähneputzen gab das zwar ein komisches Gefühl, aber so wollte es die Nonne nun mal. Als ich mit dem Zähneputzen fertig war, steckte ich die Zahnbürste in die Gesäßtasche meiner Cordhose, die von dem Haken an der Wand hing, und trat auf die Tür zu. Ich spähte durch die Öffnung. Die Nonne saß am hinteren Ende des dunklen Raums an einem Schreibtisch, auf dem eine Lampe spärliches Licht von sich gab. Ich schaltete das Licht im Waschraum aus und näherte mich ihr. Ich blieb vor ihrem Schreibtisch stehen, ohne daß sie mir irgendwelche Beachtung schenkte. Plötzlich stand sie auf und rauschte an mir vorbei.

»Komm mit.«

Ich folgte ihr die lange Reihe von Betten hinunter, bis sie vor Bett Nummer siebenundzwanzig stehen blieb und darauf deutete. Ohne ein Wort kehrte sie dann wieder an ihren Schreibtisch zurück.

Ich zog mir meine Schlafanzughose fester um den Bauch und kletterte mit Mühe in das hohe, weiße Metallbett mit den Gitterstangen an Kopf- und Fußende. Ich schlüpfte unter die kalten Laken. Die Decke kratzte, und es roch stark nach Gummi.

Ich lag auf dem Rücken und versuchte, die Gestalten an der dunklen Decke zu erkennen. Aber es ging nicht. Hin und wieder hörte ich ein anderes Kind husten oder schniefen. Und plötzlich rief eine leise Stimme ganz schwach, so daß ich sie kaum hören konnte: »Schwester Frances.«

Ich wartete auf eine Antwort, die jedoch nicht kam. Warm rann mir eine Träne über die Wange und ins Ohr. Wo war ich, und warum war ich hier? Von irgendwo draußen warf eine Straßenlaterne gespenstische Schatten auf meine Bettdecke. Warum kommt Mama nicht zurück, fragte ich mich in dem grauen Licht.

Kinderstimmen weckten mich. Ich schlug die Augen auf und sah mich um. Der Raum sah ganz anders aus als am Abend zuvor. Er war größer und heller und hatte eine Decke. Überall liefen Kinder herum. Die meisten kannte ich bereits vom Spielsaal. Sie waren also gar nicht nach Hause gegangen. Neben dem Bett stand ein Nachtkästchen.

Ich kletterte aus dem Bett. Schwester Frances saß nicht hinter ihrem Schreibtisch. Statt dessen fiel mein Blick auf eine jüngere Nonne. Sie war hübscher und hatte dunkle Augenbrauen und Grübchen in den Wangen. Sie knöpfte einem der kleineren Jungen das Hemd zu. Außerdem lächelte sie.

Ich ging in den Waschraum. Zu meiner Erleichterung waren noch alle meine Sachen da. Ich hängte den Schlafanzug an den Haken und steckte die Zahnbürste in die Brusttasche. Ich hatte keine Lust, mir die Zähne schon wieder zu putzen. Ich betupfte mir die Augen mit Wasser und trocknete mich mit dem Hemdsärmel ab. Ich hatte zu viel Angst, um jemanden zu fragen, woher sie die Handtücher und Waschlappen hatten, und außerdem war es mir egal. Sicher würde Mama gleich kommen, so daß ich wieder nach Hause konnte. Ich zog meinen Mantel an und folgte ein paar anderen Jungen aus dem Waschraum. Da sie sich vor ihren Betten aufstellten, tat ich das gleiche. Mir fiel auf, daß ich als einziger einen Mantel trug. Vermutlich war ich der einzige, der wieder nach Hause ging.

»Warum hängst du deinen Mantel nicht an den Haken?« fragte mich die Nonne mit den Grübchen.

»Ich gehe gleich nach Hause«, erwiderte ich.

»Aber erst wollen wir doch alle noch frühstücken. Häng also so lange deinen Mantel auf, ja?«

Ich trat aus der Reihe und hängte meinen Mantel wieder zurück an den Haken. Als ich mich wieder vor meinem Bett aufstellte, war die Nonne mit den Grübchen verschwunden.

Statt dessen trat Schwester Frances in den Raum. Die Jungen um mich herum erstarrten. Sie war groß und mager. Ihr eingefallenes Gesicht glänzte. Sie sprach kein Wort, sondern klickte nur mit einem Schnapper, den sie in der einen Hand hielt. Ich hatte auch mal so ein Ding gehabt und zwar aus einem Kaugummiautomaten. Die Kinder marschierten im

Takt des Schnappers los, und ich schloß mich ihnen an. So gingen wir durch ein Labyrinth aus Gängen, bis wir einen Speisesaal erreichten.

Der Raum war riesengroß, ähnlich dem Speisesaal in der Schule. An den langen Tischreihen standen Dutzende von Stühlen. Nach dem Betreten des Speisesaals wand sich die Reihe von Kindern wie eine Schlange um die Tischreihen; die Mädchen, die von der anderen Seite hereinkamen, machten es genauso. Auf ein letztes Klicken des Schnappers hin blieben wir dann stehen. Noch einmal ein Klicken, und wir drehten uns um. Vor mir stand Stuhl Nummer siebenundzwanzig. Ich setzte mich. Da durchzuckte ein schrecklicher Schmerz mein linkes Ohr. Schwester Frances hatte mein Ohr gepackt und zog mich daran wieder vom Stuhl hoch. Sie gab den anderen mit einem Klicken das Zeichen zum Sitzen, bevor sie mich losließ.

»Setz dich, wenn du dazu aufgefordert wirst – aber nicht eine Sekunde früher!« Sie deutete auf eine Stelle hinter dem Stuhl. »Und jetzt stell dich dorthin!«

Ich stellte mich auf die Stelle, auf die sie deutete. Um nicht in Tränen auszubrechen, starrte ich zur Decke hoch. Sie sah genauso aus wie die Decke des Spielsaals. Dieselben Kugellampen und dieselben Risse im Putz. Ich fragte mich, wann Mama wohl kommen würde, um mich abzuholen. Wo war ich überhaupt, und was machten alle diese Kinder hier? Ich hoffte, nicht mehr viel länger hierbleiben zu müssen. Ich mochte Schwester Frances nicht – sie tat mir weh. Die Kinder stürzten sich auf das Essen. Es roch nach Waffeln oder Pfannkuchen; nach was genau, konnte ich nicht feststellen, und ich war nicht gewillt, meinen Blick zu senken, um mich zu vergewissern.

Ein scharfes Klicken riß mich in den Saal zurück und die anderen Kinder auf ihre Beine. Und dann führte uns das sich rhythmisch wiederholende Geräusch aus dem Speisesaal über mehrere Korridore in eine Art Spielsaal mit einem grün-weiß gekachelten Fußboden. Mit dem Betreten des

Raums löste sich die Reihe auf. Die anderen Kinder stürzten sich auf die Spielsachen, mit denen sie am liebsten spielten. Ich blieb an der Tür stehen.

Eine Wand des Raums bestand ausschließlich aus Glastüren. Ein paar der Scheiben hatten Sprünge, andere fehlten ganz. Sie waren durch Holzplatten ersetzt worden. Die Türen öffneten sich auf einen gepflasterten Hof, der von einem hohen Drahtzaun umgeben war. Entlang zweier Wände standen Regale mit allen möglichen Spielsachen: Spiele, Puzzles, Zeichenblöcke, Blechautos und Bälle. Außerdem waren mehrere Tische mit schachbrettmusterartig bemalten Platten und dazu gehörige Stühle über den Raum verteilt.

Ich setzte mich an den Tisch, welcher der Tür am nächsten stand. Um zu sehen, ob es sich bewegen ließ, fuhr ich mit dem Fingernagel den Rand eines der Schachbrettkaros entlang. Es rührte sich nicht. Ich beobachtete die Kinder beim Spielen und Raufen. Ich fühlte mich schrecklich allein. Vielleicht war Mama aus irgendeinem Grund böse auf mich. Wenn ich etwas angestellt hatte, dann mußte es etwas sehr Schlimmes gewesen sein. Aber ich hatte keine Ahnung, was das hätte sein können.

»Wer bist du?« riß mich eine Stimme aus meinen Gedanken. Um mich herum standen vier Jungen. »Wer bist du?« wiederholte einer von ihnen ziemlich schroff.

»Siebenundzwanzig«, antwortete ich, ohne lange nachzudenken. Bevor ich Zeit fand, mich zu verbessern, lachten sie schallend los. »Jennings«, versuchte ich, ihr Gelächter zu übertönen. »Ich heiße Jennings.«

»Und wie heißt du mit Vornamen?« wollte derselbe Junge in unverändert schroffem Ton wissen.

»Jennings ist mein Vorname.«

Das ließ sie nur noch lauter lachen. Der Sprecher der Jungen war größer und älter als die meisten der im Raum anwesenden Kinder. Er hatte schwarzes, gelocktes Haar und ein paar Pickel am Kinn und an den Schläfen. Er verkündete allen lautstark, ich hieße Jenny. Ich wollte ihn verbessern, aber meine Erklärungen gingen im allgemeinen Gelächter unter. Ich hatte Mühe, meine Tränen zurückzuhalten. Mit geballten Fäusten versuchte ich aufzustehen, aber der große Junge packte mich am Handgelenk und stieß mich auf den Stuhl zurück.

»Schaut!« Er deutete mit dem Finger auf mich. »Er ist kein Junge, sondern ein Mädchen. Er heißt Jenny und flennt.«

Ich versuchte, mir mit jedem trockenen Gegenstand, der mir zur Verfügung stand – meinen Ärmeln, meinen Fingern, meinen Handflächen –, die Tränen aus den Augen zu wischen, und ich bestand darauf, kein Mädchen zu sein und nicht zu weinen, aber niemand hörte mir zu. Während das Gelächter nun langsam verstummte und die Jungen sich von mir zurückzogen, verbarg ich mein Gesicht in meinen Händen.

»Ich finde nicht, daß du ein Mädchen bist.«

Als ich meine Hände zurückzog, fiel mein Blick auf einen Jungen etwa meines Alters, der mir gegenüber saß.

»Ich bin kein Mädchen! Ich bin ein Junge!«

»Ich heiße Mark und habe die Nummer neun«, erklärte er ziemlich stolz. Er war klein und rundlich und trug eine dicke Hornbrille. Sein dunkles Haar war flach an seinen Kopf geklatscht; nur am Hinterkopf standen ihm ein paar widerspenstige Strähnen ab. Irgendwie sah er aus wie eine Eule.

»Das ist eine tolle Nummer«, erwiderte ich. »Ich heiße Jennings und bin Siebenundzwanzig.«

»Siebenundzwanzig«, stieß er erstaunt hervor. »So alt bist du schon?«

»Nein«, lachte ich. »Siebenundzwanzig ist meine Nummer. Ich bin erst achteinhalb Jahre alt.«

Dies war das erste Mal, daß ich gelacht hatte, seit ich meinen Fuß über die Schwelle dieses Hauses gesetzt hatte.

»Kümmre dich nicht um diese Heinis«, tröstete mich der dicke Junge und schnippte dabei mit seinen Daumen in ihre Richtung. »Die versuchen ständig, die anderen zu ärgern.«

Ich hörte gar nicht richtig auf das, was er sagte. Aber nun fragte ich ihn: »Wo sind wir hier eigentlich?«

»Im Tagesraum.« Meine Frage schien ihn überrascht zu haben.

»Nein, ich meine das Ganze hier.«

»Ach so! Im Heim der guten Engel.«

»Aha«, erwiderte ich kleinlaut. Mein Gesicht hatte ihm wohl verraten, daß mir das immer noch nichts sagte.

»Das ist ein Heim. Weißt du, ein Heim ... für Waisen- und Pflegekinder.«

»Ein Heim?« Ich war betäubt. »Für Waisenkinder?«

Er nickte. »Mhm.«

»Aber ich bin doch gar kein Waise, oder?«

»Woher soll ich das wissen.«

»Ich weiß auch nicht. Meine Mutter hat mich hierher gebracht. Und sie hat gesagt, sie wäre gleich wieder zurück ...«

»Tja, dann bist du ein Pflegekind«, erklärte er sachlich.

»Ich? Ich ein Pflegekind?«

»Mhm.«

»Was ist ein Pflegekind überhaupt?«

»Du bist mir vielleicht einer!« Er schob mit dem Zeigefinger seine Brille nach oben, als könnte sie ihm jeden Augenblick von der Nase rutschen. »Ein Pflegekind ist ... äh ... ist ein Kind, das noch Eltern hat. Aber! Sie wollen es nicht mehr.«

»Meine Mutter will mich aber!« protestierte ich.

Mark saß ganz ruhig da. Er sprach sehr gemessen. »Warum bist du dann hier?«

Auf diese Frage wußte ich keine Antwort. Meine Unterlippe begann zu zittern.

»Trotzdem«, fuhr er fort, »es ist besser, ein Pflegekind zu sein als ein Waise.«

»Warum?« stieß ich hervor. Tränen kitzelten bereits wieder an meinen Lidern. Mühsam versuchte ich, sie zurückzuhalten.

»Weil ein Pflegekind hier mal wieder rauskommt.«

»Ach ja, wirklich?« blinzelte ich und wischte mir rasch eine verstohlene Träne aus dem Augenwinkel. »Wird meine Mama mich bald wieder abholen und wieder nach Hause mitnehmen?«

»Hm ... das kann ich nicht sagen, aber zumindest kommen Pflegekinder manchmal von hier weg, und dann leben sie bei Leuten.«

»Bei Leuten? Bei was für Leuten?«

»Ich weiß auch nicht. Bei irgendwelchen Leuten eben. Sie kommen und nehmen irgendein Kind mit. Irgendwelche Leute eben.«

»Ich möchte aber nicht bei irgendwelchen Leuten wohnen.«

»Meine Güte«, zuckte Mark die Achseln.

Ich nahm an, daß er sauer auf mich war, weil er nicht mehr weitersprach.

»Sind das nette Leute?« fragte ich deshalb. Ich wollte, daß er weiter mit mir redete.

»Das weiß ich nicht. Ich bin Waisenkind.«

»Willst du damit sagen, daß Waisenkinder nicht bei Leuten zu Hause wohnen?«

Er schob neuerlich seine Brille die Nase hoch. »Die meisten nicht. Und wenn, dann nur die ganz kleinen. Aber die meisten nicht.«

»Hast du schon mal ...?«

»Nein!« unterbrach er mich abrupt. »Wer will schon eine häßliche, fette, kleine Brillenschlange.«

Seine Antwort erstaunte mich.

»So schlimm ist es hier außerdem gar nicht.« Er sah sich im Raum um, als spräche er mehr zu sich selbst. »Sobald du mal die Spielregeln kapiert hast, ist es gar nicht mehr so schlimm.«

»Wie lange bist du schon hier?«

»Ich bin schon immer hier. Als ich noch ganz klein war, hat mich niemand gewollt. Deshalb bin ich hier. Hast du Lust, Dame zu spielen?«

Ich nickte. Er entfernte sich, um Steine zu holen. Ich konnte einfach nicht glauben, daß Mama mich nicht mehr haben wollte. Angestrengt versuchte ich nachzudenken, was ich Schlimmes getan haben könnte, daß Mama mich hierher gebracht hatte.

Als Mark zurückkam, spielten wir zwei Partien Dame. Keiner von uns sprach sonderlich viel. Ich verlor beide Spiele.

»Du spielst nicht gerade besonders gut, was?«

»Ich glaube, ich habe nicht richtig aufgepaßt. Ich möchte nach Hause.«

»Damit wären wir schon bei Regel Nummer eins!« wies er mich streng zurecht. »Denk nie an zu Hause.«

»Ich will aber nach Hause.«

»Natürlich willst du das. Wir alle wollen das. Na ja, vielleicht nicht unbedingt nach Hause, aber irgendwohin zumindest.« Er schob seine Brille zurück. »Jedenfalls kannst du unmöglich den ganzen Tag hier rumlaufen und immer nur an zu Hause denken. Das macht dich nämlich nur verrückt!« Er schüttelte den Kopf und machte sich daran, die Steine für die nächste Partie aufzustellen.

»Es ist aber sehr schwer, nicht daran zu denken«, murmelte ich.

»Ich weiß. Aber du wirst dich schon daran gewöhnen. Außerdem hast du gar keine andere Wahl.«

Wir begannen ein neues Spiel. Ich versuchte, mich an Regel Nummer eins zu halten, aber es war einfach zu schwer. Mir gefiel es hier nicht, und ich wollte nach Hause.

Ein Klicken ließ uns mitten in der Bewegung erstarren. Das nächste Klicken ließ alle durch den Raum stürzen und sich in einer Reihe aufstellen. Ich stand hinter Mark und wartete auf das nächste Klicken. Da ich mächtigen Hunger hatte, hoffte ich, es würde Mittagessen geben.

Tatsächlich begaben wir uns durch dasselbe Gewirr aus Fluren zurück in den Speisesaal. Während wir uns an den Tischen vorbeischlängelten, versuchte ich einen Blick zu erhaschen, was es zum Essen geben würde. Allerdings konnte ich nur Brötchen und Butter erkennen. Auf ein Klicken hin hielten wir an, um uns auf das nächste hin umzudrehen. Ich stand vor Stuhl Nummer zehn. Im nächsten Augenblick wurde ich auch schon von dem Jungen mit dieser Nummer beiseite gestoßen. Wieder einmal bloßgestellt, schloß ich die Augen und hielt mir die Augen zu, als ich das wutentbrannte Gesicht von Schwester Frances auf mich zuschießen sah. Sie packte mich an den Haaren und schleifte mich zu Stuhl siebenundzwanzig. Mit einem Klicken gab sie den anderen das Zeichen zum Setzen. Ihre freie Hand bohrte sich direkt in meine Schulter. Mir blieb nichts anderes übrig, als den Kopf einzuziehen und zu warten. Überflüssig zu sagen, daß ich mich auch diesmal weder setzen noch etwas essen durfte.

Das Mittagessen kam mir wesentlich länger vor als das Frühstück. Ich achtete nicht auf die spöttischen Bemerkungen der anderen. Statt dessen beobachtete ich den Jungen auf Stuhl sechsundzwanzig. Er hatte schmutzigblondes Haar und seltsam große Ohren. Sein Gesicht konnte ich nicht sehen. Also begnügte ich mich mit seinem Hinterkopf.

Als das Mittagessen schließlich beendet war, waren meine Blicke immer noch auf den Hinterkopf von Sechsundzwanzig geheftet. Ich mußte an Marks Bemerkung denken, daß es nicht mehr so schlimm war, sobald man die Regeln kannte. Jedenfalls würde ich verhungern, wenn ich sie nicht bald lernte.

Die Schlange glitt nun in einen schulzimmerartigen Spielsaal. Im vorderen Teil waren mehrere Pulte aufgestellt, im hinteren standen gewöhnliche Spieltische und Stühle. An einer Wand hingen drei riesige Tafeln, die über und über mit Kreide bekritzelt waren. Halb lesend, halb schlafend, saß eine verhutzelte, alte Nonne – sie hätte gut und gern hundert Jahre alt sein können – in einer Ecke des Raums.

Die Kinder begannen sofort zu malen und zu zeichnen. Ich saß mit dem Rücken zu den Tafeln. Der Regen draußen schwoll mit einemmal mächtig an. Laut klatschte er gegen die

Glastüren. Ein Blitz, gefolgt von einem mächtigen Donnerschlag, wurde mit einer Reihe von Ooohs und Aaahs zur Kenntnis genommen. Ich behielt unverwandt Nummer sechsundzwanzig im Auge.

»Worauf starrst du denn dauernd?« wollte Mark wissen, als er neben mir Platz nahm.

»Auf Sechsundzwanzig.«

»Tut mir leid, aber ich habe vorhin nicht gemerkt, daß du hinter mir warst.«

»Das ist doch nicht deine Schuld.«

»Ich hätte trotzdem aufpassen sollen.« Damit zog er ein Brötchen unter seinem Hemd hervor.

»Mehr konnte ich nicht ergattern«, meinte er, als er es mir reichte. »Den Rest habe ich selbst gegessen.«

Ich nahm das Brötchen an mich und schlang es gierig hinunter, so daß es nach zwei Bissen verschwunden war. Wäre mein Mund etwas größer gewesen, hätte einer genügt.

»In Zukunft werde ich schon dafür sorgen, daß du beim Essen am richtigen Platz stehst.«

»Von jetzt ab werde ich selbst aufpassen, daß ich am richtigen Platz bin. Falls ich nicht inzwischen ...« Bei den letzten Worten riß ich die Augen übertrieben weit auf und ließ meine Zunge heraushängen, als wäre ich dem Ende nahe.

Wir kritzelten auf der Tafel herum und lachten über die verhutzelte Nonne, die in ihrer Ecke endgültig eingenickt war, als wir unvermutet unterbrochen wurden.

»Was gibt's denn hier zu lachen, Dicker?«

Es waren wieder diese vier Jungen, die mich schon einmal belästigt hatten. Ihr Wortführer war auch diesmal der picklige Kerl mit den gelockten Haaren. Offensichtlich richtete er sich diesmal jedoch an Mark.

»Ich habe dich was gefragt, Dicker. Bist du taub oder was?«

Mark ignorierte ihn einfach und zeichnete weiter. Mir war zwar nicht ganz wohl in meiner Haut zumute, aber ich tat es trotzdem Mark gleich.

»Hey, mal alle hergehört! Wir haben hier einen tauben Elefanten und ein kleines Mädchen. Sie schreiben ihre Namen auf die Tafel.« Er schaffte es, alle zum Lachen zu bringen.

Mark erweckte den Eindruck als berührte ihn das Ganze tatsächlich nicht. Dagegen mußte ich mir schon etwas mehr Mühe geben. Sie ließen noch ein paar spitze Bemerkungen fallen, die größtenteils gegen Mark gerichtet waren, bis sie sich schließlich ein neues Opfer suchten.

»Macht dir denn das nichts aus?« fragte ich Mark.

»Natürlich macht es mir was aus. Aber er braucht das ja nicht zu wissen. Er sucht nur jemanden, mit dem er sich anlegen kann. Nichts weiter. Er sagt alles mögliche, um einen auf die Palme zu bringen. Und wenn du dann tatsächlich hochgehst ... Peng! Dann kriegst du Prügel. Er kommt sich mächtig stark vor.«

»Ist er das denn auch?«

»Ich schätze schon. Aber eines Tages ...« Er ballte grimmig die Fäuste. »... werde ich es Butch heimzahlen.«

»Butch? Ist das sein Name?«

»Ja.«

»Ist dir eigentlich schon mal aufgefallen, daß diese Schlägertypen immer Butch heißen?«

Mark lachte. »Vermutlich wären sie nicht so frech, wenn sie Felix oder Elmer oder sonst irgendwie hießen.«

»Vielleicht wären sie sogar noch schlimmer.«

Wir lachten beide, um jedoch gleichzeitig abrupt innezuhalten und uns umzuwenden, ob Butch nicht in der Nähe war. Er war nicht da, worauf wir nur um so ausgelassener weiterkicherten.

»Ich habe zwei Brüder; das sind vielleicht harte Burschen. Obwohl, sie sind wohl eher gemein als hart.«

»Heißen die auch Butch?« kicherte Mark.

»Nein. George und Walter.«

»Und sie sind also gemein. Warum findest du, daß sie gemein sind?«

»Weil sie Larry und mich ständig ärgern.« Ich äffte ihren Kommandoton nach: »Und dann schimpfen sie ständig mit mir herum: mach dies und mach das!«

»Wer ist Larry?«

»Larry ist auch ein Bruder von mir.«

»Noch einer! Wie viele Brüder hast du denn?«

»Fünf.«

»Fünf!« Mark lehnte sich zurück, als würde er jeden Augenblick in Ohnmacht fallen. »Ich habe noch nie von jemandem gehört, der fünf Brüder hat. Hast du auch Schwestern?«

»Nein. Zumindest nicht mehr. Ich hatte eine, Mary Ann; aber sie ist kurz nach ihrer Geburt gestorben.«

»Ist sie schon lange tot?«

»Ja. Vor zwei Wochen wäre sie sechs geworden. Am fünften Oktober. Ich weiß, wann ihr Geburtstag ist, weil Mama dann immer weint. Wann hast du Geburtstag?«

»Äh …«

Offensichtlich hatte ich ihn mit dieser Frage überrumpelt.

»Ich habe keinen Geburtstag. Das heißt, ich weiß nicht, wann ich Geburtstag habe.«

»Wie alt bist du denn?«

»Das weiß ich auch nicht. Wahrscheinlich acht oder neun. Sind alle deine Brüder älter als du?« Ihm schien daran gelegen zu sein, das Thema zu wechseln.

»Nein. Vier sind älter und einer jünger.« Ich schnitt eine Grimasse als ich das Wort »jünger« sagte.

»Wieso, was ist denn mit ihm?«

»Ach, nichts. Gene ist nur ein fürchterlicher Quälgeist, nichts weiter. Er ist vier.« Ich verzog verächtlich den Mund. »Er kann manchmal wirklich verdammt lästig sein.«

»Ist er auch in einem Heim?«

Diese Vorstellung versetzte mir einen Schock. Ich spürte bereits wieder die Tränen in meinen Augen. »Ich weiß nicht«, antwortete ich kleinlaut.

»Entschuldigung, daß ich gefragt habe. Reden wir lieber

über was anderes.« Damit vertiefte er sich wieder in seine Zeichnungen.

»Schon gut.« Blinzelnd verscheuchte ich den Gedanken, Gene könnte sich auch an so einem Ort befinden.

»Komm schon, jetzt sei doch nicht gleich eingeschnappt.«

»Ich bin nicht eingeschnappt«, rechtfertigte ich mich. »Wenn du willst, können wir ruhig weiter über meine Brüder sprechen.«

»Weißt du, ich höre nämlich gern Geschichten, in denen Brüder vorkommen.«

»Also, George ist mein ältester Bruder«, begann ich darauf. »In Baseball ist er wirklich einsame Klasse. Und er kann einen Ball fünfzig Meter weit werfen.«

»Das ist ja ganz schön weit.« Marks Augen weiteten sich.

»Ja, George ist verdammt stark. Er wäre ein richtig toller Bruder, wenn er nicht trinken würde und so gemein zu Mama wäre.«

»Er trinkt? Wie alt ist George denn?«

»Fünfzehn.«

»Fünfzehn! Und er trinkt schon!«

Ich nickte.

»Schlägt ihn dein Vater denn nicht?«

»Ich habe keinen Vater. Er ist vor langer Zeit im Krieg gestorben.«

»Und deine Mutter? Verabreicht sie ihm keine ordentliche Tracht Prügel?«

»Nein, sie hat Angst vor ihm. Wir haben alle Angst vor ihm – außer Walter vielleicht. Er prügelt sich ständig mit ihm herum.«

»Wie alt ist er denn?«

»Vierzehn, und er ist wirklich schlau.« Ich hob meine Augenbrauen. »Er ist ständig am Lesen und Studieren.«

Klick!

Ich erstarrte. Aber die anderen zeigten sich ungerührt.

»Was ist denn jetzt los?«

»Ich muß zum Unterricht.« Mark wischte sich am Hosenboden die Kreide von den Händen. »Alle Lebenslänglichen müssen jetzt zum Unterricht. Bis nachher also.«

»Muß ich denn nicht?«

»Nein. Du bist kein Lebenslänglicher, nur ein Teilzeitler.«

»Ein Teilzeitler?«

»Ja. Ich habe jetzt nicht mehr genügend Zeit, um es dir zu erklären, aber das läßt sich ja später nachholen.« Damit ordnete er sich in eine Reihe von Jungen ein, die den Raum verließen.

Ich sah mich rasch im Saal um. Glücklicherweise war Sechsundzwanzig noch da.

Im Raum war es jetzt etwas ruhiger. Butch und seine Freunde waren weg. Die meisten Jungen, die nicht zum Unterricht gegangen waren, zeichneten oder malten, und ein paar saßen einfach nur da und dachten nach oder träumten vor sich hin. Vermutlich verstießen sie gerade gegen Regel eins – wie ich. Der Regen prasselte lautstark gegen die Glastüren. Ich hätte gern gewußt, was meine Brüder im Augenblick trieben. Ob sie auch in solchen Heimen steckten? Ich hatte Hunger und hoffte, daß bald das Klicken ertönen würde. Ich war mir sicher, daß es dann Abendessen geben würde.

Von den Blitzen und dem lauten Donner bekamen einige Kinder Angst. Endlich ertönte das ersehnte Klicken.

Als ich hinter den anderen an den langen Tischreihen entlangstrich, stieg bereits der Essensgeruch in meine Nase. Ich hatte keine Ahnung, was es geben würde. Aber es war mir auch egal. Auf das nächste Klicken hin blieb ich stehen und drehte mich um. Es schien Jahre zu dauern, bis das Klicken ertönte, nach dem ich mich setzen und mit dem Essen beginnen durfte.

Klick!

Etwa in Armeslänge von mir lag ein großer Haufen Weißbrot auf dem Tisch. Ich hätte mir gern ein Stück genommen, aber ich hatte Angst. Ich wartete, daß erst ein anderer Junge zugriff. Aber keiner nahm etwas von dem Brot. Als ein

Junge von seinem Glas Milch trank, nahm ich auch einen Schluck. Noch nie hatte mir ein Schluck Milch so gut geschmeckt.

Ein paar Nonnen, die Schürzen umgebunden hatten, trugen große Schüsseln mit Essen in den Saal. Eine von ihnen trat an meinen Tisch. Ich sah ihr zu, wie sie jedem Jungen am Tisch etwas Eintopf in seinen Teller gab. Bis sie zu mir kam, hatte ich in Gedanken bereits sämtliche Teller der Jungen in meiner Umgebung leer gegessen. Es war wunderbar. Sie häufte mir einen großen Löffel Eintopf auf meinen Teller. Es roch herrlich. Ich vergewisserte mich, was die anderen taten. Sie aßen. Ich ergriff meinen Löffel, und in kürzester Zeit hatte ich meinen Teller zusammen mit drei Stück Brot leer gegessen. Erst als mir der Junge neben mir seinen halb vollen Teller unter die Nase schob, wurde mir bewußt, daß der Eintopf wirklich nicht gerade umwerfend schmeckte. Ich grinste ihn an und aß auch seinen Teller.

Klick!

Das Essen war vorbei. Ich griff nach einem Stück Brot und stopfte es mir unters Hemd. Im Rhythmus des Klickens marschierten wir aus dem Speisesaal in den Spielsaal.

Mark und ich setzten uns auf das Podest. Jedesmal, wenn ein Dreirad zu nahe kam, hoben wir die Beine, um sie dann gleichzeitig wieder herunterzulassen.

»Was ist ein Teilzeitler?« fragte ich. »Und warum müssen sie nicht in die Schule?«

»Sie haben nicht genügend Platz für alle, und die Teilzeitler bleiben nicht so lange hier. Sie kommen entweder wieder nach Hause zurück, oder sie werden an jemanden ausgeliehen, um dann bei denen zu leben.« Und er fügte rasch hinzu: »Und jetzt fang nicht gleich wieder zu flennen an. Ich wollte damit nicht sagen, daß du ausgeliehen wirst. Ich habe das nur als Beispiel angeführt.«

»Ich werde schon nicht heulen.«

»Gut! Die Lebenslänglichen bleiben immer hier. Deshalb müssen wir auch in die Schule gehen. Verstehst du?«

»Ja.«

»Und jetzt erzähl mir noch von deinen zwei anderen Brüdern. Larry und – wie hieß der andere noch gleich?«

»Jerome.«

»Ja, erzähl mir von Larry und Jerome.«

»Tja, über Jerome gibt es nicht viel zu erzählen – das heißt, ich habe ihn noch nie gesehen.«

»Du hast ihn noch nie gesehen? Du hast deinen eigenen Bruder noch nie gesehen?« Mark schien sichtlich verblüfft.

»Nein, er liegt in irgendeinem Krankenhaus und stirbt.«

»Er stirbt? An was?«

»An einem Herzfehler. Meine Mutter hat gesagt, wir sollten für ihn beten, weil er bald sterben wird.«

»Wie bald?«

»Das weiß ich nicht. Ziemlich bald.«

»Wie alt ist er?«

»Er ist … äh, laß mich mal überlegen … er ist ungefähr zehn. Er ist im Krankenhaus, seit ich zurückdenken kann.«

»Dann ist er ja auch ein Lebenslänglicher wie ich.«

»Ja, wahrscheinlich. Von der Seite habe ich das bisher zwar noch nicht betrachtet, aber vermutlich hast du recht.«

»Wird Larry auch sterben?«

»Nein«, kicherte ich. »Wenn er sich das auch manchmal einbildet. George und Walter hacken ständig auf ihm herum: er soll dies und jenes machen – du weißt schon, aufräumen, saubermachen, Geschirr spülen und diesen ganzen Kram. Mama arbeitet nämlich nachts – sie ist bei einer Telefongesellschaft – und schläft deshalb tagsüber. Darum führen bei uns zu Hause George und Walter das Regiment.«

»Das wäre ja genau das richtige für Butch«, warf Mark lachend ein.

»Das brauchst du nicht zweimal zu sagen. Walter nennt Larry ›blöder Ochse‹, und George nennt ihn ›Brillenschlange‹.« Ich warf einen verstohlenen Blick in Richtung Mark, der sich gerade wieder einmal seine Brille hochschob. »Entschuldige, aber ich nenne ihn nicht ›Brillen …‹«

»Schon gut. Sie nennen doch jeden mit einer Brille ›Brillenschlange‹.«

»Also ich tue das nicht. Ich nenne ihn auch nicht ›blöder Ochse‹, weil ich Larry nämlich mag. Er ist mein Lieblingsbruder.«

»Ich glaube, ich würde Larry auch mögen. Ich glaube überhaupt, daß ich alle deine Brüder gern zu Brüdern hätte.«

»Das kann ich mir nicht vorstellen!«

»Ich habe überhaupt keine Brüder. Deshalb würde es mir nichts ausmachen, wenn einer vielleicht etwas lästig – oder sogar gemein – wäre, solange ich nur überhaupt einen Bruder hätte.«

Dieser Gedanke war mir noch nie gekommen. Ich ließ mir diese Bemerkung eine Weile durch den Kopf gehen. »Nein, Mark, du würdest bestimmt nicht jeden zum Bruder haben wollen. Jemanden wie Larry, sicher; aber nicht jeden.«

Wir hoben wieder einmal unsere Beine, als das große, rote Dreirad vorbeisauste.

»Wie schafft man es, auch mal auf dem Dreirad zu fahren?« fragte ich Mark.

»Dazu gehört eine ordentliche Portion Schneid!« lachte Mark.

»Ich habe gestern gesehen, wie Butch und seine Freunde einen Jungen einfach heruntergeworfen haben.«

»Genau deshalb brauchst du Mut dazu. Übrigens, die anderen drei sind nicht seine Freunde.«

»Ach, ich dachte, sie wären mit ihm befreundet.«

»Nein. Hier gibt es überhaupt keine Freunde. Sie rennen nur ständig hinter Butch her und lachen, wenn er lacht. Auf diese Weise wollen sie vermeiden, daß er sie piesackt.«

»Wie meinst du das? Hier gibt es keine Freunde. Sind wir denn keine Freunde?«

Darauf gab er mir keine Antwort. Er starrte nur auf die anderen Jungen, die in der Mitte des Raums spielten.

»Mann, bin ich müde«, erklärte er unvermittelt. »Sollen

schon ins Bett?« Er streckte sich und schüttelte sich dabei, als fröstelte er.

»Gut, einverstanden.« Ich wußte, daß er mir auf die letzte Frage keine Antwort geben wollte. Und er wußte, daß ich mir dessen bewußt war.

Unterwegs zum Schlafsaal lachten wir die ganze Zeit. Es waren erst wenige Jungen da und noch keine Nonne.

»Bis nachher im Waschraum«, verabschiedete sich Mark, als wir sein Bett erreicht hatten. Er breitete seine Arme aus und machte ein Geräusch wie ein Flugzeug.

Als ich Bett Nummer siebenundzwanzig erreichte, sah ich erst einmal im Nachtkästchen nach. Es enthielt ein Stück Seife, eine Tube Zahnpasta, ein Handtuch und einen Waschlappen und einen Wäschesack. Mit Ausnahme des Wäschesacks nahm ich alles heraus und folgte Mark in den Waschraum.

Dort schlüpfte ich in meinen Schlafanzug und hängte meine Sachen an den Haken. Als ich mit dem Waschen fertig war, drückte ich etwas Zahnpasta auf meine Zahnbürste, die immer noch in ihrer Schutzhülle aus Papier steckte, und begann mir die Zähne zu putzen.

»Was machst du denn da?« fragte Mark belustigt.

»Ich putze mir die Zähne«, gurgelte ich, die Zahnbürste im Mund.

»Wieso nimmst du nicht erst mal das Papier ab?«

»Das wollte ich gestern abend doch tun. Aber ich habe dafür Prügel bekommen.«

»Wirklich?«

»Ja, wirklich. Schwester Frances hat mir eine gelangt. Sie hat mir die Zahnbürste gegeben, und als ich mit den Zähnen das Papier abreißen wollte, hat sie mir eine gelangt! Und sie hat gesagt: ›So wird das hier nicht gemacht!‹«

Mark konnte sich vor Lachen kaum halten. Ich dachte, er hätte es so lustig gefunden, wie ich Schwester Frances nachgemacht hatte; aber dem war nicht so.

»Damit hat sie doch nicht gemeint, du solltest das Papier

nicht wegmachen«, klärte er mich lachend auf. »Sie hat gemeint, du solltest es nicht mit den Zähnen abreißen.«

Wir lachten beide so lange, daß ich schon fürchtete, jeden Augenblick zu platzen. Dann machte ich mich daran, die durchweichten Papierfetzen von der Zahnbürste und aus meinem Mund zu puhlen.

In diesem Augenblick streckte Schwester Frances ihren Kopf zur Tür herein und wies uns streng zurecht: »Ruhe hier!«

Mark und ich lachten stumm weiter oder zumindest so leise, wie uns dies möglich war. Als wir schließlich dabei waren, unsere Waschbecken sauber zu wischen, fragte ich Mark: »Wie hast du das eigentlich gemeint, als du sagtest, hier gäbe es keine Freunde?«

Mir war klar, daß ihm diese Frage unangenehm war, aber ich mußte die Antwort darauf wissen.

»Tja, das ist auch eine Regel. Keine Heimregel – wann man sich setzt oder ißt oder so; das ist eine Regel unter den Jungen hier ...« Er machte eine Pause. »Und diese Regeln, die wir Jungen uns selbst machen, muß man auch selbst herausfinden, weil keiner gern darüber spricht. Weißt du, was ich meine?«

Meine Miene verriet ihm, daß ich das nicht tat.

»Du bist mir vielleicht einer!« stöhnte Mark darauf. »Das ist so. Wenn du hier drinnen einen Freund hast und wenn dieser Freund dann anderswohin kommt, dann bleibst du ganz allein hier zurück. Und wenn du dich immer wieder mit jemandem anfreundest und immer wieder auseinandergerissen wirst, dann wirst du auch immer wieder allein zurückgelassen.« Er machte eine Pause. »Und das tut weh.«

Dann schoß Mark aus dem Waschraum. Er hatte mehr gesagt, als er eigentlich vorgehabt hatte.

Ich folgte ihm langsam. Ich war nicht mit dem einverstanden, was Mark eben gesagt hatte. Meiner Meinung nach machte es doch vieles leichter, wenn man einen Freund hatte. Andrerseits war ich natürlich auch kein Lebenslänglicher wie er. Nachdem ich meine Sachen in meinem Nachtkästchen verstaut hatte, schickte ich mich an, ins Bett zu steigen.

»Wo willst du denn hin?« hörte ich plötzlich Marks Stimme hinter mir.

»Ins Bett. Wohin denn sonst?«

Er schüttelte den Kopf und winkte mir zu, ich sollte ihm folgen. Wir näherten uns Schwester Frances' Schreibtisch. Sie war nirgendwo zu sehen. Vor ihrem Schreibtisch hatten sich schon ein paar andere Jungen versammelt.

»Was habt ihr vor?«

»Pssst«, zischten alle Jungen gleichzeitig los. Also hielt ich den Mund. Ich hatte keine Ahnung, was sie vorhatten. In diesem Augenblick kam eine Nonne in den Schlafsaal. Es war dieselbe Schwester, die ich beim Aufstehen beobachtet hatte, wie sie einem Jungen lächelnd geholfen hatte, sein Hemd zuzuknöpfen. Auch jetzt lächelte sie wieder. Ohne sie zu kennen, mochte ich sie.

»Guten Abend, Kinder«, begrüßte sie uns freundlich.

Ich war schockiert. Bis jetzt hatte ich mir nicht vorstellen können, daß ein erwachsener Mensch nett zu uns Kindern sein könnte.

»Guten Abend, Schwester Clair«, antworteten die Jungen einstimmig.

Schwester Clair zog einen Schlüssel aus ihrer Tasche und schloß damit einen Schrank an der Wand hinter dem Schreibtisch auf. Aller Augen waren wie gebannt auf sie gerichtet. Und als sie die Schranktür öffnete, verstand ich auch den Grund hierfür. Der Schrank enthielt eine Unmenge an Stofftieren. Bären, Hunde, Affen, Kaninchen und andere Tiere. Ich war ganz aufgeregt.

Sie nahm ein Tier nach dem anderen heraus und legte es jeweils dem Jungen in die Arme, der das Tier ganz besonders gern haben wollte, während die anderen weiter mit ausgestreckten Armen dastanden und warteten, daß sie an die Reihe kamen.

»Willst du denn keines?« Schwester Clair sah mich an.

Ich nickte. Natürlich wollte ich eines. Mir war gar nicht aufgefallen, daß ich beide Arme um meinen Körper geschlungen hatte, als umarmte ich alle Tiere auf einmal. Vielleicht dachte sie, ich wollte kein Stofftier, weil ich meine Arme nicht ausgestreckt hatte. Jedenfalls streckte ich sie nun auch aus. Mit einem strahlenden Lächeln überreichte sie mir darauf einen struppigen braun-weißen Hund mit großen, schwarzen Ohren. Ich drückte den Hund an meine Brust und steckte mir seine Nase unters Kinn. Wieder zurück bei meinem Bett, machte ich neben meinem Kopfkissen eine Kuhle für den Hund und legte ihn behutsam hinein. Dann kletterte ich hinterher.

»Wie heißt du?« fragte ich den Hund. Ich wartete eine Weile, um ihm Zeit zum Antworten zu lassen. »Ach, Doggie heißt du. Das ist aber ein schöner Name. Ich heiße Jennings.« Doggie lachte nicht.

Ich glitt unter die Decke und zog Doggie eng an mich.

»Meine Mama hat mich hierher gebracht. Sie hat gesagt, sie wäre gleich wieder zurück ... wahrscheinlich hat sie sehr viel zu tun. Sie mag mich nämlich sehr und würde mich nie weggeben ... Ja! So ist es! Sie hat wahrscheinlich schrecklich viel zu tun. Sie wird bald wieder kommen und mich abholen, und dann kannst du mitkommen. Hättest du Lust?«

Doggie meinte, er hätte Lust, und das freute mich.

»Ich werde Mama bitten, auch Mark mit zu uns nach Hause zu nehmen. Bei so vielen Kindern kommt es doch auf einen mehr oder weniger auch nicht mehr an.«

»Jennings.«

Eine Stimme ließ mich hochschrecken. Als ich meinen Kopf unter der Decke hervorstreckte, sah ich Schwester Clair über mir stehen.

»Hallo«, sagte ich lächelnd. »Ich habe eben Doggie begrüßt. Es tut mir leid, wenn ich dabei laut war.«

»Nein, nein, du warst nicht laut. Ich bin nur gekommen, um dir Hallo zu sagen. Darf ich mich setzen?« Sie lächelte mich an.

»Aber natürlich, Schwester.« Ich stützte mich auf den Ellbogen auf.

»Ich bin hier genauso neu wie du«, erzählte sie mir nun. »Ich habe nur einen Tag vor dir angefangen.«

»Wissen Sie, wo meine Mama ist?«

»Deine Mutter muß sich erst mal eine Weile erholen. Es geht ihr nicht sehr gut. Weißt du, es ist ganz schön anstrengend, so viele Jungen ganz allein aufzuziehen und gleichzeitig auch noch zu arbeiten. Und Jeromes Krankheit setzt ihr selbstverständlich auch arg zu. Weißt du, was mit Jerome ist?«

Ich nickte.

»Nun ja, du mußt tapfer sein, bis es deiner Mutter wieder besser geht, ja?«

»Ja.« Und während ich dies noch sagte, begann ich auch schon zu weinen.

Schwester Clair legte ihre Arme um mich und hielt mich.

Irgendwie muß ich wohl eingeschlafen sein, denn das nächste, woran ich mich erinnern konnte, war die Morgensonne. Das mußte ich gleich Doggie zeigen.

»Hey, Doggie«, flüsterte ich. Als ich die Decke hochhob, war er jedoch nicht da.

»Hey, Doggie, wo steckst du?« Ich tastete das ganze Bett ab, aber Doggie war nirgendwo zu finden. Auch als ich mich, so weit es ging, aus dem Bett lehnte, konnte ich Doggie nicht sehen. Er war weg.

Ich verkroch mich unter dem Laken, und dann begann ich, so leise wie möglich zu weinen.

Plötzlich wurde ich am Bein gerissen, und eine laute Stimme schreckte mich hoch: »Aufstehen, du Schlafmütze!«

Als ich meinen Kopf unter der Decke hervorstreckte, sah ich gerade noch Mark im Durchgang zum Waschraum verschwinden. »Los, Jennings, beeil dich!«

Ich kletterte aus dem Bett, holte meine Sachen aus dem

Nachtkästchen, und nachdem ich einen letzten Blick unters Bett geworfen hatte, folgte ich Mark.

Er stand bereits an seinem Haken, als ich meinen erreichte.

»Na, du Langschläfer«, begrüßte er mich.

»Guten Morgen.«

»Was hast du denn?«

»Ach, nichts.«

»Nichts! So siehst du aus!«

Ich blickte mich vorsichtig um, ob niemand in Hörweite war. »Doggie ist weg«, erzählte ich Mark mit zitternder Unterlippe.

»Du bist mir vielleicht einer!« Mark kicherte völlig ungerührt.

»Was gibt es da zu lachen? Er ist weg. Ich habe überall nachgesehen.«

»Er ist nicht weg. Sie haben ihn wieder in den Schrank gepackt!«

»Sie haben ihn in den Schrank gepackt? Wer?«

»Na, die Nonnen.« Mark drehte sich um und nahm sein Hemd vom Haken.

»Warum?«

»Warum?« äffte er mich nach, ohne mich anzusehen. »Sie machen das eben. Warum, weiß ich auch nicht.« Als er mich schließlich doch ansah, lag über seinen Augen ein feuchter Schimmer, und er schluckte mühsam.

»Wenn wir eingeschlafen sind, gehen sie von Bett zu Bett und sammeln die Tiere wieder ein.«

»Aber warum?«

»Das ist eben eine Regel!« fuhr er mich an. »Nachts kommen die Tiere in den Käfig! So ist das nun mal.«

2

Nach dem Frühstück sagte Schwester Frances allen, die auf dem Hof spielen wollten, daß sie sich ihre Mäntel holen sollten.

Obwohl die Sonne schien, war es kalt. Ich setzte mich auf der anderen Seite des Hofs. Drei Seiten des Hofs waren von einem Drahtzaun umgeben. Ich saß zwischen zwei Zaunpfählen, und als ich mich gegen das Drahtgitter lehnte, gab es leicht nach. Ich hielt nach Mark Ausschau.

Aber er war nicht in den Hof gekommen. Ich hätte gern gewußt, warum. Ich beobachtete die anderen Kinder. Auf der einen Seite spielten die Jungen Fangen, auf der anderen waren die Mädchen beim Seilhüpfen. Ich war überrascht, daß jedes der Mädchen ein Seil hatte.

»Hallo, wie heißt du?«

Ich sah in das Gesicht eines kleinen Mädchens auf. Ihr blondes Haar war seitlich am Kopf mit jeweils einer blauen Schleife zusammengebunden. Sie hatte Sommersprossen und strahlend blaue Augen.

»Hallo.«

»Wie heißt du denn?« fragte sie noch einmal.

»Jennings«, antwortete ich zaghaft. Ich war es nicht gewohnt, mit Mädchen zu sprechen.

»Jennings! Und wie heißt du mit Vornamen?«

»Jennings ist mein Vorname.«

»Ich heißt Stacy. Stacy Ann Perry. Darf ich mich zu dir setzen?«

Bevor ich noch etwas antworten konnte, saß sie schon neben mir. »Äh … ja, natürlich.«

»Wie alt bist du?«

»Ahämm … achteinhalb.«

»Ich auch! Das heißt, schon fast achteinhalb. Bist du Teilzeitler oder Lebenslänglicher?«

»Äh ... Teilzeitler.«

»Ich auch. Meine Mutti bekommt gerade ein Baby. Wahrscheinlich ein Mädchen. Ich habe sie darum gebeten, daß es ein Mädchen werden soll. Ich möchte so gerne eine Schwester. Hast du eine Schwester?«

Sie konnte unglaublich schnell reden. »Äh ... nein. Ich habe nur ein paar Brüder.«

»Das ist schön. Wie viele Brüder hast du denn?«

»Fünf.«

»Fünf. Toll. Ich habe keine ... Fünf! Das sind ganz schön viele. Sind sie alle hier?«

»Äh ... nein. Sie sind ... ich weiß nicht, wo sie sind.«

»Ach so. Gefällt es dir hier?«

»Nein, gar nicht.«

»Mir auch nicht. Aber meine Mutti sagt, wenn ich schön brav bin, kauft sie mir eine Puppe, wenn ich wieder nach Hause komme.«

Hin und wieder ließ ich verstohlen meine Blicke über den Hof wandern, ob auch keiner der Jungen mich mit dem Mädchen sitzen sah. Aber offensichtlich hatten sie uns noch nicht entdeckt. Mark war immer noch nirgendwo zu sehen. Stacy sprach so schnell und über so viele verschiedene Dinge, daß ich Mühe hatte, ihr zu folgen. Ich lächelte nur hin und wieder oder grunzte zustimmend. Jedenfalls schien ihr das zu genügen. Schließlich entdeckte ich Mark.

»Ich glaube, mein Freund möchte mit mir sprechen«, entschuldigte ich mich und stand auf.

»Ach so ... ja, natürlich.« Sie schien enttäuscht.

»Bis später«, verabschiedete ich mich mit einem schiefen Lächeln und entfernte mich.

»Ja.« Ihre Miene hellte sich wieder auf. »Bis später.«

Mark spielte mit einem auffallend blassen, mageren Jungen Faustball. Mit seinen zwei riesigen Schneidezähnen sah der andere Junge wie ein Biber aus.

»Kann ich gegen den Sieger spielen?« fragte ich.

»Nee. Ich habe keine Lust mehr«, nörgelte Mark, der gerade einen Ball verfehlt hatte. »Wieso suchst du dir nicht jemand anderen zum Spielen?«

Der unfreundliche Ton seiner Bemerkung verletzte mich.

»Na gut.« Als ich mich daraufhin wortlos zurückzog, hoffte ich, Mark würde vielleicht noch etwas sagen, aber er spielte einfach mit dem anderen Jungen weiter. Ich ging wieder zu der alten Stelle am Zaun zurück, und da Stacy nirgendwo zu sehen war, setzte ich mich.

Ich beobachtete Mark und den anderen Jungen beim Spielen. Warum Mark plötzlich nicht mehr mit mir spielen wollte? Vielleicht war er wegen heute morgen sauer auf mich. Als er mir das mit Doggie erklärt hatte.

Als ich so, gegen den Zaun gelehnt, auf dem Pflaster saß, mußte ich an den Schulhof meiner alten Schule denken. Aber irgend etwas war hier anders. Der Lärm war anders. Die Kinder auf dem Schulhof waren lauter gewesen. Die Kinder hier machten nicht genügend Lärm, um wirklich zu spielen. Sie spielten ja gar nicht! Sie warteten – aber sie spielten nicht. Jedes Kind in diesem Hof wartete auf etwas. Ich wartete auf Mama. Andere Kinder warteten darauf, daß sie ausgeliehen wurden. Wieder andere, wie Mark zum Beispiel, warteten auf das nächste Klicken. Ich haßte diesen Ort.

Ein Klicken ließ alle Kinder mitten in der Bewegung innehalten. Ich mußte grinsen: Mark hatte nicht lange auf sein Klicken warten müssen. Auf das zweite Klicken hin rannten alle über den Hof und stellten sich in mehreren Reihen auf. Ich zögerte kurz – aber nur kurz. Die Erinnerung an die Schmerzen in meinem Ohr und in meiner Schulter ließ mich schleunigst aufspringen. Nachdem ich die Segelfliegerohren von Sechsundzwanzig erspäht hatte, trottete ich hinter ihnen her.

Ich aß etwas von dem Eintopf und trank Milch. Als ich mich diesmal im Speisesaal umsah, hatte ich das Gefühl, als nähme ich erst jetzt die anderen Jungen wirklich wahr. Sie aßen schweigend und mit angespannten, ausdruckslosen Gesichtern. Weder lächelten sie, noch hatten sie die Stirn in Falten gelegt. Sie waren vollkommen neutral. Als ich mein Glas etwas verrückte, so daß ich mein Spiegelbild darin erkennen konnte, wurde mir klar: ich war einer von ihnen.

Nach dem Essen fand ich Mark vor der Tür seines Klassenzimmers. Er war allein.

»Sollen wir Schiffchen-versenken spielen?« fragte ich ihn.

»Nee.«

»Oder Faustball?«

»Nee.«

»Oder ...«

»Jetzt hör mal, Jennings. Ich bin nicht sauer auf dich. Ich habe heute bloß keine Lust, mit dir zu spielen.«

Darauf saßen wir eine Weile schweigend da.

»Begreifst du denn nicht«, begann Mark schließlich zögernd. »Wenn wir ständig miteinander spielen ...« Er verstummte plötzlich wieder und scharrte nervös mit den Füßen. »Dann werden wir doch Freunde. Und du weißt inzwischen genausogut wie ich, daß ...«

»Daß das gegen die Regeln ist«, sprach ich den Satz für ihn zu Ende und stand auf. Während ich den Hof überquerte, sah ich mich noch einmal um. Mark starrte immer noch vor sich auf den Boden, wo er unruhig mit den Beinen scharrte. Aber nun wurde er dabei gestört.

»Hey, Dicker! Was machst du denn da?« zischte ihn Butch an.

Ich drehte mich um und ging weiter auf meine Stelle am Zaun zu.

Dort angelangt, lehnte ich mich im Stehen dagegen. Zu meiner Überraschung gab das Drahtgitter ziemlich weit nach und schnellte dann wieder zurück. Wie bei einem riesigen, senkrecht aufgestellten Trampolin. Ich lehnte mich erneut dagegen und ließ mich zurückfedern. Das machte richtig Spaß. Und noch einmal.

»Was machst du denn da?« fragte Stacy, die auf mich zukam.

»Hin und her federn.«

»Das sieht aus, als ob es Spaß machen würde. Darf ich auch mal?«

Natürlich konnte sie das. Sie brauchte mich doch nicht um Erlaubnis zu fragen. Und dann stand sie auch schon neben mir und ließ sich hin und her federn.

»Mir gefallen deine Sommersprossen und dein rotes Haar«, sagte Stacy unvermittelt.

»Red doch keinen Quatsch!« Mein Kopf und mein Hals fühlten sich unwillkürlich glühend heiß an. Wahrscheinlich war mein Gesicht fast so rot wie mein Haar.

Ich warf einen raschen Blick in Richtung der Jungen. Es hätte mir gerade noch gefehlt, daß einer von ihnen unser Gespräch belauschte oder uns beim Spielen beobachtete. Aber ich hatte nichts zu befürchten; sie hatten nichts gesehen. Wir ließen uns noch ein paarmal hin und her federn als ich plötzlich die Mädchen auf der anderen Seite des Hofs kichern hörte. Ich drehte mich in die Richtung, aus der das Geräusch kam, und sah keine fünf Meter von uns entfernt etwa ein Dutzend Mädchen stehen. Ich wurde noch röter, falls das überhaupt noch möglich war.

Ein paar der Mädchen suchten sich eine andere geeignete Stelle im Zaun aus und begannen ebenfalls, hin und her zu federn. Und es dauerte nicht lange, bis sich alle Mädchen unter lautem Kreischen gegen das Drahtgitter fallen ließen und wieder zurückschnellten.

Plötzlich wurde ich mir des Gelächters bewußt, das sich auf der Jungenseite des Hofs erhob. Ich wagte kaum, in ihre Richtung zu schauen, aber als ich es dann doch tat, stellte ich zu meiner Verblüffung fest, daß sie gar nicht über mich lachten, sondern sich ebenfalls vom Zaun zurückschnellen ließen. Der ganze Schulhof war jetzt am Federn und Wippen.

»Aufhören! Sofort aufhören!« Eine Nonne kam schreiend aus dem Haus gerannt. »Sofort aufhören!«

Der ganze Hof hallte vom Gelächter der Kinder wider. Und als die Nonne näher kam, stoben die Kinder in allen

Richtungen davon. Die Kinder lachten noch immer, als die Nonne uns ins Haus scheuchte.

Im Spielsaal saß ich dann wieder auf dem Podest. Ich beobachtete Butch, der mit dem roten Fahrrad fuhr, und fragte mich, wie lange er es wohl schon hatte. Ich wünschte mir, er würde endlich etwas anderes machen, damit ich auch mal damit fahren konnte. Als ich nun Stacy erblickte, die von der anderen Seite den Raum betrat, schlich ich von meinem Platz auf dem Podest hinter eine der Säulen. Es hätte mir gerade noch gefehlt, daß sie mich hier ansprach.

»Hallo. Was machst du denn hinter der Säule? Ist das ein Spiel oder was?« Stacy sah sich um, mit wem ich spielte.

»Nein«, antwortete ich. »Ich habe nur nachgedacht.«

»Worüber?« wollte sie sofort wissen und setzte sich neben mich.

»Ach, du meine Güte.«

»Da, jetzt hast du es schon wieder gesagt. Warum sagst du immer: ›Ach, du meine Güte‹?«

»Äh … weil es mir eben Spaß macht, ›ach, du meine Güte‹ zu sagen.«

»Warum?«

»Ach, du meine Güte!«

»Ich denke eher, du bist verlegen. Bist du verlegen?«

Ich spürte die Röte in mir aufsteigen. »Ich bin gar nicht verlegen«, stritt ich ab. »Ich bin es nur nicht gewöhnt, mit Mädchen zu sprechen.«

»Ist das anders, als mit Jungen zu sprechen?«

»Ach, du meine Güte!« Ich stand auf. »Ich bin jetzt müde. Ich gehe schlafen. Bis dann also«, verabschiedete ich mich.

»Na gut«, erwiderte sie kleinlaut.

Ich schoß durch den Raum und auf die Tür zu, über der »Jungen« stand. Als ich mich in der offenen Tür noch einmal umdrehte, saß sie immer noch hinter der Säule, wo ich sie zurückgelassen hatte. Sie machte einen enttäuschten, fast niedergeschlagenen Eindruck. Das erinnerte mich an meine

Gefühle, als Mark mir gesagt hatte, er wollte nicht mehr mit mir spielen. Ich schloß die Tür wieder, und nachdem ich tief Luft geholt hatte, drehte ich mich um und ging wieder auf Stacy zu. Hoffentlich würde ich unterwegs noch etwas Mut schöpfen.

»Du bist ja zurückgekommen!« stieß sie einen freudigen Schrei aus, als ich schließlich vor ihr stand.

Ich sagte ihr nicht, warum ich zurückgekommen war, und sie fragte mich auch nicht danach. Zum Glück konnte ich das Reden ihr überlassen, denn das konnte sie wirklich gut. Sie erzählte mir, daß sie aus Elmhurst in Queens kam. Ihr richtiger Vater hatte ihre Mutter verlassen als sie noch ganz klein war.

»Mamis neuer Mann hat sie überredet, mich hier unterzubringen. Ich glaube, er mag mich nicht besonders.«

Halb hörte ich ihr zu, halb hielt ich nach anderen Jungen Ausschau, die mich hätten beobachten können, als sie sich plötzlich zu mir herüberneigte und mir einen Kuß gab. Dann sprang sie auf und schoß quer durch den Raum davon, um in der Tür mit der Aufschrift »Mädchen« zu verschwinden. Ich saß auf dem Boden und hielt meine Hand gegen meine Wange. Seltsamerweise wurde ich nicht einmal rot. Schließlich stand ich auf und verließ den Raum.

Der Schlafsaal war dunkel und leer. Ich holte meine Sachen aus dem Nachtkästchen und ging in den Waschraum. Ich kam mir vor, als bewegte ich mich in Zeitlupe. Was war denn nur mit mir los? Ich zog mich um, wusch mir nur eine Gesichtshälfte und schwebte dann aus dem Waschraum.

Im Schlafsaal brannte inzwischen Licht, und die ersten Jungen kamen, um sich schlafen zu legen. Als sie sich vor Schwester Clairs Schreibtisch versammelten, schloß ich mich ihnen an. Während wir warteten, kamen noch andere Jungen dazu, unter ihnen auch Mark. Als ich in seine Richtung sah, senkte er den Blick zu Boden. Schwester Clair kam nicht, und wir wurden immer mehr, als plötzlich ein paar größere Jungen hereinstürmten.

»Seht euch diese Babys an, wie sie auf ihre Puppen warten«, höhnte Butch.

Diese Bemerkung veranlaßte ein paar Jungen, sich zurückzuziehen. Ich blieb – und Mark ebenfalls.

»Hey, Dicker! Ich wußte gar nicht, daß du in deinem Bett noch Platz für eine Puppe hast.« Diese Worte galten jemandem dicht hinter mir. Es war nicht zu schwer zu erraten, wem.

Als ich mich umdrehte, schenkte Mark wie gewöhnlich Butch keinerlei Beachtung, aber diesmal ließ Butch nicht locker.

»Was ist eigentlich los mit dir, Brillenschlange? Kannst du nicht hören, was ich sage?«

Mark hielt seinen Blick zu Boden gesenkt. Ein paar andere Jungen begannen zu lachen, während andere zu ihren Betten zurückkehrten. Ich blieb.

»Was gibt es denn da unten so fürchterlich Interessantes, Dicker? Kannst du deine Füße nicht finden?«

Der Schlafsaal hallte von schadenfrohem Gelächter wider. Am liebsten hätte ich Butch die Nase eingeschlagen, aber dann fiel mir ein, was Mark mir eingeschärft hatte: »Wenn du ihm keine Beachtung schenkst, zieht er irgendwann Leine.« Ich behielt Mark im Auge. Ich wußte, daß er verletzt war. Er sehnte sich genau wie ich nach seinem kleinen Tier. Deshalb blieb er und ließ Butchs Beleidigungen über sich ergehen.

»Aber vielleicht schaffst du's, Dumbo, wenn du eine ganz dünne Puppe kriegst ...«

Butch brauchte den letzten Satz gar nicht zu Ende zu sprechen. Er hatte es geschafft. Unter dem schallenden Gelächter der anderen trat Mark den Rückzug an. Ich sah ihm nach, wie er mit gesenktem Kopf auf sein Bett zuging.

»Wo willst du denn hin, Brillenschlange? Die Puppen gibt's doch hier«, stichelte Butch unter dem Gelächter der anderen weiter.

Ich stürzte mich auf Butch und stieß ihn zu Boden. Mein

Überraschungsvorteil dauerte allerdings nur wenige Sekunden an. Ich teilte noch möglichst viele Schläge aus, bevor er mich am Arm packte und mich in einem Schwung über seinen Kopf zu Boden schleuderte, wo ich auf dem Bauch landete. Er war eindeutig der stärkste Junge im Raum. Als er mir nach meiner unsanften Landung einen Schlag gegen das Auge versetzte, sah ich Sterne. Er wollte eben ein zweites Mal zuschlagen, als ihn Schwester Frances am Arm packte und hochriß. Sie versetzte ihm mit dem Handrücken einen Schlag gegens Ohr und zerrte ihn zu seinem Bett. Ich rappelte mich gerade mühsam hoch, als sie sich mir zuwandte. Der Schlag gegen mein Ohr hätte mich fast noch einmal zu Boden gehen lassen. Und wenige Augenblicke später krachte ich mit dem Rücken gegen die Gitterstäbe am Kopfende von Bett Nummer siebenundzwanzig.

Sobald ich mich wieder einigermaßen gefangen hatte, kroch ich unter die Bettdecke und zog sie mir über den Kopf. Mir tat alles weh. Vor allem mein Auge und mein Ohr schmerzten fürchterlich. So lag ich lange unter der Decke und dachte nach, ob ich etwas falsch gemacht hatte. Zum einen würde mich Butch morgen sicher zur Schnecke machen, und außerdem konnte ich diese Nacht nicht mit Doggie schlafen, was noch schlimmer war. Aber andrerseits – Regel hin oder her, Freund oder nicht Freund –, ich konnte nicht zulassen, daß jemand so gemein zu Mark war, und nichts dagegen unternehmen.

So verging einige Zeit, bis ich meinen Kopf wieder unter der Decke hervorstreckte. Im Schlafsaal war es dunkel und still. Das graue Licht der Straßenlaterne warf wieder die Schatten des vergitterten Fensters auf meine Bettdecke. Die Decke war wieder in unendliche Höhe gerückt, und ich war allein.

Plötzlich zupfte etwas an meinem Ärmel. Ich zog meinen Arm zurück. Doch dann erkannte ich Marks zerzaustes Haar.

»Was machst du denn hier?«

»Ruhe dort hinten!« drohte Schwester Frances von ihrem Schreibtisch aus.

»Was machst du denn hier?« wiederholte ich deshalb flüsternd noch einmal.

Marks Kopf drehte sich einmal im Kreis herum. Er vergewisserte sich, daß niemand uns beobachtete. Schließlich flüsterte er leise: »Ich wollte dir danken ... daß du dich für mich eingesetzt hast.«

»Ach, das ist doch nichts. Unter Freunnn ...« Ich versuchte vergebens, das letzte Wort hinunterzuschlucken. »Das war doch selbstverständlich.«

»Du hast schon recht. Unter Freunden ist so etwas selbstverständlich!«

»Aber wir sind doch gar keine Freunde«, hielt ich dem entgegen.

»Sagst du!« Mark hatte in seiner Aufregung plötzlich wieder lauter gesprochen und schlug sich nun erschrocken mit der Hand auf den Mund. »Sagst du«, wiederholte er noch einmal flüsternd. »Vielleicht ist es nicht unbedingt das Allerschlaueste. Du weißt schon ... hier drinnen einen Freund zu haben. Aber ich würde es trotzdem gern versuchen.«

In meinem Augenwinkel bildete sich eine verstohlene Träne. Ich wischte sie weg.

»Schütteln wir uns darauf die Hände?« Er streckte mir seine Hand entgegen.

Ich wollte ihm meine Hand reichen, aber plötzlich schlossen sich meine Finger um Doggie. Ich riß ihn an mich und drückte ihn an meine Brust.

»Woher hast du denn plötzlich Doggie?«

»Weißt du, ich habe ihn mir heute abend an Stelle von Brownie geholt; das ist mein Bär.«

»Aber Mark!«

»Ach was. Brownie wird das bestimmt verstehen.« Er zögerte kurz. »Unter Freunden ist so etwas doch selbstverständlich.« Damit glitt er unter mein Bett und war verschwunden.

Ich kuschelte mich an Doggie. Noch vor einer Minute war

ich ganz allein gewesen, und nun hatte ich mit einemmal zwei Freunde.

Stolz trug ich während der nächsten Tage mein blaues Auge zur Schau. Butch machte mich übrigens keineswegs zur Schnecke. Er sagte nicht ein Wort zu mir. Zwar ärgerte er immer noch alle anderen Jungen, aber mich und Mark schien er in Ruhe zu lassen.

Stacy wollte mein blaues Auge küssen, als sie es sah. »Damit es schneller heilt«, meinte sie. Aber ich ließ sie nicht. Erstens wollte ich nicht, daß sie mich küßte, und zweitens wollte ich nicht, daß es schneller heilte. Es gefiel mir, ein blaues Auge zu haben.

Ich spielte gerade mit Mark, als ich einen Jungen von dem großen, roten Fahrrad steigen sah.

»Jetzt werde ich mal eine Runde drehen«, erklärte ich fest entschlossen.

»Wenn das mal gut geht!« Mark sah sich rasch im Raum um, wo Butch steckte.

Wenn ich das Mark auch nicht verriet, so hatte ich das bereits vor ihm getan. Ich stieg auf das Fahrrad. Es war toll. Während ich gerade die zweite Runde drehte, kam Butch in den Raum. Als er mich auf dem Rad sah, schoß er sofort auf mich zu. Mein Herz begann wie wild zu schlagen. Doch plötzlich setzte sich Butch auf den Rand des Podests. In meiner Erleichterung konnte ich mir ein Grinsen nicht verkneifen, und Butch lächelte sogar zurück.

In den folgenden Wochen verbrachten Butch, Fuzzy und Bryan – letztere waren zwei Jungen aus Butchs Gefolgschaft – mehr und mehr Zeit mit Mark und mir. Wir spielten zusammen. Und wenn es regnete, blieben wir drinnen und spielten Reise nach Jerusalem und Tipp-Tipp. Butch hörte auf, die anderen Kinder zu ärgern, wenn er auch immer noch allen erzählte, was für ein harter Bursche er doch wäre. Wir ließen ihn reden.

Butch, Fuzzy, Mark und ich hielten uns eines Nachmittags

gerade im Tagesraum auf und malten, als der erste Schnee zu fallen begann.

»Schaut, es schneit!« schrie jemand.

Wir waren alle ganz aufgeregt. Mark erzählte von einem Schneemann, den er letztes Jahr gebaut hatte. Fuzzy mußte ihn natürlich übertrumpfen und behauptete, seiner wäre größer gewesen. Und den allergrößten hatte zu guter Letzt Butch gemacht. Ich schlug vor, in einem Pappkarton, den ich aus dem Supermarkt hatte, die Teibout Avenue hinunterzurutschen. Alle spitzten aufmerksam die Ohren. Sie waren ausnahmslos Lebenslängliche und waren noch nie einen Hügel hinuntergerutscht. Wir starrten in den lautlos fallenden Schnee hinaus.

»Jennings!« rief Schwester Frances nach mir.

Bis ich vor ihr stand, war meine Gänsehaut wieder verflogen. Sie führte mich aus dem Raum und in den Eingangsflur, in dem ich das letzte Mal vor Tausenden von Jahren gewesen zu sein schien, als mich meine Mutter hier abgeliefert hatte. Ob sie gekommen war, um mich abzuholen?

»Ist meine Mutter da?«

Schwester Frances antwortete mir nicht. Meine Aufregung wurde immer stärker. Und dann öffnete sie die Tür neben den Bänken mit den roten Kissen. Aber Mama war nicht da.

Hinter einem Schreibtisch in der hinteren Ecke des Büros saß eine Nonne, die ich noch nie zuvor gesehen hatte. Neben ihr saßen ein Mann und eine Dame. Der Mann hatte ein schwammiges Gesicht mit einem Schnurrbart, und er trug eine Brille. Bis auf einen Kranz aus gekräuseltem, braunem Haar war er völlig kahl. Unter seinem dunklen Mantel trug er einen grauen Anzug. Seinen Hut hielt er in den Händen. Von Halten konnte man in seinem Fall eigentlich nicht reden – eher von Zerquetschen. Jedenfalls drehte er ihn ständig nervös zwischen seinen Händen. Die Dame hatte gräulich braunes Haar und trug einen riesigen, schwarzen Hut, der leicht zur Seite geneigt auf ihrem Kopf saß und über und über mit Blumen bedeckt war. Das Ganze sah schrecklich aus. Ihr Gesicht war teigig; nur die Wangen hatte sie sich mit irgendeinem roten Zeug bemalt. Unter ihrem dunkelgrünen Mantel trug sie ein blaues Kleid mit riesigen, weißen Punkten.

»Jennings«, sprach mich die Nonne hinter dem Schreibtisch an. »Das sind Mr. und Mrs. Carpenter. Sie werden dich zu sich nach Hause nehmen.«

»Warum?«

»Weil sie dich mögen. Sie möchten, daß du eine Weile bei ihnen lebst.« Dabei lächelte sie.

»Aber ... aber ... sie kennen mich doch gar nicht. Wie können sie mich dann mögen? Ich möchte bei Mark bleiben.«

»Du kommst mit ihnen!« Sie lächelte nicht mehr, als sie nun aufstand.

»Wie wird meine Mutter wissen, wo ich bin?«

»Ich werde es ihr schon sagen!« fuhr mich die Nonne an. Dann nickte sie Schwester Frances zu, um sich jedoch gleich wieder mir zuzuwenden. »Hol jetzt deine Sachen!«

Schwester Frances brachte mich in den Schlafsaal und ließ mich dann allein. Sie sagte mir, ich sollte mich beeilen und sie dann am Eingang treffen. Mühsam hielt ich die Tränen zurück, als ich meine Sachen aus dem Nachtkästchen neben Bett Nummer siebenundzwanzig holte. Ich stopfte sie in den Wäschesack. Unterwegs zum Eingang, blieb ich noch einmal stehen. Ich hatte mich doch noch gar nicht von Mark und Stacy und den anderen verabschiedet.

Ich platzte in den Tagesraum. Mark stand immer noch an den Glastüren und starrte in den Schnee hinaus. Als er mich in der offenen Tür stehen sah, wußte er sofort Bescheid. Er drehte sich wieder um und sah den Schneeflocken zu.

»Ich muß weg«, murmelte ich.

»Mhm.«

Ich streckte meine Hand nach seiner Schulter aus, worauf Mark, ohne mich anzusehen, meine Hand ergriff und schüttelte.

»Gehst du nach Hause?« fragte er schließlich, als spräche er mit den Glastüren und dem Schnee.

»Nein, ich werde ausgeliehen.« Meine Unterlippe zitterte nicht weniger als meine Stimme.

Ohne ein Wort zu sagen, starrte Mark weiter auf die sanft vom Himmel fallenden Schneeflocken hinaus.

»Wirst du Stacy und den anderen für mich auf Wiedersehen sagen?«

Mark nickte stumm. Ich stand da und wollte noch so viel sagen. Aber ich brachte kein Wort hervor. Als ich mich dann betreten aus dem Raum stahl, blickte sich Mark kein einziges Mal nach mir um.

Schwester Frances brachte mich zum Eingang, wo die Carpenters auf mich warteten. Sie schritten die verschneiten Stufen der Eingangstreppe hinunter, und ich folgte ihnen.

»Warten Sie!« rief ich plötzlich und wandte mich nach Schwester Frances um. »Schwester, ich möchte Doggie mitnehmen! Darf ich Doggie mitnehmen?«

»Nein! Er gehört dir nicht.« Sie ging auf die Tür zu.

»Doch! Er gehört schon mir! Er gehört mir!« Ich klammerte mich um ihre Hüfte. »Bitte, Schwester, ich möchte ihn so gerne mitnehmen!« schluchzte ich.

»Nein! Er gehört allen Kindern.«

»Nein, Schwester, das stimmt nicht! Er gehört mir. Außer mir will ihn doch niemand. Bitte!«

»Nein!« Sie stieß mich von sich und warf die Tür hinter sich zu.

Doggie war weg. Noch nie zuvor war ich so traurig gewesen. Nicht einmal weinen konnte ich. So schlimm war es.

Mr. Carpenter setzte mich auf den Rücksitz seines Wagens, und dann fuhren wir los. Vielleicht hatten die fremden Leute etwas zu mir gesagt, vielleicht auch nicht; jedenfalls sah und hörte ich nichts. Ich hatte meinen Freund Doggie verloren und hatte ihm nicht einmal Wiedersehen sagen können.

3

Die Scheibenwischer quietschten und knarrten, surrten und klickten. Ihr eigenartiges Geräusch lullte mich in eine Art Halbschlaf.

»Da wären wir«, hörte ich Mr. Carpenter plötzlich sagen.

Ich setzte mich auf, als der Wagen am Straßenrand hielt. Ich versuchte, durch das beschlagene Fenster nach draußen zu sehen, konnte aber nichts erkennen. Deshalb wischte ich mit der Hand übers Fenster.

»Nimm deine dreckigen Finger von der Scheibe!« fuhr mich Mrs. Carpenter an.

»Ach, laß ihn doch. Das macht doch nichts. Komm, Jenkins, gehen wir.«

Die Straße lag still und verlassen da. Alles war mit einer wunderbaren weißen Schneedecke überzuckert. Selbst die Mülltonnen vor den Häusern hatten kleine, weiße Hauben auf. Mr. Carpenter öffnete ein schwarzes Eisentor und schritt hindurch. Mrs. Carpenter folgte ihm, und ich folgte ihr. Wir gingen zur Hinterseite des Hauses und betraten es über die Küche.

Dort war es warm und still. Über dem großen Küchentisch brannte eine kleine Lampe. Alles blitzte vor Sauberkeit.

Mrs. Carpenter gab mir Papier und einen Bleistift und sagte mir, ich sollte mich an einen kleinen Tisch setzen.

»Mein Tisch« war aus Holz und etwas kleiner als ein gewöhnlicher Tisch. Dazu gehörte ein passender, ebenfalls etwas kleinerer Stuhl. Nachdem Mrs. Carpenter die Deckenbeleuchtung eingeschaltet hatte, machte sie sich daran, Kaffee zu kochen. Die Zeiger der Uhr über dem Herd standen auf Viertel vor sechs.

»Kann ich Ihnen irgend etwas helfen?« fragte ich.

»Nein!« erwiderte sie barsch. »Du würdest doch nur alles kaputtmachen.«

Als sie fertig war, schaltete sie die Deckenbeleuchtung wieder aus und verließ die Küche. Durch die geschlossene Tür konnte ich Geflüster hören. Ich war mir sicher, daß sie über mich sprachen.

Mit fortschreitender Dämmerung wurde es im Raum dunkler. Das schwache Licht der Lampe über dem Küchentisch erhellte nur den Tisch und seine unmittelbare Umgebung. Die Wände mit der Spüle, dem Herd und dem Kühlschrank lagen in völligem Dunkel. Und das galt auch für mich.

Mrs. Carpenter kam in die Küche zurück und schaltete das Licht ein. Sie bereitete das Abendessen vor. Nach einer Weile kam auch Mr. Carpenter herein und setzte sich an den Küchentisch. Er breitete eine Zeitung aus und begann zu lesen.

»Im King's Park läuft heute ein Bogart-Film«, wandte er sich an seine Frau. »*Der Schatz der Sierra Madre.*«

»Du weißt doch, daß ich wegen dieses verdammten Kleinen nicht weg kann.«

»Also, wer zum Teufel hat dich dann gebeten, ihn aufzunehmen?« Er legte seine Zeitung auf den Tisch zurück.

»Du weißt doch, daß wir das Geld brauchen.« Und in sarkastischem Tonfall fügte sie hinzu. »Du verdienst nun mal nicht genügend. Und ich kann nicht arbeiten – krank wie ich bin.«

Darauf vertiefte er sich brummend wieder in seine Zeitung. Nach einer Weile stellte sie vor ihm ein Sandwich auf den Tisch.

»Will er denn nichts essen?« fragte er.

Ich sah auf. Da ich inzwischen ordentlichen Hunger hatte, hätte ich gegen ein Sandwich nichts einzuwenden gehabt.

»Nein. Er hat gesagt, er hätte reichlich gegessen, bevor er mit uns gekommen ist.«

Sie log, aber ich verstand nicht, warum sie das tat. Überhaupt mochte ich diese Frau nicht. Nein, ich mochte sie gar nicht.

Als Mr. und Mrs. Carpenter aus der Küche gegangen waren, zeichnete ich ein Bild von Doggie. Er bekam auch eine Mütze und einen Schal. Dann machte ich ganz viele Schneeflocken, und schließlich zeichnete ich noch ein paar Bäume. Es war das erste Mal, daß Doggie nicht im Heim war und nicht in seinen Käfig zurückmußte. Ich gab ihm einen Kuß.

Licht überflutete die Küche. Mrs. Carpenter kam herein und riß mich vom Stuhl hoch. Sie zerrte mich durchs Eßzimmer und über den Flur, um mich schließlich in ein Schlafzimmer zu schieben.

Der Raum war klein und karg. Das Mobiliar bestand aus einem Bett mit einer braunen Decke, aber ohne ein Kopfkissen, einem Nachtkästchen, ähnlich dem im Heim, und einem Stuhl, der unter dem Fenster stand. Das Fenster war nicht vergittert. Ich saß auf dem Bett, als Mrs. Carpenter das Licht löschte. Mein Gute-Nacht fand nur noch von der sich schließenden Tür Gehör.

Dann lag ich allein in dem dunklen, kleinen Raum. Zum erstenmal in meinem Leben lag ich ganz allein in einem Schlafzimmer. Ich hatte Angst. Ich hatte keine Angst vor irgend etwas Bestimmtem wie der Dunkelheit oder etwas anderem; ich hatte einfach nur Angst. Zu Hause bei meiner Mama und meinen Brüdern hatte ich immer mit Larry und Gene in einem Bett geschlafen, während George und Walter in einem anderen lagen. Und wir schliefen alle im selben Raum. Ich mußte daran denken, wie wir noch eine Weile wach im Dunkeln lagen und eine Art Stadt-Land-Fluß spielten. Einer von uns schlug einen Oberbegriff wie zum Beispiel Autos vor, und dann versuchten alle, in der Reihenfolge des Alphabets eine Wagenmarke mit dem entsprechenden Anfangsbuchstaben zu nennen. Gene spielte allerdings nie mit. Er schlief immer sofort ein. Meistens schaffte ich es auch nicht viel weiter als bis C oder D, aber Spaß machte es trotzdem. Wenn jetzt nur meine Brüder hier gewesen wären, um mit mir zu spielen.

»A. Mal sehen, hm … äh. Austin-Healy. B. Äh … äh … Buick! C …«

Am nächsten Morgen zog ich mich an und verließ das Schlafzimmer, um in die Küche zu gehen. Als ich auf dem Weg dorthin an der Treppe im Flur vorbeikam, blieb ich stehen. Da Mrs. Carpenter in der Küche war, war dies eine günstige Gelegenheit, um mich etwas umzusehen. Ich stieg die Treppe hoch.

»Wo willst du hin?« hörte ich sie im nächsten Augenblick auch schon schreien.

Sie stand direkt über mir auf der Treppe. Sie war nicht in der Küche. Ich drehte mich abrupt herum und stürzte die Treppe hinunter, um durchs Eßzimmer in die Küche zu rennen. Dort setzte ich mich mit klopfendem Herzen an meinen Tisch. Als sie in die Küche kam, duckte ich mich und hielt mir die Arme über den Kopf. Doch sie rauschte an mir vorbei an den Herd, ohne mich zu schlagen.

Sie schaltete das Radio neben sich an. »… beseitigt jeden Schmutz«, ertönte eine sehr tiefe Männerstimme.

Sie drehte am Programmwählknopf.

Eine noch tiefere Männerstimme verkündete: »Das Licht, das unser Führer ist.« Darauf fiel ein Chor schriller Stimmen mit einem Lied ein. Gleichzeitig wandte sich Mrs. Carpenter über ihre Schulter mir zu.

»Du hältst dich besser an die Regeln, die hier gelten, sonst wirst du was erleben.«

Ich versuchte, gleichzeitig ihr und dem Chor zuzuhören.

»Zum Schlafen ist das Schlafzimmer da. Im Rest des Hauses hast du nichts zu suchen. Sonst sitzt du an diesem Tisch, und nirgendwo sonst. Und wenn nicht, dann wirst du schon sehen. Verstanden?«

Ich nickte, was sie jedoch nicht sehen konnte.

»Hast du verstanden?« kreischte sie deshalb los.

Ich zuckte in meinem Stuhl zusammen. »Ja.«

»Ja, *Ma'am!*« verbesserte sie mich.

»Ja, Ma'am«, wiederholte ich.

»Und ... wenn du hier irgend etwas kaputtmachen solltest, dann ...« Und murmelnd fügte sie hinzu: »Ich bekomme sowieso schon wenig genug Geld für dich.«

Plötzlich drehte sie sich um und schoß auf mich zu. Ich verbarg meinen Kopf unter meinen Armen. Aber sie stellte nur eine Schale vor mich auf den Tisch.

»Iß das!« befahl sie und kehrte wieder an den Herd zurück.

Die Schale enthielt gräuliches, zähflüssiges Zeug. Am ehesten erinnerte es mich an Haferschleim, aber ich war mir nicht recht sicher. Die Masse war ziemlich dick und zäh, und außerdem roch sie eigenartig. Ich kostete davon.

»Bäh! Das schmeckt mir nicht.«

Als sie neuerlich auf mich zuschoß, duckte ich mich wieder. Sie riß die Schale an sich.

Während ich wartete, daß sie mir etwas anderes brachte, sah ich mich nach meinem Bild von Doggie um.

»Haben Sie irgendwo meine Zeichnung gesehen, Ma'am?«

»Ich habe sie weggeworfen. Wo kämen wir hin, wenn ich deinen ganzen Krempel hier in der Küche herumliegen ließe?«

Mir war elend zumute. Der arme Doggie lag nun in einer Abfalltonne. Ich beschloß, nie mehr eine Zeichnung herumliegen zu lassen.

Als Mrs. Carpenter mit ihrer Arbeit am Herd fertig war, schaltete sie das Radio aus und verließ die Küche. Sie hatte mir nichts anderes mehr zum Essen gemacht. Ich glaube nicht, daß ich überrascht war. Hungrig, ja; aber nicht überrascht.

Ich saß da und betrachtete die Wand neben meinem Tisch. Es gab dort wesentlich mehr Interessantes zu entdecken, als ich gedacht hatte – winzige Punkte und feine Striche, Vertiefungen und Risse.

Gegen ein Uhr streckte ich den Kopf durch die Tür und rief: »Mrs. Carpenter, Ma'am?«

»Was willst du?«

Sie hatte mich erschreckt. Sie saß nämlich kaum zwei Meter von der Tür entfernt.

»Äh ... ich habe Hunger. Ich dachte nur ...«

»Hier gibt es Frühstück und Abendessen, und damit hat sich's«, fauchte sie mich an. »Ich kann es mir nicht leisten, dir jedesmal etwas zu essen zu geben, wenn du dir gerade einbildest, du hättest Hunger. Außerdem hast du das gar nicht verdient, du dreckiger, kleiner Bankert. Und jetzt geh wieder zurück an deinen Tisch.«

Ich zog meinen Kopf zurück und setzte mich wieder an meinen Tisch, wo ich meinen Kopf in meinen Armen vergrub. Ich wollte nicht, daß sie mich weinen hörte.

Langsam wurde es Abend, und in der Küche wurde es zunehmend dunkler. Ich saß da und beobachtete den schmalen Lichtstreifen, der unter der Tür zum Eßzimmer hindurchfiel.

Ich döste gerade ein, als Mrs. Carpenter hereinkam. Ich schützte meine Augen gegen das plötzliche, grelle Licht. Sie machte sich wieder am Herd zu schaffen.

Sie bereitete Hamburger für das Abendessen vor. Ich hatte mächtigen Hunger. Als sie die Hamburger in die Pfanne gab, stieg ein herrlicher Duft auf. Sogar das Brutzeln klang wie Musik in meinen Ohren. Ich konnte mir nicht vorstellen, daß sie mit den Hamburgern etwas falsch machen könnte, beschloß aber doch, besser zu warten, bis ich sie probiert hatte.

Um Viertel nach sieben kam Mr. Carpenter nach Hause. Er setzte sich an den Küchentisch und breitete seine Zeitung aus. Er las ihr verschiedenes daraus vor, aber sie schien sich nicht dafür zu interessieren. Mit mir sprach er kein einziges Wort.

»Ich hätte gern einen Fernseher«, sagte er.

»Einen was?«

»Einen Fernseher.«

»Das können wir uns doch nicht leisten.«

»Die Geräte werden ständig verbessert. Schau mal, wie viele Programme man jetzt schon empfangen kann.« Er hielt ihr die entsprechende Seite der Zeitung hoch, aber sie würdigte sie keines Blickes.

»Das Radio ist doch auch nicht schlecht«, meinte sie nur.

»Natürlich. Das Radio ist eine tolle Sache, aber ein Fernseher ist doch noch etwas ganz anderes. All die interessanten Sendungen …«

»Frank! Jetzt schlag dir mal diesen Fernseher aus dem Kopf und iß lieber.«

Nachdem sie zwei Teller mit Hamburgern auf den Tisch gestellt hatte, schob sie mir wieder die Schale mit dem gräulichen Zeug hin, das ich mich schon am Morgen zu essen geweigert hatte. Enttäuscht überwand ich mich, noch einmal davon zu kosten. Es war kalt und klebrig – einfach schrecklich. Ich brachte kaum den ersten Löffel hinunter, ohne zu würgen. Ich schob die Schale von mir.

Mr. Carpenter aß seinen Hamburger und ging. Ich vergrub meinen Kopf in meinen Armen, so lange sie abwusch und aufräumte. Ohne etwas zu sagen, nahm sie die Schale von meinem Tisch. Als ich sicher war, daß sie mich nicht schlagen würde, nahm ich die Arme vom Kopf. Sie schaltete das Licht aus und verließ die Küche.

Während ich nun am Tisch saß, fragte ich mich, ob ich jemals noch etwas zu essen bekommen würde. Ich dachte an die ersten Tage im Heim der guten Engel, als ich ziemlich lange nichts gegessen hatte. Ich sehnte mich nach einer Portion Eintopf von damals. Schon ein Stück Brot wäre jetzt herrlich gewesen. Und ich wünschte, ich wäre im Heim bei Mark und Doggie. Ich zeichnete wieder ein Bild von Doggie. Diesmal stand er inmitten von Bäumen, und neben ihm lag ein riesiger Stapel Hamburger. Nachdem ich ihm einen Kuß gegeben hatte, faltete ich ihn zusammen und steckte ihn in meine Hosentasche.

Am nächsten Morgen stand wieder die Schale mit dem widerlichen grauen Zeug vor mir auf dem Tisch. Ich machte mir gar nicht erst die Mühe, daran zu riechen oder gar davon zu kosten. Ich schob die Schale nur an den Rand des Tisches und schloß die Augen. Die nächste kleine Erschütterung ließ sie laut scheppernd zu Boden fallen. Mrs. Carpenter war außer sich. Sie riß mich an den Haaren von meinem Stuhl hoch. Sie versetzte mir seitlich gegen den Kopf einen Schlag und warf mich zu Boden. Ich rollte mich möglichst zusammen, damit nicht so viele Stellen ihren Schlägen ausgesetzt waren. Aber das nützte kaum etwas. Mit einem Stock oder einem ähnlichen Gegenstand hieb sie nun auf meinen Rücken ein. Mit dem zweiten Schlag traf sie mich an der Rückseite meiner Beine. Ich kroch unter den Tische, so daß der dritte Schlag gegen die Tischbeine krachte.

»Komm sofort raus!« brüllte sie mich an.

Ich rührte mich nicht. Als sie neuerlich mit dem Stock gegen die Tischbeine schlug, verkroch ich mich nur noch tiefer unter den Tisch. Daraufhin machte sie sich murmelnd daran, die zerbrochene Schale vom Boden aufzulesen. Sie polterte durch die Küche und schlug noch einmal gegen die Tischbeine, bevor sie es schließlich aufgab und die Küche verließ.

Ich lag zusammengekrümmt auf dem Boden. Langsam begann ich die Schmerzen in meinem Rücken und in den Beinen zu spüren. Vielleicht würde ich schon bald unter diesem Tisch sterben. Mir tat alles weh, und ich hatte Hunger. Ich griff in meine Hosentasche und holte Doggies Bild heraus. Ich gab ihm einen Kuß und preßte ihn dicht an mein Gesicht. »Ich glaube nicht, daß Mama uns noch mal abholen kommt«, erzählte ich ihm. »Ich glaube, wir kommen nie mehr von hier fort.« Dann schloß ich die Augen. »Doggie, ich werde für immer hier unten bleiben.« Ich hielt Doggie ganz fest in meiner Hand. Der Fußboden war hart und kalt. Jedesmal, wenn ich glaubte, sie in die Küche kommen zu hören, hielt ich den Atem an. Die Tisch- und Stuhlbeine um mich herum waren wie die Gitterstäbe eines Käfigs. Allerdings sperrten sie nicht mich ein, sondern sie aus.

Die Stunden verstrichen langsam. Als es zu dämmern begann, lag ich immer noch unter dem Küchentisch und beobachtete den schmalen Lichtstreifen unter der Tür.

Ich wachte auf, als Mrs. Carpenter sich in der Küche zu schaffen machte. Ich konnte nur ihre Beine sehen. Ich wußte, daß sie Abendessen machte; ich konnte es riechen.

»Wo steckt denn Jenkins?« wollte Mr. Carpenter wissen, als er in die Küche kam. Er hatte sich die Füße nicht sauber abgetreten. Die Ränder seiner Schuhe waren noch naß vom Schnee.

»Er ist unter dem Tisch.«

»Unter dem Tisch? Was macht er denn da?« Er bückte sich, um nach mir zu schauen.

»Er spielt. Was wird er sonst schon machen. Aus diesen verfluchten Fratzen wird doch sowieso kein Mensch schlau. Die meisten haben sie doch nicht einmal alle.«

»Na, Kleiner, was treibst du denn da unten?«

Ich verkroch mich noch mehr. Aus Angst, sie könnten mir Doggie wieder wegnehmen und zum Abfall werfen, stopfte ich ihn tiefer in meine Tasche.

»Was hast du denn, Jenkins?«

»Nichts.«

»Dann komm doch raus hier.« Er streckte mir seine Hand entgegen.

Er war immer nett zu mir gewesen. Nicht, daß er sich sonderlich um mich gekümmert hätte, aber zumindest hatte er mir nie etwas getan. Also gab ich ihm meine Hand und kroch unter dem Tisch hervor. Als er mich beim Aufstehen am Rücken berührte, zuckte ich zusammen.

»Hast du ihn etwa geschlagen?« fragte er streng.

»Nein«, log sie.

Als er darauf mein Hemd hochzog, sah er den Striemen auf meinem Rücken. »Du hast ihn doch geschlagen, verdammt noch mal!«

»Nein, das habe ich nicht. Er ist hingefallen.«

»Mach mir nichts vor, Edna. Wenn du ihn noch einmal

schlägst, kommt er zurück ins Heim. Hast du gehört? Geld hin oder her – er kommt zurück. Ich werde nicht dulden, daß du diese armen Jungen verprügelst. Hast du mich gehört, Edna?«

»Er ist hingefallen! Verdammt noch mal! Ich habe ihn nicht geschlagen«, kreischte sie daraufhin los.

Er faßte mich an den Schultern und sah mir in die Augen. »Jetzt hab keine Angst, Jenkins. Hat sie dich geschlagen?«

Anstatt einer Antwort traten mir die Tränen in die Augen.

»Ich warne dich, Edna ...«

Sie hantierte lautstark am Herd herum. »Er zerbricht eine Schale, und ich soll ihn dafür nicht bestrafen! Nein, nicht mit mir! Glaubst du, dieser kleine Bankert kann sich hier alles erlauben?«

Nachdem Mr. Carpenter mich an meinen kleinen Tisch geführt hatte, setzte er sich auf seinen gewohnten Platz und vertiefte sich in seine Zeitung. Ich starrte auf die Punkte an der Wand und plante meine Flucht. Ich mußte hier weg, bevor er morgen zur Arbeit ging. Sie trug das Essen auf. Ich machte mir nicht die Mühe, nachzusehen, was es gab. Es war mir egal.

»Willst du ihm nichts zu essen geben?« fragte er.

»Nachdem er mein gutes Porzellan zerbrochen hat? Kommt gar nicht in Frage.«

Mr. Carpenter war inzwischen wieder ganz der alte; er sagte nichts weiter.

Nachdem die Carpenters mit dem Essen fertig waren und die Küche verlassen hatten, saß ich wieder im Dunkeln und beobachtete den dünnen Lichtstreifen. Ich war bereit. Vorsichtig schlich ich zur Hintertür und versuchte, sie zu öffnen. Sie war abgesperrt. Ich zog einen der Riegel zurück. Den anderen konnte ich nicht erreichen, ohne auf einen Stuhl zu klettern. So leise ich konnte, holte ich vom Küchentisch einen Stuhl und stieg darauf. Ich zog mit aller Kraft, aber der Riegel ließ sich nicht bewegen. Daraufhin durchsuchte ich die Küche nach einem Gegenstand, mit dem ich ihn hätte losschlagen können. In einem der Küchenschränke stieß ich auf zwei Dinge – den Hammer, den ich für den Riegel benötigte, und eine Packung Jell-O-Pulver.

Ich öffnete die Packung und probierte. »Wow! Ist das sauer!« sagte ich leise. Ich naschte noch einmal. Aber ich hatte solchen Hunger, daß ich das Pulver trotz des sauren Geschmacks weiter in mich hineinschlang. Beim Essen mußte ich deswegen die Augen ganz fest zusammenkneifen. Und ich öffnete sie erst wieder, als ich die ganze Packung leergegessen hatte. Ich zerknüllte die Packung und steckte sie mir in die Tasche. Dann wandte ich mich wieder der Tür zu. Ich klopfte vorsichtig gegen den sperrigen Riegel, der sich jedoch immer noch nicht bewegte. Mir war klar, daß ich ihm einen kräftigen Schlag verpassen mußte. »Was ist, wenn ich den Stuhl nicht wegstellen kann, bevor sie hier auftaucht?« dachte ich laut. »Ach, was soll's. Umbringen wird sie mich so und so.« Ich schloß die Augen und holte weit aus. Ich traf daneben. Krachend fuhr der Hammer durch eine der Glasscheiben in der Tür. Und im nächsten Augenblick erschien Mrs. Carpenter auch schon in der Küchentür. Bevor ich noch von dem Stuhl klettern konnte, schoß sie durch den abrupt in helles Licht getauchten Raum auf mich zu. Sie versetzte mir einen Schlag in den Bauch, so daß ich zu Boden stürzte. Dort trat sie mit den Füßen auf mich ein.

»Was zum Teufel ist denn hier los?« kam nun Mr. Carpenter schreiend in die Küche gestürzt.

»Ich bringe ihn um!« kreischte sie.

Daran zweifelte ich keinen Moment. Ihre Augen blitzten vor rasendem Zorn, als sie sich über mich beugte und mich am Hemd packte. Sie riß mich abrupt auf die Beine hoch, um mich jedoch sofort wieder fallen zu lassen. Denn Mr. Carpenter packte sie am Arm und riß sie herum. Ich dachte, er würde sie schlagen. Aber er hielt sie bloß von mir zurück.

»Jetzt reicht's aber, Edna! Morgen kommt der Junge zurück!«

4

Schwester Frances packte mich am Ohr und führte mich aus dem Büro. »Siehst du jetzt, was du angestellt hast?« fuhr sie mich an. »Deinetwegen wollen diese netten Leute keine Kinder mehr aufnehmen. Es ist schon schwierig genug, Familien zu finden, wo man euch Kinder unterbringen kann, ohne … ach, was hat es schon für einen Sinn, dir das alles auch noch zu erklären?«

Sie schob mich durch die Tür des Aufenthaltsraums und verschwand. Wieder einmal stand ich da und hatte das Gefühl, als wären tausend Augenpaare auf mich gerichtet. Diesmal lächelte ich jedoch.

»Jennings!« schrie Mark. Er kam gerade von draußen herein und war noch voller Schnee.

Als ich mir einen Weg durch die Kinder bahnte, klopften mir ein paar zur Begrüßung auf den Rücken. In gewisser Weise war ich wieder zu Hause.

»Na, das hat aber nicht lange gedauert«, begrüßte mich Mark.

»Für mich war es lange genug. Ich habe fürchterlichen Hunger. Wann gibt's was zu essen?«

»Bald, sehr bald. Du bist doch nicht plötzlich genauso verfressen geworden wie ich? Oder hast du nichts zu essen bekommen?«

»Ich habe nichts gekriegt.« Ich setzte mich an einen der Tische mit den Schachbrettern und hielt mir den schmerzenden Bauch.

Ein paar Kinder hatten sich um mich versammelt, um von meinen Erlebnissen bei den Carpenters zu hören.

»Mrs. Carpenter ist verrückt!« erzählte ich. »Sie hat den ganzen Tag geschimpft und geschrien und herumgemeckert. Und ich mußte ständig an einem kleinen Tischchen sitzen. Ich bin immer nur an diesem Tisch gesessen.«

Ein paar Kinder verzogen die Gesichter, andere starrten mich nur stumm an.

»Es war schrecklich«, berichtete ich weiter. »Sie hat mir dieses klebrige Zeug vorgesetzt, das nach Fußkäse gerochen hat. Ich habe keinen einzigen Bissen davon hinuntergekriegt. Und dann hat sie mich geschlagen.« Ich hob mein Hemd hoch, um ihnen die Striemen zu zeigen.

Nach einer Weile zerstreuten sich meine Zuhörer wieder. Nur Mark blieb noch zurück.

»Ich muß dir unbedingt etwas zeigen«, wandte ich mich an ihn und zog das Bild von Doggie heraus. »Was hältst du davon?«

Er sah sich die Zeichung aufmerksam an, bis er schließlich erwiderte: »Laß das mal Doggie lieber nicht sehen.«

Darüber mußten wir beide lachen.

»Jennings!« hörte ich jemanden nach mir rufen.

Als ich aufsah, stand Stacy in der Tür. Sie hatte ihre Hände wie zum Gebet gefaltet. In ihren Augen standen Tränen. Ich stand auf, als sie auf mich zulief. Sie gab mir einen Kuß auf die Wange, und ich reichte ihr die Hand.

»Na, so was.« Ich sank errötend in meinen Stuhl nieder.

Sie nahm neben mir Platz. »Ich dachte schon, ich würde dich nie mehr sehen.«

»Das habe ich auch gedacht.«

»Auf dem Hof haben gerade ein paar Kinder erzählt, daß ein Junge von seinen bösen, neuen Eltern wieder zurückgebracht worden ist. Ich wußte nicht, daß damit du gemeint warst. Tut mir leid, daß sie dich so schlecht behandelt haben.«

»Ach was.«

Klick!

Ich schoß von meinem Stuhl hoch, um jedoch zu meinem Entsetzen festzustellen, daß ich nirgendwo die Ohren von Sechsundzwanzig entdecken konnte. Auf das zweite Klicken hin stellten sich die Kinder in Reih und Glied auf. Ich blieb stehen, wo ich war, und hielt schützend meine Hände über die Ohren, als eine Nonne, die ich bis dahin noch nie gesehen hatte, auf mich zukam.

»Na?« sprach sie mich an.

»Ich weiß nicht, wo mein Platz ist, Schwester. Ich bin eben erst ins Heim zurückgekommen.« Mein Herz schlug wie wild. Ich wollte nicht schon wieder bestraft werden. Dazu war ich einfach zu hungrig.

»Komm mit«, forderte sie mich auf und nahm mich bei der Hand.

Sie setzte mich an Marks Tisch. Meine neue Nummer war zwölf, so daß ich nur drei Plätze von Mark entfernt saß. Wir lächelten uns verstohlen an. Dann teilten die Schwestern Hackbraten aus. Mir lief das Wasser im Mund zusammen, und mein Magen knurrte vor Hunger. In ein paar Minuten hatte ich alles hinuntergeschlungen, so daß mir übel wurde. Vor meinen Augen drehte es sich, und mein Magen schmerzte.

»Schwester! Mir wird übel!« rief ich.

Wie der Blitz kam Schwester Frances auf mich zugeschossen, um mich aus dem Speisesaal zu bringen. Ich schaffte es gerade noch bis zu einem Spülbecken in der Küche, bevor alles hochkam. Schwester Frances hielt mich am Kopf und an den Schultern.

»Hol die Krankenschwester!« hörte ich sie zu jemandem sagen.

Dann setzte sie mich auf einen Stuhl. Als die Krankenschwester kam, befühlte sie meine Stirn und fragte mich, wie es mir ging und was mit mir los war.

»Ich weiß nicht, Ma'am«, erwiderte ich.

»Was hast du denn heute morgen gegessen?«

»Nichts.«

»Und gestern abend?«

»Nichts. Halt! Das stimmt nicht. Ich habe eine Packung Jell-O-Pulver gegessen.«

»Jell-O-Pulver? Na, kein Wunder, daß dir übel ist.«

»Warum hast du das Jell-O-Pulver gegessen?« fragte mich Schwester Frances.

»Ich hatte solchen Hunger, Schwester. Ich mußte irgend etwas essen.«

»Hast du denn nichts zu essen gekriegt?«

Mir traten Tränen in die Augen. Ich schüttelte den Kopf.

»Gar nichts?« fragte Schwester Frances noch einmal.

Ich schüttelte erneut den Kopf.

Darauf setzte mich Schwester Frances an einen Tisch in der Küche und bat die Küchenschwestern, mir etwas Suppe zu geben. »Kein Brot«, ordnete sie an. »Nur einen Teller Suppe.«

Sie strich mir übers Haar und ging dann wieder. Für einen Moment war sie mir verändert vorgekommen – fast wie Schwester Clair.

Ich aß die Suppe. Dann kam Schwester Frances wieder und brachte mich in das Büro der strengen Nonne.

»Jetzt erzähl Schwester Margaret und mir mal schön, Jennings, wie das bei den Carpenters war.«

In meiner Aufregung zögerte ich erst etwas, aber dann erzählte ich ihnen alles. Sie hörten mir schweigend zu. Ich sagte, es täte mir leid, daß ich die Schale und das Fenster zerbrochen hatte. Eigentlich erwartete ich, daß sie böse auf mich sein würden, aber das war nicht der Fall. Ich erzählte ihnen auch, welche Worte Mrs. Carpenter beim Fluchen benutzte. Natürlich sagte ich nicht die ganzen Wörter, sondern nur ihre Anfangsbuchstaben. Und dann zeigte ich ihnen meine Striemen von den Schlägen und meine Zeichnung von Doggie.

»Was ist das neben Doggie?« wollte Schwester Margaret wissen.

»Hamburger«, sagte ich, worauf sie lachen mußte.

Dann brachte mich Schwester Frances in den Tagesraum.

Ich setzte mich vor die Glastüren und sah ein paar Teilzeitlern beim Spielen auf dem Hof zu. Stacy half mit, einen

Schneemann zu bauen. Mark und die anderen Lebenslänglichen waren in der Schule.

Beim Schlafengehen händigte mir Schwester Frances Doggie aus. Ich drückte ihn fest an mich. Er fühlte sich so weich und gut an. Dann trug ich ihn zu Bett Nummer zwölf und legte ihn hinein. Als ich ihm sein Bild zeigte, fand er es sehr gut. Ich winkte Mark zu, und er winkte zurück. Dann schlüpfte ich unter die Decke und kuschelte mich eng an Doggie.

»Ich hab dich schrecklich gern, Doggie«, flüsterte ich ihm ins Ohr. Dann schloß ich die Augen, um zu schlafen. Ich war sehr müde.

Am nächsten Morgen wurden wir nach dem Frühstück in den Spielsaal geklickt. Ein paar Kinder holten ihre Mäntel und gingen auf den Hof hinaus. Mark und ich sowie ein paar andere Jungen blieben jedoch im Haus. Es war zu kalt.

Klick!

Wir setzten uns kerzengerade auf. Schwester Frances rief nach Stacy. Mark und ich sahen uns fragend an, als Stacy zögernd auf Schwester Frances zuging. Dann verließen sie gemeinsam den Spielsaal.

»Was hältst du davon?« fragte ich Mark.

Der zuckte nur mit den Achseln. »Vielleicht wird sie ausgeliehen.«

»Bloß das nicht.« Mir lief ein kalter Schauder den Rücken hinunter.

»Oder ... vielleicht darf sie auch nach Hause«, beeilte Mark sich hinzuzufügen.

»Ja!« Meine Miene erhellte sich wieder. »Vielleicht darf sie nach Hause.« Doch diese plötzliche freudige Erkenntnis sollte rasch einem anderen, mir bis dahin nicht bekannten Gefühl weichen.

»Jetzt verstehst du auch, was ich meine«, bemerkte Mark trocken und schob dabei seine Brille hoch.

»Wie meinst du das?«

»Na, was ich dir über die Regel erzählt habe, daß es hier keine Freunde gibt. So ein Gefühl ist immer schwer zu erklären, solange du es nicht am eigenen Leib verspürt hast.«

»Ja, jetzt weiß ich, was du damals gemeint hast«, murmelte ich.

In diesem Augenblick kam Stacy in den Raum gestürmt. »Ich darf nach Hause!« jubelte sie.

Im Spielsaal wurde es plötzlich ganz still. Ein paar der Mädchen versammelten sich um sie. Nachdem sie kurz mit ihnen gesprochen hatte, löste sie sich aus der Gruppe und kam auf Mark und mich zu.

»Ich werde an dich denken«, sagte sie mit strahlenden Augen. Dabei sah sie sehr schön aus.

»Ich werde auch an dich denken«, antwortete ich.

»Wenn du mal nach Elmhurst kommst ...« Doch sie sprach den Satz nicht zu Ende.

Ich nickte.

Dann gab sie mir einen Kuß auf die Wange und sagte: »Tschüß.«

»Wiedersehen.«

»Wiedersehen, Mark.«

»Wiedersehen, Stacy.«

Und im nächsten Augenblick war sie auch schon verschwunden. Lange starrte ich auf die geschlossene Tür. Meine Hand lag auf der Wange, auf die mir Stacy den Kuß gedrückt hatte.

»Wiedersehen«, murmelte ich, an niemanden speziellen gewendet.

»Komm.« Mark zupfte mich am Ärmel. »Je eher du sie vergißt, desto besser.« Er sprach wie ein weiser, alter Mann, der solcherlei Erfahrungen schon so oft gemacht hatte, daß man einfach auf ihn hören mußte. Er nickte zum Nachdruck. »Glaub mir, es ist wirklich besser.«

Ich brauchte einige Tage, um Stacy zu vergessen. Nun, vergessen wäre eigentlich übertrieben gewesen, aber zumindest brachte ich die Tage hinter mich, ohne ständig an sie zu denken.

Eines Morgens weckte mich Mark. »Los, steh auf!« Er war furchtbar aufgeregt.

»Was ist denn?«

»Ich muß dir was zeigen.« Damit rannte er in den Waschraum.

Ich stieg aus dem Bett und folgte ihm. Ich war noch ganz verschlafen.

»Und?« fragte ich.

»Das wirst du gleich sehen«, grinste er. »Das wirst du gleich sehen.«

Dann blickte er sich vorsichtig nach allen Seiten um und griff in seinen Wäschesack, um seinen Bären Brownie daraus hervorzuholen.

»*Er ist entkommen!*«

»Pssst!« Mark legte seinen Finger an die Lippen.

»Er ist entkommen«, flüsterte ich aufgeregt.

»Ja, gestern nacht«, nickte Mark ernst. »Irgendwie hat er sich unter meinem Kopfkissen verheddert, und deshalb konnten sie ihn nicht einsperren.«

»Das ist ja toll!«

»Pssst.«

»Das ist ja toll«, flüsterte ich.

Den Rest des Tages verbrachte ich damit, Doggies Flucht zu planen. Endlich kam der Abend. Aufgeregt wartete ich in der Schlange auf Doggie, als Schwester Clair hereinkam.

»Schwester Clair!« platzte ich vor Freude heraus, um mir jedoch sofort mit der Hand auf den Mund zu schlagen. In meiner Überraschung, sie zu sehen, hatte ich ganz das Schweigegebot vergessen.

»Das macht nichts, Jennings«, tröstete sie mich und streckte ihre Hand nach mir aus.

Ich rannte auf sie zu und schlang meine Arme um ihre

Hüfte, worauf sie sich zu mir herabbeugte und mich auf den Scheitel küßte.

»Wo sind Sie denn so lange gewesen?« fragte ich.

»Ich hatte Exerzitien.«

»Was sind Exerzitien?«

»Das ist, wenn die Nonnen sich zurückziehen und beten.«

»Ach so, das hört sich aber nicht sehr lustig an.«

»Mir macht es aber Spaß«, lächelte sie.

Dann schloß sie den Schrank auf und verteilte die Tiere. Mir überreichte sie Doggie.

Ich klemmte ihn mir unter den Arm. Als ich an Marks Bett vorbeikam, zwinkerte ich ihm zu, und Mark zwinkerte zurück. Ich legte Doggie auf mein Bett und kletterte hinterher. Dann schlüpften wir gemeinsam unter die Decke.

»Ich habe einen Plan«, weihte ich Doggie in mein Vorhaben ein.

Er war natürlich fürchterlich neugierig, und deshalb erzählte ich ihm alles. Er war mindestens so aufgeregt wie ich. Für den Fall, daß es nicht klappen sollte, gab ich ihm noch einen extra Kuß. Dann stopfte ich ihn unter mein Kopfkissen und legte mich zurück.

Schwester Clair trat an mein Bett und fragte mich: »Na, wie ist es dir so ergangen?«

»Ganz gut, Schwester.«

»Ich habe gehört, daß du ziemlich schlecht behandelt worden bist.«

»Ja?«

»Bei den Carpenters.«

»Ach so, ja, das war schlimm.« Ich schnitt eine Grimasse.

»Schwester Margaret wird keine Kinder mehr zu diesen Leuten schicken. Und jetzt hör zu, Jennings.« Sie strich mir behutsam das Haar aus der Stirn. »Ich möchte mich von dir verabschieden.«

Ich setzte mich abrupt auf. »Wo gehen Sie denn hin?«

»Ich werde an der Mädchenschule in Queens unterrichten.«

»In Queens? Ach, du meine Güte!« Ich sank in die Kissen zurück.

»Sei nicht traurig«, sagte sie sanft. »Du hast mir außerdem versprochen, tapfer zu sein.«

»Aber Sie werden mir fehlen, Schwester.«

»Ich weiß. Du wirst mir auch fehlen. Aber ich werde jeden Tag für dich beten, einverstanden?«

»Das … aber das ist lange nicht so gut, wie Sie zu sehen.«

»Nein, natürlich nicht.« Sie lachte. »Das ist selbstverständlich kein wirklicher Ersatz. Aber mehr kann ich trotzdem nicht tun.«

»Na gut, wenn es eben nicht anders geht.« Ich setzte mich wieder auf und umarmte sie.

Sie umarmte mich ebenfalls und ließ mich dann behutsam auf mein Kopfkissen zurück. Zuletzt zog sie mir noch die Decke zum Kinn hoch.

»Wo steckt denn Doggie?«

»Doggie?«

»Ja, Doggie. Du wirst dich doch noch an den braun-weißen Hund erinnern können, mit dem du jede Nacht schläfst?«

»Ach, den Doggie meinen Sie!«

»Ja, genau den.« Sie lachte. »Wo ist er denn?«

»Ach, irgendwo hier.«

»Wo hier?«

Ich hob mein Kopfkissen hoch und nahm ihn heraus.

»Was macht er denn unter deinem Kopfkissen?«

»Er hat nur geschlafen.«

Sie lächelte. »Du weißt doch, Jennings, daß ich Doggie später beim Einsammeln übersehen könnte, wenn er unter dem Kopfkissen liegt.«

»Tatsächlich?«

»Aber natürlich! Vielleicht solltest du ihn doch lieber wie üblich neben dir im Bett schlafen lassen«, schlug sie vor und legte ihn neben mich unter die Decke.

»Warum machen Sie das, Schwester?«

»Was?«

»Warum sperren Sie die Tiere nachts ein?«

»Weißt du ...« Sie blickte erst durch das vergitterte Fenster nach draußen, bevor sie mir antwortete. »Wir wollen das nicht, Jennings, aber wir müssen es tun. Weißt du, wir müssen für die Tiere sorgen. Wenn wir sie nicht irgendwo einsperren würden, könnten sie verlorengehen; sie könnten Schaden erleiden oder kaputtgehen. Das ist sicher nicht die beste Art, für sie zu sorgen, aber wir haben keine andere Wahl.«

»Aber wenn jemand eines von ihnen sehr gern mag«, hielt ich dem entgegen. »Wäre es dann nicht vernünftiger, ihn für dieses Tier sorgen zu lassen – ich meine damit, es ihn behalten zu lassen.«

»Ja, natürlich. Aber nicht jeder würde so gut für sein Tier sorgen, wie du das tust.« In ihren Augen standen Tränen, als sie mich ansah. »Aber das geht nicht. Es bräche mir das Herz, eines dieser Tiere allein und ungeliebt zu sehen. Nein, Jennings, es ist besser, wenn wir sie an einem gemeinsamen Ort unterbringen.« Sie küßte mich auf die Stirn und ging.

Darauf kuschelte ich mich an Doggie und dachte über das nach, was Schwester Clair gesagt hatte. Mir war klar, daß ich Doggie nicht behalten konnte. Und mir war auch klar, daß er das verstehen würde. »Wenn ich dich jemals ganz behalte, Doggie«, flüsterte ich ihm zu, »dann werde ich immer gut für dich sorgen und dich ganz liebhaben.«

Ein dumpfer Krach schreckte mich aus dem Schlaf. Ich streckte meinen Kopf unter der Decke hervor, um zu sehen, woher der Lärm gekommen war. Die Sonne erhob sich gerade über dem Dach des Hauses auf der anderen Seite des Hofs. Es war also noch zu früh, um aufzustehen. Der Krach war von dem Jungen in dem Bett neben meinem gekommen. Er war aus dem Bett gefallen. Während er sich wieder hochrappelte und sich dabei den Kopf rieb, mußte ich plötzlich an Doggie denken. Er war weg! Ich ließ meine Blicke über die Betten der anderen Jungen wandern. Auch ihre Tiere waren weg. Ich zog mir die Decke wieder über die Ohren und kuschelte mich an mein Kissen. Plötzlich setzte ich mich auf und hob das Kissen hoch. Doggie lag darunter und sah mich an. An seinem Hals war ein Zettel befestigt. Ich nahm ihn ab und las ihn:

Lieber Jennings,

als ich sagte, für dich zu beten, wäre das beste, was ich für dich tun könnte, habe ich mich getäuscht. Laß Doggie hin und wieder zum Luftschnappen ins Freie. Und sei vor allem lieb zu ihm. Unsere Tiere brauchen sehr viel Liebe.

Ich werde in meinen Gebeten immer an dich denken,

Schwester Clair

Ich drückte Doggie an mich und steckte ihn wieder unter mein Kissen.

Von nun an steckten Mark und ich unsere Freunde jeden Morgen in unsere Wäschesäcke. Nachts nahmen wir sie mit ins Bett. Wir teilten ein Geheimnis, das uns ein wenig aus der Masse der anderen Kinder heraushob. Und uns beide brachte es näher zueinander.

Es wurde ein kalter Winter. Die meisten Kinder blieben tagsüber im Aufenthaltsraum. Schwester Frances erzählte uns, daß in vier Tagen Weihnachten wäre. Außerdem gab sie uns Papier, Leim und Scheren, damit wir Figuren ausschneiden und an die Tafel kleben konnten. Mark machte eine Schneeflocke und ich einen Engel. Ich erzählte Mark, wie wir Weihnachten zu Hause gefeiert hatten.

»Was macht ihr denn da?« wollte Butch wissen.

»Wir schneiden aus.«

»Ihr seid doch keine kleinen Kinder mehr.«

»Doch«, erwiderte Mark. »Wir sind schon noch Kinder.«

»Wozu macht ihr diesen Quatsch?«

»Das ist kein Quatsch! Das sind Engel und Schneeflocken – für Weihnachten.«

»Ach was, das ist doch alles Blödsinn!«

»Du klingst genau wie Scrooge«, erklärte ich.

»Wer?«

»Ebenezer Scrooge. Du kennst doch Scrooge aus dieser Geschichte.«

»Nein, wer soll das sein?«

»Er ist der Kerl, der Weihnachten nicht ausstehen konnte. Hast du noch nie von ihm gehört?«

Butch schüttelte wie Mark den Kopf.

»Letztes Jahr hat uns eine der Schwestern in meiner alten Schule eine Geschichte erzählt ... mal sehen. Mir fällt nur der Titel der Geschichte nicht mehr ein ... doch, jetzt weiß ich ihn wieder. ›Ein Weihnachtslied.‹ Und sie handelte von einem Kerl, der Weihnachten nicht ausstehen konnte.«

»Erzähl uns doch diese Geschichte«, forderte mich Mark auf.

»Ja, das fände ich auch eine tolle Idee«, fiel Butch ein und setzte sich zu uns.

»Also gut, ich will's versuchen.«

Ich erzählte ihnen die Geschichte, so gut ich konnte. Während ich redete, versammelten sich immer mehr Kinder um unseren Tisch. Ein paar kannten die Geschichte auch und halfen mir, wenn ich einmal nicht weiter wußte. Aber insgesamt bekam ich sie ganz gut hin. Bald saßen alle im Raum anwesenden Kinder auf Stühlen oder auf dem Boden um mich herum und hörten der Geschichte zu. An der Stelle mit den verschiedenen Gespenstern wurden ihre Augen immer größer. Als die Geschichte zu Ende war, trollten sie sich wieder davon. Mark und ich wandten uns wieder unseren Ausschneidearbeiten zu. Und diesmal machte sogar Butch mit.

Wir sprachen über Weihnachten im Heim. Mark und Butch erzählten mir, daß die Nonnen viel sangen und das Jesuskind in seine Krippe legten.

»Kriegen wir auch einen Weihnachtsbaum?« fragte ich.

»Nein, einen Weihnachtsbaum stellen sie hier nicht auf.

Wahrscheinlich mögen die Schwestern keine Bäume«, erklärte Mark.

»Und kriegen wir Geschenke?«

Mark und Butch schüttelten stumm den Kopf.

»Na ja, das ist nicht weiter schlimm«, erwiderte ich. »Zu Hause habe ich auch nicht immer etwas geschenkt bekommen. Meine Mama hatte oft nicht genügend Geld für Geschenke.«

»Ich habe noch nie ein Geschenk bekommen«, erklärte Mark.

»Noch nie?«

Mark schüttelte den Kopf. »Ein paar Lebenslängliche bekommen hin und wieder Geschenke, wenn sie ganz klein sind oder über Weihnachten ausgeliehen werden. Hast du schon mal ein Geschenk bekommen, Butch?«

»Ja. Aber das ist schon lange her – als ich noch ganz klein war.«

»Und was hast du gekriegt?«

»Ach, nichts Besonderes.«

»Was?«

»Einen ... äh ... Pandabären.«

»Tatsächlich!« platzte Mark heraus. »Wo hast du ihn? Was hast du mit ihm gemacht?«

»Ich habe ihn nicht mehr. Die Frau, die ihn mir gegeben hat, hat ihn mir wieder weggenommen. Sie hat gemeint, sie würde ihn für mich aufheben, wenn ich wieder zu ihr zurückkäme.«

»Jennings«, rief von der Tür eine Nonne nach mir.

Mir lief ein eisiger Schauder den Rücken hinunter. Ich warf Mark und Butch einen vielsagenden Blick zu.

»Jennings Burch!« rief die Nonne noch einmal.

Ach, du meine Güte! Hoffentlich nicht schon wieder solche Leute wie die Carpenters. Ich legte meinen Engel auf den Tisch und stand auf. Als ich die Nonne erreichte, führte sie mich aus dem Raum.

»Werde ich wieder ausgeliehen?« fragte ich.

»Das weiß ich nicht. Man hat mir nur gesagt, ich sollte dich holen.«

»Ach, du meine Güte. Ich will nicht schon wieder von hier fort. Ich möchte hier bleiben.« Ich spürte ein Kitzeln in meiner Nase.

Als die Schwester die Bürotür öffnete, stand Mama da.

»Mama!« schluchzte ich.

Ich stürzte mich in ihre Arme. Sie küßte und umarmte mich. Ich schluchzte haltlos.

»Nicht weinen, mein Liebling. Ich bin doch wieder da. Ich bin wieder da.«

Ich war unfähig zu sprechen. Ich versuchte es, aber es ging nicht. Ich drückte mich an Mama und weinte. Sie roch wie Mama. Es war wirklich Mama.

»Wo warst du denn so lange?« schrie ich weinend. Ich ballte die Hände zu Fäusten und schlug nach ihr.

»Schlag deine Mutter nicht!« fuhr mich Schwester Margaret an.

Ich drückte mich wieder an Mamas Brust und weinte noch mehr. »Es tut mir leid. Es tut mir leid, Mama.«

»Ist ja schon gut, Jennings. Nicht mehr weinen.« Sie wiegte mich in ihren Armen und küßte mich auf die Stirn. »Jetzt sei schön brav und hör auf zu weinen.«

Als ich mich nach ein paar Minuten wieder einigermaßen beruhigt hatte, fragte ich: »Können wir nicht auch Mark mit nach Hause nehmen, Mama?«

»Mark? Wer ist Mark?«

»Sei vernünftig«, sagte Schwester Margaret streng. »Hol jetzt deine Sachen.«

»Mark ist mein Freund. Er lebt hier. Können wir ihn mit nach Hause nehmen? Bitte!«

»Aber was würde denn seine Mutter dazu sagen?«

»Er hat keine Mutter. Mark ist ein Lebenslänglicher. Ein Waise. Können wir ihn nicht mitnehmen?«

»Es tut mir leid, Jennings, aber das geht einfach nicht ... ich ...«

»Das kommt überhaupt nicht in Frage!« Schwester Margaret stand abrupt auf. »Und jetzt geh endlich und hol deine Sachen!« Sie deutete auf die Tür. »Los!«

»Aber ...«

»Ich will kein Aber mehr hören. Geh jetzt!«

»Ach, du meine Güte!« murmelte ich traurig und verließ das Büro.

Ich ging in den Schlafsaal und packte meine Sachen zusammen. Natürlich vergaß ich auch Doggie nicht.

Als ich dann den Aufenthaltsraum betrat, sah mich Butch als erster. »Gehst du weg?« fragte er.

»Ja!«

»Nach Hause?« wollte Mark wissen.

Ich nickte.

Butch zerknüllte die Figur, die er ausgeschnitten hatte, und erhob sich vom Tisch. »Wiedersehen«, sagte er ruhig. Er trat auf die Glastüren zu und stieß eine davon auf.

»Wiedersehen«, flüsterte ich.

Dann nahm ich den Engel, den ich ausgeschnitten hatte, und drehte ihn um. Auf die Rückseite schrieb ich: »Für meinen Freund Mark. Von Jennings und Doggie.« Mark wandte sich von der Arbeit an seiner Schneeflocke ab und nahm den Engel an sich. Als er seinen Kopf senkte, um ihn zu betrachten, sah ich eine Träne auf seinen Handrücken fallen.

»Danke«, sagte er mit erstickter Stimme.

»Du wirst mir sehr fehlen, Mark.«

Als ich ihm meine Hand entgegenstreckte, ergriff er sie, ohne dabei jedoch seinen Blick ein einziges Mal von seinem Geschenk abzuwenden. Er schüttelte mir nur die Hand und schob dann seine Brille hoch.

Ich ging auf die Tür zu und öffnete sie.

»Warte!« rief er mir plötzlich hinterher. »Geh nicht weg! Bitte, laß mich nicht allein!« Er kam hinter mir hergestürzt und faßte mich am Arm.

Ich schlang meine Arme um ihn.

Er weinte an meiner Schulter. »Geh nicht weg. Laß mich nicht allein hier zurück.«

Er bebte am ganzen Körper, so daß ich Mühe hatte, ihn zu halten. Darauf trat die hundertjährige Nonne auf uns zu und führte Mark wieder an seinen Platz zurück. Dabei vergrub er sein Gesicht in ihrer Kutte und weinte. Ich glitt durch die Tür des Aufenthaltsraums, um nach Hause zu gehen.

5

Auf dem mit Korbgeflecht überzogenen U-Bahnsitz schlug ich meine Beine übereinander und lehnte mich schwer gegen Mamas Arm. Doggie fest an mich gepreßt, dachte ich die ganze Zeit an Mark. Er konnte nicht wissen, daß es genauso weh tat, einen Freund zu verlassen, wie selbst verlassen zu werden.

»Mama?« versuchte ich das Rattern des Waggons zu übertönen.

»Ja?«

»Warum hast du mich in diesem Heim gelassen? Warum hast du mich nicht abgeholt?«

»Ich konnte nicht anders, Liebling. Ich war krank.«

»Mußtest du dich übergeben und so?«

»Nein, so eine Krankheit war es nicht.«

»Was für eine Krankheit war es dann?«

»Eine andere eben.«

»Schwester Clair hat gesagt, du warst in einem Erholungsheim, um dich auszuruhen. Warst du sehr müde, Mama?«

»Ja, Liebling, das war ich. Ich war fürchterlich müde und hatte einfach alles über.«

»Hattest du auch mich über?«

»Nein.« Sie drückte mich an sich. »Wie sollte ich das. Ich

hatte es nur über, so viele Dinge auf einmal erledigen zu müssen. Kannst du das verstehen?«

»Mhm. Schwester Clair hat gesagt, du hättest dir wegen Jerome Sorgen gemacht und so.«

Darauf erwiderte sie nichts. Sie starrte nur aus dem Fenster in den dunklen Schacht hinaus.

»Mama?«

»Ja, Liebling?«

»Jetzt bist du aber nicht mehr müde, oder?«

»Nein, mein Schatz, jetzt bin ich nicht mehr müde. Und ich verspreche dir, daß ich dich nie wieder allein lassen werde.«

»Wirklich? Versprichst du das?«

»Ja, mein Liebling, das verspreche ich dir.«

Ich drückte mich an sie. »Mama?«

»Ja.«

»Hast du uns alle in ein Heim gegeben?«

»Nein, nur dich und Larry.«

»Und was war mit George und Walter.«

»Sie sind von der Kirche an eine nette Familie vermittelt worden.«

»Sie haben in der Kirche gewohnt?«

»Nein«, lachte sie. »Die Kirche hat alles Nötige veranlaßt, daß sie bei einer netten Familie unterkommen konnten. Sie werden morgen nach Hause kommen.«

»Und Larry? Kommt er auch morgen nach Hause?«

»Er ist schon zu Hause. Er paßt auf Gene auf.«

»Toll! Er hat mir sehr gefehlt.«

Als wir an der 14th Street umstiegen, kaufte mir Mama ein Comic-Heft und eine Packung Sky Bars. Diese kleinen Schokoladetäfelchen hatte ich schon immer ganz besonders gemocht – eine Tafel schmeckte besser als die andere.

Ich las Doggie mein Comic-Heft vor und teilte auch die Sky Bars mit ihm. Mama las eine Zeitschrift.

Irgendwann ertappte ich mich dabei, daß ich wieder an Mark dachte. Ob er wohl je ein Comic-Heft gelesen hatte? Im Heim gab es so etwas nämlich nicht. Und ob er schon mal mit der U-Bahn oder in einem Auto gefahren war? Und ein Sky Bar hatte er wahrscheinlich auch noch nie gegessen.

»Wird Jerome auch mal nach Hause kommen, damit er mit mir ins Kino gehen kann?«

»Das weiß ich nicht, Liebling. Aber ich hoffe schon.«

»Wenn du ihn das nächste Mal besuchst, darf ich dann mitkommen?«

»Nein, ich fürchte, das wird nicht gehen. Kinder unter zwölf Jahren dürfen nicht ins Krankenhaus.«

»Warum nicht?«

»Vermutlich haben sie Angst, daß sie sich anstecken und krank werden.«

»Und wenn man über zwölf ist, kann man sich dann nicht mehr anstecken?«

»Zumindest nicht so leicht, wie wenn man noch nicht zwölf ist. Aber reden wir nicht mehr davon. Beten wir lieber für Jerome. Einverstanden?«

»Gut«, nickte ich.

Als wir in der 188th Street von der U-Bahnstation hochkamen, fiel mein erster Blick seit drei sehr langen Monaten, in denen ich eine ganz andere Welt kennengelernt hatte, auf das Loew's Paradise Theater – ein Kino, in dem gerade ein Film mit Bob Hope und Rhonda Fleming lief.

Dann machten wir uns zu Fuß auf den Weg nach Hause. Unglaublich, wie klein plötzlich alles geworden war. Die kopfsteingepflasterte Straße schien so unendlich viel schmaler, als ich sie in Erinnerung gehabt hatte.

Wir kamen an Krum's Candy vorbei, einem großen Eiscafé, in dem es auch alle möglichen Süßigkeiten zu kaufen gab. Wegen der Zwei-Cents-Eiskugeln gingen alle Kinder aus dem Viertel hierher. Und wenn man seinen Vater oder seine Mutter mitbrachte und sie ein Eis kauften, bekam man ein Eis umsonst. Das war wirklich ein gutes Geschäft. Als nächstes kamen wir an Lutz' Schuhreparatur vorbei. Nach Überqueren der Valentine Avenue hatten wir den Block erreicht, in dem wir wohnten.

Auf der Straße war es ungewöhnlich still. Sonst trieben sich hier immer eine Menge Kinder – und auch Erwachsene – herum. Ob das an dem kalten Wetter lag?

Mama stieß die schwere, schwarze Eisentür mit der Glasscheibe auf. Im Flur von Haus Nummer 267 roch es nach Fichtennadelseife. Mr. Zabo, der Hausmeister, schrubbte die Gänge jeden Tag mit Fichtennadelseife. Es roch herrlich. Wir stiegen in den dritten Stock zu Wohnung Nummer zweiunddreißig hoch. Ich war zu Hause.

»Larry!« schrie Mama.

Sie war wütend. Der Flur war voller Handtücher, Klopapier und allem möglichem anderem, was eigentlich ins Bad gehört hätte. Und inmitten dieses Chaos saß Gene und grinste. Gene war ein mageres, kleines Kerlchen, das kaum einmal den Mund aufmachte. Sein blondes Haar erinnerte an gehäckseltes Stroh. Er war vier Jahre alt und schlief fast die ganze Zeit.

»Larry!« schrie Mama noch einmal. »Wo steckst du?«

»Komme schon.« Und im nächsten Augenblick kam er auch schon in den Flur gestürzt, wo er auf einem Stück Seife ausrutschte, das auf dem Boden herumlag. Er ging unsanft zu Boden und schlug sich den Kopf an. Dabei flog die Brille weg. Gene mußte lachen, aber Larry begann zu weinen.

»Das geschieht dir recht«, schalt ihn Mama. »Das ist die Strafe Gottes, daß du nicht besser auf deinen Bruder aufgepaßt hast.«

Larry stand auf und rieb sich den Kopf. Dann suchte er seine Brille und setzte sie sich wieder auf. Larry war mir sehr ähnlich; nur war er älter – elf – größer und stärker. Aber er hatte genauso viele Sommersprossen wie ich, und sein Haar war genauso rot wie meines. Ohne seine Brille hätten wir sicher wie Zwillinge ausgesehen.

»Jennings!« rief er, als er mich endlich sah. Ohne seine Brille war Larry nämlich so gut wie blind.

»Hallo, Larry. Wie geht's?« begrüßte ich ihn.

Er schniefte seine Tränen weg und rieb sich mit der Linken den Kopf, während wir uns die Hand schüttelten.

»Hey, ich muß dir was zeigen«, sagte er dann.

»Erst machst du mal diesen Saustall hier sauber«, ordnete Mama an.

»Ach, Mama! Muß das denn sein?«

»Ja!«

»Komm, ich helfe dir«, schlug ich vor.

Während Larry und ich also aufräumten, brachte Mama Gene in sein Bettchen.

»Und wo warst du die ganze Zeit?« fragte ich Larry schließlich.

»Erst war ich in einem Heim. Uff! Das war schrecklich.« Er schnitt eine Grimasse. »Und dann bin ich zu Mrs. Keys gekommen. Sie hat mir etwas geschenkt. Sie war sehr nett.«

»Was hast du denn gekriegt?«

»Das kann ich dir jetzt nicht sagen, weil es nämlich das ist, was ich dir zeigen wollte.«

Als wir alles wieder ins Bad geräumt hatten, gingen wir durchs Wohnzimmer ins hintere Schlafzimmer. Bis auf dieses hintere Schlafzimmer gingen alle Räume in unserer Wohnung vom Flur ab – die Küche, das Wohnzimmer, das Bad und Mamas Schlafzimmer.

»Und was hast du gekriegt?« fragte ich neugierig.

»Ein Signalhorn.«

Es war ziemlich fleckig und verbeult, und als er ein paar Töne zu blasen versuchte, kam nur ein lautes Quietschen heraus.

»Ich muß natürlich noch üben«, meinte Larry dazu.

Darauf zeigte ich ihm Doggie und erzählte ihm vom Heim der guten Engel, und natürlich auch von den Carpenters und Mark.

»Willst du damit sagen, daß er nie aus dem Heim rauskommen wird? Nie?«

Ich schüttelte den Kopf.

»Mann, das muß ja schrecklich sein!«

Dann erzählte mir Larry von seinem Aufenthalt bei Mrs. Keys. Er durfte dort essen, was er wollte und wann er wollte.

»Und Milch habe ich auch gekriegt«, fügte er hinzu. »Soviel ich wollte.« Plötzlich wurde er ganz nachdenklich. »Am liebsten wäre ich dort geblieben«, sagte er schließlich.

»Du wolltest nicht zurück nach Hause?«

»Nein. Dort hat es mir sehr gut gefallen.«

»Aber wärst du nicht sehr traurig gewesen, wenn du nicht mehr nach Hause gekommen wärst?«

»Nein. Ich mag George und Walter nicht, und sie mögen mich nicht. Sie müssen mich ständig piesacken und geben mir alle möglichen Namen. Und Mama mag mich auch nicht.«

»Natürlich mag dich Mama.«

»Sagst du.«

Er lag auf dem Bett und starrte an die Decke. Er klang sehr niedergeschlagen. Ich sah zum Fenster, durch das man auf das nächste Haus schauen konnte. In einigen Wohnungen brannte Licht. Ich dachte an die vergitterten Fenster im Heim der guten Engel. Und ich dachte über Mark und Larry nach. Beide waren unglücklich, und beide wünschten sich an einen anderen Ort.

Lautes Rufen aus der Küche riß mich aus meinen Gedanken.

»Was ist denn da los?« Blinzelnd tastete Larry nach seiner Brille.

»Ich glaube, George und Walter sind nach Hause gekommen.«

»Das hat mir gerade noch gefehlt«, stöhnte Larry.

George und Walter stritten mit Mama. Sie waren wütend, daß sie von zu Hause weggekommen waren, während Mama sich erholte.

George und Walter sahen sich sehr ähnlich. Beide waren groß, und beide hatten schwarzes Haar. George war allerdings magerer, und er hatte eine Menge Pickel im Gesicht.

Dagegen hatte Walter eine Brille mit dunklem Rand und eine reine Haut.

»Wie hätte ich euch denn ganz allein zu Hause lassen sollen?« fragte sie Mama.

»Das wäre doch überhaupt kein Problem gewesen. Du hättest uns nur hierzulassen gebraucht – nichts weiter«, schimpfte Walter.

»Und wer hätte euch was zu essen gemacht? Und sich sonst um euch gekümmert?«

»So viel essen wir nun auch wieder nicht, daß du dir deswegen große Sorgen machen müßtest«, sagte George.

»Und sonst kann ich mich sehr gut um mich alleine kümmern«, fiel Walter ein.

»Du, und dich alleine um dich kümmern?« lachte George Walter aus. »Du kannst doch nicht mal den Müll runtertragen, ohne daß Mama dir dabei hilft.«

»Du brauchst gerade reden«, konterte Walter. »Und überhaupt mache ich hier wesentlich mehr als du.«

»Denkst du.«

»Jetzt hört endlich mit diesem blöden Gezanke auf!« fuhr sie Mutter an. »Ich verstehe euch einfach nicht. Ich sehe zu, daß ich euch bei einer Familie unterbringen kann, damit ihr weiter die Schule besuchen könnt … und das ist der Dank dafür.«

»Vielleicht hast du dich eben doch nicht genügend bemüht«, maulte Walter.

»Rede du hier nicht dumm herum«, fuhr ihm George über den Mund. »Du kriegst hier noch lange alles, was du brauchst.« Er stand auf. »Mir langt's. Ich gehe.«

»Ja, abhauen! Das ist alles, was du kannst!« schrie ihm Walter hinterher, als er aus der Küche stapfte.

George stieß mich im Vorbeigehen unsanft an. »Tag, Kleiner«, brummte er.

»Hallo.«

Die Tür fiel krachend zu, und Mama brach in Tränen aus.

»Jetzt seht euch das mal wieder an!« fuhr ich Walter an. »Ihr habt Mama zum Weinen gebracht.«

»Ich habe doch nichts getan. Das war George. Verdammt noch mal, kann man hier denn nicht mal den Mund aufmachen, ohne daß ...« Er brach mitten im Satz ab und stürmte aus der Küche.

»Nicht weinen, Mama«, versuchte ich Mutter zu trösten.

»Ich weine doch gar nicht.« Sie zog ein Taschentuch heraus und wischte sich damit die Tränen aus den Augen. »Ich weine doch gar nicht.« Dann stand sie auf und machte auf dem Herd Kaffeewasser heiß. »Ich muß noch zur Kirche rüber«, seufzte sie. »Mal sehen, ob wir für Weihnachten einen Korb mit Essen bekommen.«

»Darf ich mitkommen?« fragte Larry, der gerade in die Küche trat.

»Nein. Du bleibst hier und paßt auf Gene auf. Ich werde Jennings mitnehmen. Er kann mir dann tragen helfen.«

»So was Blödes! Warum muß ich immer auf Gene aufpassen? Warum können das nicht auch mal Walter oder George machen?«

»Walter muß lernen, und George ist nicht hier.«

»Mist!« schmollte Larry und stapfte aus der Küche.

»Mach nicht so einen Lärm!« rief ihm Mama hinterher, als er über den Flur davontrampelte.

Mama und ich kamen gegen eins von der Kirche zurück. Wir hatten einen Puter und einen Korb mit Gemüse bekommen, aber keine Spielsachen. Als wir die Wohnung betraten, stand Larry mit ausgestreckten Armen im Wohnzimmer. Er weinte, und sobald er Mama sah, rannte er auf sie zu.

»Was ist denn hier schon wieder los?« fragte sie.

»Nichts«, antwortete Walter. »Er wollte in der Küche nicht saubermachen; deshalb habe ich ihn bestraft.«

»Wenn hier jemand jemanden bestraft, dann ich – und nicht du«, fuhr Mama Walter an. »Schreib dir das mal hinter die Ohren!«

»Ich wollte doch nur mal diesem blöden Ochsen beibringen, wie man gehorcht. Mehr nicht.«

»Das überlaß ruhig mal mir. Ich bringe ihm schon bei, was er wissen muß. Und hör endlich auf, ihn blöder Ochse zu nennen!«

Sie drückte Larry kurz an sich und sagte: »Und jetzt räum mal schön die Küche auf.«

»Muß das sein?« jammerte Larry.

»Ja. Willst du deiner Mutter etwa nicht helfen?«

»Warum muß eigentlich ich hier immer alles machen?« Damit stapfte er schmollend in die Küche.

Ich folgte ihm mit dem Korb Gemüse. »Ich helfe dir bei der Arbeit, Larry.«

»Haben wir irgendwelche Spielsachen gekriegt?«

»Nein, sie hatten keine mehr.«

»So was Blödes. Nie kriegen wir Spielsachen. Wenn ich nur wieder ...« Er brach mitten im Satz ab.

»Wo ist George?« fragte Mama, als sie mit dem Puter in die Küche kam.

»Na, was glaubst du wohl?« antwortete Walter höhnisch.

»Er ist weggegangen«, sagte Larry. »Walter und er haben wieder gestritten.«

»Weswegen?«

»Wegen nichts! Sie kriegen sich doch immer wegen nichts in die Haare.«

Mama brachte Gene zum Schlafen in ihr Schlafzimmer. Larry zog sich in das hintere Schlafzimmer zurück, um ein Comic-Heft zu lesen. Ich ging ins Wohnzimmer, wo Walter lernte.

»Walter?« flüsterte ich leise. Ich wußte, daß er es nicht mochte, wenn man ihn beim Lernen störte.

»Was ist?«

»Äh ... glaubst du, Mama wird mich bei der Mette singen lassen?«

»Wieso sollte sie das nicht?«

Seine Antwort überraschte mich. Eigentlich war ich mir sicher gewesen, daß er mich anfahren würde, weil ich ihn gestört hatte. »Das … äh … das ist ja toll«, sagte ich.

»Allerdings ist das nicht Mamas Sache. Das entscheidet Schwester Liviticus.«

»Ach so. Und glaubst du, Schwester Liviticus hat was dagegen?«

»Wenn du eine halbe Stunde wartest, gehe ich mit dir zum Konvent. Dann werden wir ja sehen«, schlug er mir vor. »Ich will nämlich auch singen.«

»Gut«, erwiderte ich. »Dann warte ich unten auf dich.« Darauf ging ich.

Walter und ich waren die einzigen in unserer Familie, die im Chor sangen. George war früher auch im Chor, aber seit er die High School besuchte, hatte er keine Zeit mehr. Larry hatte noch nie gern gesungen. Eine Weile war er Meßdiener, aber er wurde bald gefeuert, nachdem er einmal mit sämtlichen Meßgegenständen hingefallen war. Und Gene war natürlich zu klein.

»Und wie ist es dir so ergangen?« riß mich Georges Stimme aus meinen Gedanken. Er setzte sich neben mich auf die Eingangstreppe und zündete sich eine Zigarette an.

George rauchte Luckies. Obwohl er erst fünfzehn war, meinte Mama, daß er als ältester Mann in unserem Haushalt rauchen konnte, wenn er wollte.

»Mama sucht nach dir«, sagte ich ihm.

»Sie sucht doch immer nach mir. Was machst du übrigens hier draußen? Es ist doch kalt.«

»Ich warte auf Walter.«

»Na gut, dann bis später.« Er stand auf.

»Nein, geh nicht weg«, bat ich ihn. »Es dauert noch eine Weils bis er runterkommt.«

Darauf setzte er sich wieder. »Warst du bei einer Familie oder in einem Heim?« wollte er wissen.

»In einem Heim.«

»Und wie war es da?«

»Ach, ganz okay. Wenn man mal die Regeln kannte, war es gar nicht mehr so schlimm.«

»Was für Regeln?«

»Na ja, daß man den Mund hält, wenn das Klicken ertönt, und daß man seine Nummer weiß. Solcher Kram eben.«

»Übel, kann ich da nur sagen.«

»Übrigens, George, wie kommt es eigentlich, daß du dich ständig mit Walter streitest?«

»Weil er ein Mamabubi ist, und das kotzt mich an. Ständig ist sie auf seiner Seite. Ganz egal, ob er im Recht ist oder nicht, sie hilft immer zu ihm. Das ist nicht gerecht.«

»Ist der Grund dafür vielleicht, weil er so intelligent ist?«

»Quatsch, das hat doch damit nichts zu tun. Außerdem bin ich genauso intelligent wie Walter. Und auf dich trifft das ebenso zu. Wir kriegen bloß nicht die Bücher und den anderen Kram, den er kriegt. Wenn Walter was für die Schule braucht, dann bekommt er es – koste es, was es wolle!« Er stand auf. »Eher verzichten wir aufs Essen als Walter auf ein Buch!« Und damit stapfte er wütend davon.

Ich sah ihm nach, wie er die 188th Street hinunterging und in die Tiebout Avenue einbog. Er klang mindestens genauso unzufrieden wie Larry.

Als Walter schließlich nach unten kam, gingen wir gemeinsam zur Kirche.

»Ich habe eben mit George gesprochen«, begann ich.

»Aha.«

»Wieso kommt ihr beide eigentlich nicht miteinander aus?«

»Weil er ein Tunichtgut ist – wie unser Alter.«

»Was für ein Alter?«

»Ach, das habe ich nur so dahingesagt. Jedenfalls kannst du mir glauben: auf ihn ist einfach kein Verlaß.«

»Aber ... ich mag ihn trotzdem ... manchmal.«

»Und ich mag ihn eben nicht. Basta!«

Darauf gingen wir schweigend weiter. Walter machte den Eindruck, als würde er gleich fürchterlich wütend werden.

Deshalb drang ich nicht mehr weiter in ihn. Ich hatte ganz schön Mühe, mit ihm Schritt zu halten. Er war um so viel größer, daß ich wesentlich mehr Schritte machen mußte als er.

Schwester Liviticus erlaubte uns, im Chor zu singen. Sie schärfte uns ein, morgens zur Singstunde zu erscheinen. Ich war ganz aufgeregt, weil ich sehr gern im Chor sang – vor allem bei der Weihnachtsmette.

Am Heiligen Abend zogen George und Larry los, um irgendwo einen Weihnachtsbaum zu ergattern. Schließlich bekamen sie auch einen, als der Weihnachtsbaumverkäufer die letzten Bäume gratis weggab, weil ihm klar war, daß er keine mehr verkaufen würde. Mama schickte dazu immer George und Larry los, weil sie die stärksten waren. Es gab nämlich immer ein Gerangel um die kostenlosen Bäume. Aber wenn die beiden loszogen, beschafften sie immer einen schönen Weihnachtsbaum.

Schwester Liviticus hatte uns gebeten, uns schon etwas vor Beginn der Mette in der Kirche einzufinden, damit wir noch einmal alles proben konnten. Als wir damit fertig waren, warteten wir auf den Beginn der Mette. Ich sah Mama ziemlich weit vorne sitzen. Sie winkte mir zu, und ich winkte zurück. Der Altar war herrlich geschmückt. Alle Kerzen brannten, und überall standen rote Blumen mit roten Schleifen. Neben dem Altar war eine Krippe aufgebaut, aber die Krippe selbst war noch leer. Das Jesuskind wurde immer erst um Mitternacht hineingelegt.

Endlich begann die Messe. Wir begaben uns in unseren schwarz-weißen Gewändern mit den gestärkten Kragen auf die Empore. Wir trugen alle riesige, rote Schleifen um den Hals und hatten brennende Kerzen in den Händen. Es sah sehr schön aus. Als ich so in der Reihe dahinging, mußte ich an Mark denken. Wenn er das erleben hätte können. Schwester Justine, die Oberin, trug das Jesuskind in ihren Armen und legte es in die Krippe. Wir sangen wie die Engel, und es lief mir kalt den Rücken hinunter.

Als ich dann von der Empore auf die Krippe mit dem Jesuskind hinuntersah, flüsterte ich: »Frohe Weihnachten, Mark.«

Auf dem Heimweg begann es zu schneien. Wir bildeten mit unseren Nachbarn eine größere Gruppe. Alle freuten sich über den Schnee, und wie schön die Mette gewesen war.

Als wir zu Hause ankamen, hatten George und Larry einen wirklich großen Baum besorgt. Er sah fast wie gekauft aus. Gemeinsam schmückten wir den Baum. Mama und Gene waren für den unteren Teil zuständig. Larry und ich für den mittleren und George und Walter für den oberen. Sie mußten natürlich streiten, wer den Stern an der Spitze anbringen durfte, und schließlich bekam Walter recht.

Da Mama nicht viel Geld für Geschenke hatte, bekam Gene vier kleine Enten. Und wir restlichen vier erhielten ein Monopoly. Die Enten gefielen nur Gene. Bis er sie schließlich kaputtmachte, war nichts anderes mehr zu hören als ihr Quack, Quack, Quack. Das Geräusch machte uns fast verrückt.

Die Weihnachtsferien gingen vorüber, und der erste Schultag rückte näher. Ich freute mich schon auf meine alten Kameraden. Aber am meisten freute ich mich auf Schwester Ann Charles, unsere Lehrerin.

Im Klassenzimmer herrschte totales Chaos. Papierbälle und Flieger segelten durch die Luft. Viele Kinder hatten ihre Weihnachtsgeschenke mitgebracht und zeigten sie den anderen. Es war schön, wieder zurück zu sein.

Schwester Ann Charles trat ins Klassenzimmer und ging direkt an ihr Pult. Bei ihrem Anblick wurde mir ganz warm ums Herz. Ein letzter Papierflieger segelte durch den Raum. Die Kinder setzten sich.

Schwester Ann Charles war groß und schlank. Sie hatte ein zartes, sanftes Gesicht. Die hohen, gewölbten Augenbrauen ließen ihre Augen noch größer erscheinen, als sie schon waren. Sie hatte Grübchen in den Wangen – wie Schwester Clair. Überhaupt sah sie ihr ein wenig ähnlich.

Nach dem Morgengebet rief Schwester Ann Charles sofort mich auf.

»Jennings.«

Mir lief ein kalter Schauder den Rücken hinunter. Ich glaubte das Klicken aus dem Heim zu hören und konnte mich nicht mehr bewegen.

»Jennings? Was hast du denn?«

Ich brachte kein Wort hervor. Als sie meinen Namen gerufen hatte, brachen plötzlich all die Erinnerungen an das Heim in einer gigantischen Woge über mich herein. Schwester Ann Charles stand hastig auf und kam auf mich zu. Dabei bemerkte sie die Angst und die Tränen in meinen Augen. Als sie mich in die Arme nahm, drückte ich mich ganz fest an sie und begann zu weinen.

»Ist ja schon gut«, flüsterte sie. »Hab keine Angst.«

Obwohl ich laut schluchzte, lachten die anderen Kinder nicht. Sie saßen mucksmäuschenstill da. Vielleicht hatte ich ihnen einen Schreck eingejagt.

»Du bist jetzt nicht mehr im Heim«, versicherte mir Schwester Ann Charles. »Jetzt bist du doch wieder zu Hause – unter Freunden. Wir werden uns schon um dich kümmern.«

»Es tut mir leid, Schwester.«

»Das braucht dir doch nicht leid zu tun. Wir können das alle verstehen.« Sie reichte mir ihr Taschentuch.

Ich wischte mir die Tränen aus den Augen und putzte mir die Nase. Dann gab ich ihr das Taschentuch wieder zurück.

»Nein, du kannst es gern behalten«, sagte sie.

Dann ging sie an ihr Pult zurück, um einen Umschlag zu holen und mir zu bringen. »Würdest du das bitte für mich deiner Mutter geben?«

»Ja, Schwester.«

»Alles wieder in Ordnung?« fragte sie.

»Ja, Schwester.«

Ich steckte den Umschlag in meine Tasche. Im Lauf des Tages wurde mir klar, daß ich lange gefehlt hatte. Die anderen hatten schon eine Menge Neues gelernt. Ich begriff überhaupt nichts. Vor der Zeit im Heim war ich einfach in die Schule gegangen, und es hatte mir Spaß gemacht. Ich hatte gute Noten und mußte mir keine Sorgen machen. Aber das war jetzt anders. Ich wußte keine einzige Antwort auf die verschiedenen Fragen. Ich kam mir völlig verloren vor.

Noch am selben Abend sollte ich erfahren, was in dem Brief stand. Ich hatte zu viele Tage gefehlt und konnte dem Unterricht nicht mehr folgen. Larry hatte von seiner Lehrerin einen ähnlichen Brief mitbekommen.

»Jetzt werden mich alle blöder Ochse nennen«, klagte er.

»Nein, das werden sie nicht«, tröstete ihn meine Mutter.

Zwar beschlichen mich ähnliche Ängste, aber ich erzählte niemandem davon. Es tat mir leid, daß ich nicht mit meinen Kameraden in die dritte Klasse aufrückte, aber es machte mir nicht das geringste aus, weiter bei Schwester Ann Charles zu bleiben. Meine alten Freunde konnte ich ja immer noch während der Pause oder nach der Schule treffen.

Für den Rest des Jahres mußte ich nicht mehr an den Prüfungen teilnehmen und erledigte statt dessen die im Klassenzimmer anfallenden Arbeiten. Ich machte die Tafel sauber, teilte die Hefte aus und half der Schwester. Es machte mir Spaß, ihr Helfer zu sein, obwohl mich einige Klassenkameraden deswegen aufzogen.

Langsam wurde es Frühling und mit dem ersten April kam auch mein Geburtstag. Ich wurde neun. Mama kaufte mir ein Malbuch und einen Kasten mit achtundvierzig Farbstiften. Da Larry genauso gern wie ich malte, teilte ich das Malbuch mit ihm.

Am letzten Schultag verabschiedeten wir uns von ein paar Kindern, die mit ihren Eltern in die Sommerferien fuhren. Schwester Ann Charles hielt eine kleine Ansprache.

»Wie die meisten von euch von euren Eltern oder aus dem Radio sicher schon wissen, gibt es in Korea Krieg. Krieg ist etwas sehr schlimmes. Menschen werden verwundet und getötet. Und zwar sowohl Zivilisten wie Soldaten. Wir müssen für sie alle beten.«

»Ja, Schwester«, erwiderten wir einstimmig.

»Immer wenn es Krieg gibt«, fuhr sie fort, »verlieren viele Kinder ihre Eltern und ihr Zuhause. Diese Kinder haben niemanden, der sich um sie kümmert und für sie sorgt.«

Als sie von diesen Kindern sprach, mußte ich unwillkürlich an das Heim und an Mark denken. Ich wußte, wovon sie sprach. Eigentlich wollte ich Schwester Ann Charles sagen, daß es solche Kinder auch ohne Krieg gab – zum Beispiel in einem Heim in Brooklyn.

»Wie ihr alle wißt, Kinder«, sagte sie gerade, als ich mich langsam wieder von meinen Gedanken losriß, »bin ich eine Maryknoll-Schwester. Ich bin ausgebildet worden, Kindern in allen Teilen der Welt zu helfen – und zwar vor allem an den Orten, wo es keine Schwestern gibt und wo die Lage besonders ernst ist. In wenigen Tagen werde ich nach Korea abreisen, um mich für die bedürftigen Kinder dort einzusetzen und ihnen zu helfen.«

Ich traute meinen Ohren nicht. Fassungslos starrte ich Schwester Ann Charles an. Ein paar Kinder begannen zu weinen. Ich war schockiert. Sie sah beim Sprechen mich an. Ich glaube, sie spürte, daß mir das Herz brach, aber es gab nichts, was sie dagegen hätte tun können.

»Werdet ihr für mich und diese heimatlosen Kinder beten?« fragte sie zum Abschluß, ohne ihren Blick von mir abzuwenden.

Ich konnte durch den feuchten Schimmer in meinen Augen kaum mehr etwas erkennen. Jetzt ging auch Schwester Ann Charles fort.

Als ich sie zum Abschied wie alle anderen Kinder umarmte, hielt sie mich lange in ihren Armen.

»Bitte, Jennings«, flüsterte sie, »sei nicht zu böse mit mir. Ich werde immer an dich denken und für dich beten.«

Ich spürte denselben würgenden Schmerz in meiner Kehle, den ich verspürt hatte, als ich allein mit den Carpenters weggefahren war und Doggie im Heim zurücklassen hatte müssen. Ich kämpfte mit aller Kraft dagegen an, aber das Gefühl wich nicht von mir. Ich hatte das Gefühl, als weinte ich innerlich, als flössen die Tränen meine Kehle hinunter.

Am 23. Juni 1950, einem Freitag, wandte ich mich in der Tür unseres Klassenzimmers noch einmal nach Schwester Ann Charles um. Seitdem habe ich sie nie wieder gesehen.

George bestand alle Prüfungen und rückte in die nächste Klasse auf. Walter bekam sogar ein Stipendium für die St. Regis High School. Larry und ich blieben sitzen.

Nachdem Schwester Ann Charles nicht mehr da war, war mir die Vorstellung, nicht in die nächste Klasse aufzurücken, sehr unangenehm. Ich kam mir dumm und allein gelassen vor. Larry und ich langweilten uns sehr. Obwohl wir nie darüber sprachen, ging es uns beiden sehr ähnlich. Wir kamen uns richtig dämlich vor.

Larry und ich gingen jeden Tag in den St. James Park, um dort zu spielen. Wir blieben bis zum Sechs-Uhr-Läuten. Dann rannten wir nach Hause. Um sechs Uhr gab es nämlich Abendessen, und die Kirchenglocke war sozusagen unser Signal.

Eines Tages, als Larry und ich vom Spielen nach Hause kamen, saß eine Nonne in der Küche.

»Was macht die denn hier?« meinte Larry.

Ich zuckte mit den Achseln.

»Guten Tag«, sagte ich. »Wer sind Sie?«

»Äh – ich bin Larry, und das ist Jennings. Wer sind Sie?«

»Ich bin Schwester Mercedes. Ich bin hier, um mich um eure Mutter zu kümmern.«

»Um Mama! Was ist los mit Mama?« platzte Larry heraus.

»Leise! Sonst weckt ihr sie auf.«

»Wieso? Was ist mit Mama?« flüsterte ich.

»Sie ist krank – sehr krank.«

»Ach, du meine Güte«, entfuhr es Larry. »Jetzt fängt das

Ganze wieder von vorne an.« Und damit stapfte er wütend aus der Küche.

»Was hat sie denn?« fragte ich die Nonne.

»Das weiß ich auch nicht. Jedenfalls ißt sie nicht genügend. Sie gibt das ganze Essen euch Kindern. Manchmal ißt sie tagelang keinen Bissen. Und das ist natürlich nicht gut.«

Ich war vollkommen perplex. Ich hatte nicht gewußt, daß Mama nichts aß. Zwar hatte ich sie kaum einmal essen gesehen, aber ich hatte gedacht, sie würde in der Arbeit essen oder sonstwo. »Sind Sie auch sicher?« fragte ich noch einmal.

»Natürlich!« fuhr mich die Nonne an.

»Äh ... glauben Sie, sie ... äh ... sie muß wieder fort – zur Erholung?«

»Das weiß ich nicht. Der Doktor wird gleich kommen. Und jetzt wasch dir mal fürs Abendessen die Hände – und mach nicht so viel Schmutz!«

»Ach, du meine Güte!« Ich folgte Larry ins hintere Schlafzimmer.

Er hatte alle seine Sachen über das Bett verstreut – seine Kronkorkensammlung, seine Baseballbilder, fast alle seine Comic-Hefte und sein Signalhorn.

»Was machst du denn da?«

»Ich packe! Diesmal soll mich das Ganze nicht unvorbereitet treffen wie beim letzten Mal. Diesmal will ich bereit sein.«

»Bereit? Bereit für was?«

»Das weißt du doch genausogut wie ich.«

Natürlich wußte ich es. Nur wollte ich nicht daran denken.

»Aber Mama hat uns doch ein Versprechen gegeben!« beharrte ich.

»Ein Versprechen!« schnaubte Larry bitter. »Sie hat mir zum Beispiel zu jedem Geburtstag, an den ich zurückdenken kann, ein Fahrrad versprochen. Hast du mich schon mal mit einem Fahrrad gesehen?«

Mit einem lauten Seufzer ließ ich mich rücklings auf die einzige Stelle auf dem Bett sinken, die Larry noch freigelassen hatte. Ich zog Doggie unter dem Kopfkissen hervor und drückte ihn an mich.

Zwei Tage später kam Larry weg. George und Walter waren bereits zu einem von Mamas Brüdern gezogen. Von den kleineren Kindern wollten sie keines aufnehmen, da sie von uns zu viele Scherereien befürchteten. Deshalb mußten Gene, Larry und ich zu Hause bleiben. Gene kam bei Nachbarn unter.

Larry wurde von einer fremden Dame abgeholt. Er weinte, als er sich sein Signalhorn unter den Arm klemmte. Wie Mark schob er seine Brille die Nase hoch. Wir verabschiedeten uns.

Kurz darauf kam mich ein Mann abholen. Er hatte graues Haar und ein verwittertes Gesicht mit einer Haut wie Leder. Er trug einen braunen Pullover und eine Mütze. Er nahm meinen Wäschesack und legte ihn auf den Rücksitz seines Wagens. Mich und Doggie setzte er neben sich auf den Vordersitz. Wir fuhren los.

Ich saß still da. So sehr mir Mark fehlte und so gern ich ihn wiedersehen wollte, ging ich doch mit sehr gemischten Gefühlen von zu Hause weg. Ob Mark inzwischen größer und dicker geworden war. Und ob Butch immer noch der stärkste Junge im Heim war. Ich fragte den Mann, wie es Mark ging, aber er wußte es nicht. Er sagte, er wäre nur der Fahrer und würde die Kinder nicht kennen.

Wir hielten vor einem großen, weißen Haus mit einer grünen Veranda, die ringsum mit Fliegengitter bespannt war.

»Da wären wir«, sagte der Mann.

»Aber … aber … das ist doch nicht das Heim der guten Engel!«

»Nein«, schüttelte der Mann den Kopf. »Das ist St. Teresa's.«

Mein Herz krampfte sich zusammen. Tausend verschiedene Gedanken schossen durch meinen Kopf. Ich hatte nie daran gedacht, ich könnte in ein anderes Heim kommen.

Doggie im Arm, stieg ich aus. Ich kam mir seltsam schwer vor, als ich die Eingangstreppe zu diesem fremden, neuen Gebäude hochstieg. Ich hatte Angst.

6

Der Fahrer ließ mich und Doggie an der Tür zurück, die auf die Veranda führte. Ich sah ihm nach als er wegging. Dann packte ich meinen Wäschesack und warf ihn über meine Schulter, um schließlich die massive Eingangstür aufzustoßen.

Im Innern roch es alt und modrig. Ich stand in der düsteren Eingangshalle und hörte das Quietschen der Eingangstür, die sich hinter mir schloß. Sonst war es vollkommen still. Von der Eingangshalle gingen drei Türen und eine Wendeltreppe ab. Auf halber Höhe der mit einem Teppich belegten Treppe befand sich ein kleines, rundes Fenster, durch welches das Sonnenlicht genau auf eine Stelle vor meinen Füßen fiel. Ich wagte nicht, weiterzugehen. Dann hörte ich die Treppe leise knarzen. Jemand kam nach unten.

»Jennings Burch?« wurde eine kalte, unfreundliche Stimme vernehmbar, als eine Gestalt unter dem runden, kleinen Fenster stehen blieb.

Ich brachte kein Wort hervor.

»Bist du Jennings Burch?« fragte die Stimme noch einmal. Sie klang gereizt, als sie die letzten Stufen herunterschritt.

»Ja, Ma'am.«

»Ja, Schwester!« verbesserte sie mich barsch. »Komm mit.«

Sie streifte an mir vorbei und stieß eine der drei Türen auf. Ich folgte ihr.

»Was hast du da?« fragte sie mich über ihre Schulter herab.

»Das ist mein Wäschesack mit meinen Sachen ...«

»Den Wäschesack habe ich nicht gemeint.«

»Ach so, Sie meinen Doggie; er ist mein Freund.« Ich hielt ihn hoch, damit sie ihn besser sehen konnte; doch sie hatte mir den Rücken zugekehrt.

»Was hast du mit ihm vor?«

»Äh ... nichts. Er ist nur mein Freund – nichts weiter.«

Sie beschleunigte ihre Schritte, als wir durch ein Labyrinth von Gängen gingen. Schließlich blieb sie stehen und öffnete die Tür eines Schlafsaals. Wir traten ein.

Der Raum wirkte vertraut. An beiden Längswänden standen jeweils eine Reihe Betten; neben jedem Bett stand ein kleines Nachtkästchen. Am hinteren Ende schloß sich der Waschraum an. Obwohl dort kein Licht brannte, konnte ich schwach die Fliesen erkennen. Die Fenster waren hoch und vergittert.

Die Nonne führte mich zu Bett Nummer siebzehn und deutete auf das Nachtkästchen daneben. »Steck das Ding da rein. Und dort bleibt es dann auch!« ordnete sie an. »Unter keinen Umständen schläfst du damit. Hast du mich verstanden?«

Mühsam hielt ich die Tränen zurück, als ich meinen kleinen Freund in sein hölzernes Gefängnis sperrte.

»Hast du mich verstanden?« wiederholte sie lauter.

Ich zuckte zusammen, und dann nickte ich zum Zeichen, daß ich verstanden hatte.

Sie schlug mir hart ins Gesicht. »Antworte gefälligst, wenn ich dich was frage.«

»Ja, Schwester«, antwortete ich.

»Was ja?«

»Ich habe verstanden.« Ich hielt mir meine schmerzende Backe und wischte mir am Ärmel Augen und Nase ab.

Im Vergleich mit dieser Nonne war Schwester Frances im Heim der guten Engel richtig nett gewesen. Sie war groß und mager. Sie hatte ein rotes Gesicht, und zwischen ihrer Stirn und Schläfe verlief eine deutlich sichtbare Ader. Ich war mir sicher, daß sie wegen ihres Kopfputzes so rot im Gesicht war. Sie sprach mit zusammengebissenen Zähnen. Sie machte mir Angst.

Vom Schlafsaal führte sie mich in einen Spielsaal. Sie schob mich durch die Tür nach drinnen, um sie dann hinter mir zu schließen. Der Raum war leer. Ich setzte mich gleich neben dem Eingang auf einen der vielen, über den Raum verstreuten Stühle. Obwohl ich am liebsten losgeheult hätte, hielt ich meine Tränen zurück. Ich schluckte heftig und riß die Augen weit auf.

Der Raum war groß und hell. Zwei ausgebesserte Fliegengittertüren öffneten sich auf einen unbewachsenen Hof. Bei jedem Windstoß wurde eine kleine Staubwolke aufgewirbelt und über den Platz gefegt.

Entlang der Längswände standen jeweils zwei lange Tische. Die Regale an den Wänden enthielten Spiele und Spielsachen. Der Holzfußboden war ziemlich abgetreten. Plötzlich hörte ich vom Flur ein eigenartiges Geräusch näher kommen. Es wurde zusehends lauter. Ich konnte mir keinen Reim darauf machen, aber es wurde immer lauter. Es pochte wie der Herzschlag eines Riesen. Und plötzlich wußte ich, woher es kam. Es waren die donnernden Schritte der Kinder, die den Flur heruntermarschierten. Die Tür flog auf, und eine lange Reihe von Kindern strömte in den Raum. Die Reihe löste sich sofort auf, da die meisten Kinder auf die Fliegengittertüren zustürzten und sie aufstießen. Als sie auf den kahlen Hof hinausrannten, wirbelte der Staub auf. Ein paar Kinder holten sich Spiele aus den Regalen und setzten sich an die Tische. Ich blieb, wo ich war. Zum Glück hatte mich bis jetzt noch niemand bemerkt. Ich blieb den ganzen Nachmittag auf meinem Stuhl sitzen. Hier war ich in Sicherheit. Ich versuchte herauszufinden, wer wohl Nummer sechzehn war. Natürlich fiel meine Wahl auf den Jungen mit den größten Ohren.

Langsam ging die Sonne hinter den Bäumen auf der anderen Seite des Spielplatzes unter.

»So, Kinder«, rief eine Nonne. »Jetzt gibt's Abendessen.« Sie klatschte in die Hände.

Ich traute meinen Ohren nicht. Diese Nonne hatte richtig nett geklungen. Sie war sehr dick und hatte rote Backen und ein sympathisches Lächeln.

Als die Kinder sich in Reih und Glied aufzustellen begannen, trat ich auf sie zu.

»Schwester?« sprach ich sie zaghaft an.

»Ja, mein Junge«, lächelte sie mich an.

»Äh … ich bin neu hier, Schwester. Ich weiß nicht, wo ich stehen soll.«

»Das werden wir gleich haben. Was für eine Nummer hast du?«

»Siebzehn.«

»Stevie! Du bist doch Nummer sechzehn?« wandte sie sich an einen der Jungen in der Reihe.

»Ja, Schwester Ann Catherine.«

»Da, mein Junge. Stell dich hinter Stevie«, wandte sich die Schwester wieder an mich. »Und, Stevie!« schärfte sie dem anderen Jungen noch einmal ein. »Kümmre dich um den Neuen, ja?«

»Ja, Schwester.«

»Wie heißt du denn?« fragte sie mich dann.

»Jennings.«

»Und mit Vornamen?«

»Jennings ist mein Vorname, Schwester.«

»Ach so. Dann guten Appetit, Jennings.«

Na, so was! Sie machte wirklich einen netten Eindruck. Ich stand hinter Stevie. Er hatte keine komischen Segelfliegerohren. Seine Ohren waren sogar ziemlich normal. Er war etwa einen halben Kopf größer als ich und sehr dünn. Sein schmutzig blondes Haar stand ihm senkrecht vom Kopf ab –

wie bei einer Bürste. Schwester Ann Catherine klatschte zum zweitenmal in die Hände, und der Zug setzte sich in Bewegung. Mir fiel ein, ihr von dem Schnapper von Schwester Frances zu erzählen. Aber dann besann ich mich doch eines besseren. Dieses Klicken war mir wirklich zuwider.

Im Speisesaal standen lange Tischreihen. An jedem Tisch saßen etwa ein Dutzend Kinder – auf der einen Seite die Jungen, auf der anderen die Mädchen.

Lustlos stocherte ich in meinen Frankfurter Würstchen und den paar harten, wachsartigen Bohnen herum. Den Gesichtern der anderen Kinder nach zu schließen, konnten auch sie dem wenig verlockenden Abendessen nichts abgewinnen. Meine Blicke blieben auf dem Jungen haften, der mir gegenüber saß. Sein rotes Haar stand ihm wie ein Hahnenkamm vom Kopf hoch. Als er mich anlächelte, kamen zwei riesige Vorderzähne zum Vorschein. Ich lächelte zurück. Das Lächeln verflog jedoch rasch wieder von seinen Lippen, und er sah sich in allen Richtungen nach den Schwestern um. Als er sich unbeobachtet fühlte, lächelte er wieder. Demnach galten hier dieselben Regeln. Im Speisesaal wurde nicht gelächelt.

Nach dem Essen brachte uns die Nonne mit den kalten Augen und der hervortretenden Ader in den Spielsaal zurück. Ich setzte mich an einen der Tische am Eingang und sah den anderen beim Spielen zu. Diesmal ging niemand auf den Hof. Vermutlich war die Tür abgeschlossen. Ich behielt ständig Stevie im Auge. Da ich nicht wußte, was als nächstes kommen würde, war ich auf der Hut, damit ich keine Scherereien bekam. Ich dachte mir, es wäre das beste, ihn zu beobachten und ihm alles nachzumachen.

»Schaut!« rief einer der Jungen. »Ein Glühwürmchen!«

Die meisten Kinder stürzten an die Fliegengittertüren, um nach draußen zu spähen. Ich reckte mich, um über sie hinwegsehen zu können. Ich hatte noch nie ein glühendes Würmchen gesehen. Deshalb stand ich auf und ging auf die Türen zu, um die sich eine Gruppe von Kindern gedrängt hatte. Die Hände an die Augen gelegt, die Gesichter gegen das Fliegengitter gepreßt, spähten sie nach draußen. Ich versuchte, über sie hinwegzuschauen.

»Ein Glühwürmchen!« wandte sich der Junge mit dem roten Haarschopf an mich. Er wartete, daß ein Platz frei wurde, damit auch er nach draußen schauen konnte.

»Ich habe noch nie einen glühenden Wurm gesehen«, sagte ich.

»Das sind doch keine Würmer«, lachte er. »Das sind kleine Fliegen, die beim Fliegen leuchten.«

»Hast du noch nie ein Glühwürmchen gesehen?« fragte plötzlich Stevie, der hinter mir stand.

»Nein«, antwortete ich.

»Hey, haut mal ab hier!« Er drängte ein paar Jungen von der Tür weg. »Da!« Er deutete auf die freie Stelle an der Tür. »Jetzt schau mal.«

Ich trat an die Tür und preßte mein Gesicht gegen das Fliegengitter. Und als ich meine Hände an die Augen gelegt und mich an die Dunkelheit gewöhnt hatte, sah ich sie plötzlich. Sie leuchteten schwach auf und verglommen dann wieder.

»Toll!« stieß ich hervor. »Wie machen sie das?«

»Sie haben Glühbirnen in ihren Schwänzen«, sagte jemand.

»Quatsch«, korrigierte ihn Stevie. »Sie haben irgendein Zeug auf dem Schwanz, das im Dunkeln leuchtet. Wie diese Statuen.«

»Ach ja, diese Plastikfiguren habe ich auch schon mal gesehen. Toll!« Ich war ganz gefangen von den tanzenden Lichtern.

»Wie heißt du übrigens?« wollte Stevie wissen.

»Jennings«, antwortete ich, ohne mich umzudrehen.

»Und mit Vornamen?«

»Jennings ist mein Vorname.«

»Das ist aber ein komischer Name.« Er sagte das aber auf eine Art, die nicht verletzend wirkte. »Ich heiße Stevie.«

Ich wandte mich von der Tür ab und schüttelte ihm die Hand. »Ja, ich weiß. Ich habe schon gehört, wie Schwester Ann Catherine dich Stevie genannt hat.«

»Bist du ein Lebenslänglicher?« fragte Stevie.

»Nein, Teilzeitler.«

»Ich auch. Bist du müde?«

»Ja.«

»Dann komm. Ich bringe dich in den Schlafsaal.«

Ich folgte Stevie. Im Schlafsaal ging er zu seinem Bett, ich zu meinem. Als ich das Nachtkästchen öffnete und nach meinem Wäschesack tastete, bekam ich statt dessen Doggies Nase zu fassen. Ich kauerte mich nieder, um mich mit ihm zu unterhalten.

»Hallo, Doggie«, flüsterte ich.

Ich ließ ihm Zeit zum Antworten.

»Tut mir leid, daß ich dich hier einsperren mußte.« Ich gab ihm einen Kuß und drückte ihn an mich.

»Paß bloß auf, daß dich Schwester Barbara nicht mit ihm erwischt.« Stevie stand hinter mir.

»Schwester Barbara? Ist das die ...?«

Er sog die Mundwinkel ein und nickte. Ich mußte den Satz nicht einmal zu Ende sprechen, und er wußte, was ich gemeint hatte.

»Sie ist richtig gemein«, erklärte er darauf. »Wirklich gemein.« Er ging in den Waschraum, und ich folgte ihm.

Er erinnerte mich stark an den Waschraum im Heim der guten Engel. Dieselben numerierten Haken an der Wand und dieselben Kloschüsseln.

Nachdem wir uns gewaschen hatten, zog ich mich an meinem Haken um. Als Stevie sein Hemd abstreifte, war sein Rücken mit Narben und Striemen übersät. Ein paar davon waren ganz frisch und bluteten zum Teil noch. Ich zuckte innerlich zusammen.

»Wie ist denn das passiert?«

»Ach, nichts.« Er kleidete sich weiter schweigend um.

Ich wagte nicht, ihn noch einmal zu fragen.

Die Lichter waren aus, und es war ganz still. Nur auf dem Pult der Nachtschwester im hinteren Teil des Schlafsaals brannte eine Lampe. Niemand war da. Ich versuchte meine Augen an die Dunkelheit an diesem neuen Ort zu gewöhnen, aber es ging nicht. Als ich aus dem Fenster sah, konnte ich nichts erkennen. Die Nacht war vollkommen dunkel, und nirgendwo brannte Licht. Ich hörte ein Husten und dann ein Schniefen. Wenn ich schon nichts sehen konnte, dann würde ich eben lauschen, dachte ich. Ich hörte jemanden weinen.

Und dann fiel mir ein Geräusch auf, das ich noch nie gehört hatte. Es kam von draußen. Es war eine Art Pfeifen, eine Art heiseres Pfeifen. Das mußte irgendein wildes Tier sein. Ich bekam Angst.

Als ich mich aufsetzte und mich im dunklen Schlafsaal umblickte, war immer noch nichts zu sehen. Keine Nonne und nur die schwache Lampe auf dem leeren Pult. Ich glitt aus dem Bett und öffnete die Tür meines Nachtkästchens. Sie quietschte. Ich kniff die Augen fest zusammen und öffnete die Tür ganz. Dann nahm ich Doggie heraus, schloß die Tür und schlüpfte wieder unter die Decke.

»Hallo, Doggie«, flüsterte ich. »Wenn ich dich im Heim der guten Engel verstecken konnte, dann kann ich das auch hier.« Ich gab ihm einen Kuß auf die Nase.

Nachdem ich ihn ein paarmal fest an mich gedrückt hatte, schob ich ihn unter mein Kopfkissen. Dann legte ich mich wieder hin und tastete nach Doggies Nase. Jetzt hatte ich keine Angst mehr.

Das Frühstück im St. Teresa's war ein richtiges Abenteuer. Jedes Kind bekam eine Blechtasse mit Kakao, die so heiß war, daß man ihn erst abkühlen lassen mußte, bevor man ihn trinken konnte. Dabei bildete sich auf der Oberfläche eine dicke Haut. Nun ging es darum, diese Haut aus der Tasse zu fischen, ohne einen Fleck auf das Tischtuch zu machen. Ich beobachtete ein paar andere Jungen, um zu sehen wie sie das machten. Aber sie tranken den Kakao einfach mit der Haut. Stevie stieß mich an.

»Schau mal!« gab er mir mit einem Blick zu verstehen.

Er nahm den Löffel aus seinem Dörrpflaumenkompott und leckte ihn sauber ab. Dann tauchte er ihn vorsichtig in den Kakao, bis er mit der Löffelspitze den Boden der Tasse erreichte. Als er nun den Löffel wieder herauszog, hatte sich die ganze Haut um ihn gelegt. Er nahm einen Schluck, und ich mußte grinsen. Doch im nächsten Augenblick sah ich mich auch schon vorsichtig um, ob niemand mich dabei beobachtet hatte. Ich hatte Glück gehabt – niemand hatte mein Lächeln bemerkt. Dann folgte ich mit meinem Löffel Stevies stummen Anweisungen. Und es klappte tatsächlich.

Nach dem Frühstück mußten die Lebenslänglichen zum Unterricht. Der Rest von uns marschierte in den Spielsaal, wo die Türen ins Freie wieder offen waren. Ich ging über den unbewachsenen Hof auf einen Baum zu und setzte mich. Der Hof war sehr lang und breit. Auf zwei Seiten war er von hohen Bäumen eingefaßt. Sonst war er durch das Gebäude und einen Bach eingegrenzt. Ich saß unter dem Baum und sah den anderen Kindern beim Spielen zu, als der Junge mit dem roten Haarschopf auf mich zukam.

»Hallo, Jennix.«

»Hallo. Aber ich heiße Jennings«, verbesserte ich ihn.

»Ach so, Jennings. Ich bin Bobby, aber die anderen nennen mich alle Gockel.« Er lachte. »Ich sehe ja auch aus wie ein Gockel. Hast du Lust, Fangen zu spielen?«

»Klar.«

Ich hatte noch kaum geantwortet, als er mich schon am Kopf antupfte.

»Du bist's«, schrie er und war im nächsten Moment in einer Wolke aus Staub verschwunden.

Ich sprang hoch. Zwar wußte ich nicht, wer alles mitspielte, aber so schwer war das gar nicht herauszufinden. Jeder, der wegrannte, wenn ich näher kam, spielte mit. Ich rannte hinter mehreren Jungen her, konnte aber keinen erwischen. Plötzlich fiel ich zu Boden. Ich blieb regungslos liegen. Das Gelächter, das sich im ersten Moment erhoben hatte, verstummte wieder. Ein paar Jungen traten auf mich zu. Ich rührte mich nicht.

»Fehlt dir was?« fragte mich einer von ihnen.

Ohne etwas zu antworten, lag ich weiter mit dem Gesicht nach unten auf dem Boden und rührte mich nicht.

»Hey, hast du dir weh getan?« fragte ein anderer Junge besorgt.

Als er nahe genug gekommen war, streckte ich blitzschnell meine Hand aus und berührte ihn am Fuß. »Du bist's!« schrie ich und sprang hoch.

Alle auf dem Hof lachten schallend los – mit Ausnahme des Jungen natürlich, der nun die anderen fangen mußte.

Wir spielten noch eine ganze Weile Fangen. Ich kam nicht mehr dran, und darüber war ich froh. Mir war klar, daß mein Trick kein zweites Mal klappen würde. Langsam verloren immer mehr Jungen die Lust. Als ich mich wieder unter den Baum setzte, ließ sich Stevie neben mir nieder.

»Wenn wir wieder ein bißchen zu Atem gekommen sind«, schlug er vor, »gehen wir uns lieber gleich mal waschen. Wenn wir so dreckig beim Essen erscheinen …« Er hob die Augenbrauen. »… wird uns Schwester Barbara umbringen.«

Tatsächlich waren wir im Gesicht und an Armen und Händen ganz ordentlich verdreckt. Wir machten uns auf den Weg in den Waschraum.

»Wenn du dich hier wäschst …«, begann Stevie in künstlich gestelztem Ton, als wir uns über die Waschbecken beugten.

»… dann mach bloß keinen Dreck!« sprachen wir den Satz gemeinsam zu Ende, um dann amüsiert zu kichern.

»Warst du schon in vielen Heimen?« wollte Stevie dann wissen.

»Nur in einem. Bei den guten Engeln in Brooklyn.«

»In dem war ich noch nie. Das hier ist schon mein fünftes. So schlimm wie ein paar von den anderen ist es zumindest nicht.«

»Haben sie hier andere Regeln?«

»Nein. Die sind doch überall gleich. Halt den Mund und mach nicht ins Bett.«

»Das habe ich schon Jahre nicht mehr gemacht.«

»Warum bist du eigentlich hier?« fragte er dann.

»Meine Mutter ist krank.«

»Wird sie sterben?«

»Äh … ich glaube nicht. Hoffentlich nicht.«

»Tja, meine Mutter ist schon tot. Sie ist schon lange tot, und mein Vater ist ein Säufer. Von ihm habe ich das hier.« Er wirbelte herum und zog sein Hemd hoch, damit ich seinen Rücken sehen konnte. »Wenn er besoffen ist, verprügelt er mich immer mordsmäßig. Dann rufen die Nachbarn die Polizei. Die führen ihn dann ab. Und mich stecken sie dann ins Heim. Also ich finde das nicht gerecht«, murmelte er. »Ich bin immer im Nachteil. Deshalb mag ich meinen Vater auch nicht.«

»Wie lang mußt du hierbleiben?«

»Bis sie mich wieder entlassen. Dann holt er mich wieder nach Hause. Er verspricht mir, daß er es nicht mehr tun wird, und dann – peng! – lande ich wieder in einem Heim. Wenn das keine Gemeinheit ist!«

Wir waren mit dem Waschen fertig und wischten gerade die Waschbecken aus, als Stevie zu sich selbst zu sprechen anfing.

»Eines Tages wird er mich nicht mehr schlagen. Eines Tages werde ich es ihm …« Er sprach den Satz nicht zu Ende, aber er rieb fast die Emailleschicht vom Waschbecken, so stark drückte er auf. Dann warf er sein Handtuch von der Stelle, wo er stand, nach seinem Haken, und es blieb auch tatsächlich daran hängen.

»Nicht schlecht!« bemerkte ich anerkennend. Als ich das gleiche mit meinem Handtuch versuchte, landete es irgendwo auf dem Fußboden.

»Wie alt bist du eigentlich?« wollte Stevie dann wissen.

»Neun.«

»Ich bin zehn. Ich bin der stärkste Junge hier. Wenn dir

mal einer dumm kommt, dann brauchst du es nur mir zu sagen!« Um seine letzten Worten zu unterstreichen, deutete er mit seinem Daumen auf seine Brust.

Stevie war der Butch von St. Teresa's. Aber mir machte das nichts aus. Ich mochte ihn. Er war wütend und böse auf seinen Vater, aber er war auch traurig und allein und verletzt. Damit meine ich nicht, weil er im Heim war; denn hier sind alle traurig und allein. Aber Stevie hatte dieses Gefühl einfach in sich. Wenn wir anderen aus dem Heim entlassen werden, sind wir nicht mehr niedergeschlagen und allein. Aber Stevie würde das immer sein. Am meisten machte mir die Vorstellung Sorgen, daß Mama sterben könnte. Daran hatte ich bis dahin nicht ein einziges Mal gedacht. Jedenfalls machte mir dieser Gedanke Angst.

Nach dem Essen ging ich mit Stevie und Gockel zum Bach hinunter, um ein paar Frösche zu fangen.

»Sind da auch Alligatoren drinnen?« wollte Gockel wissen.

»Ein paar«, sagte Stevie. »Aber nicht sehr viele. Vor allem gibt es hier Schlangen.«

»Schlangen!« Ich trat unwillkürlich einen Schritt zurück.

»Nur ganz kleine. Die fressen nicht viel.«

»Ach, du meine Güte«, stieß ich hervor. »Hier wimmelt es ja von wilden Tieren. Erst gestern nacht habe ich eines gehört.«

»Tatsächlich?« Gockel war gleich ganz Ohr. »Was für ein Tier?«

»Ich weiß nicht, aber es war riesengroß.«

»Wie hat es denn geklungen?« wollte Stevie wissen.

»Hm, mal sehen ... ein bißchen wie eine Pfeife, aber rauher. Ungefähr so.« Ich machte das Geräusch, so gut es ging, nach.

Stevie lachte. Und Gockel auch.

»Was ist daran so komisch?«

»Das war doch kein wildes Tier«, lachte Stevie. »Das war eine Grille!«

»Eine Grille? Wie Jiminy Grille?«

»Genau. Nur haben die keine Kleider an«, erklärte mir Stevie weiter.

»Ach so.«

Stevie, Gockel und ich machten viel gemeinsam. Wir sprachen nie über Freunde, aber das war mir nur recht. Ich konnte mich noch gut erinnern, wie ich mich gefühlt hatte, als ich mich von Mark verabschiedete. Diesen Schmerz wollte ich nie wieder verspüren. Stevie lernte Gockel und mir, auf Bäume zu klettern, ohne sich die Knie aufzuschrammen, und einen Frosch zum Hüpfen zu bringen.

Nachts holte ich Doggie aus dem Nachtkästchen in mein Bett. Dann erzählte ich ihm, was ich tagsüber erlebt hatte und wie es mir ging. Ich mochte Doggie schrecklich gern. Und ich brauchte ihn. Eines Morgens lag Doggie nicht unter dem Kopfkissen, sondern in meinen Armen. Ich setzte mich rasch auf und sah mich um. Zum Glück war Schwester Barbara nicht in der Nähe. Ich sprang aus dem Bett und packte Doggie ins Nachtkästchen. Ich wollte eben in den Waschraum, um mich anzuziehen, als Schwester Ann Catherine singend an mir vorbeitanzte. Morgens sang und tanzte sie immer. Ich hörte ihr zu.

»Wenn ich einen Doggie hätte, so lieb wie ihn, dann würde ich ihn nicht unter meinem Kopfkissen schlafen lassen. Lalali lalala.« Dazu kicherte sie fröhlich.

Sie wußte von Doggie, und trotzdem war sie nicht böse auf mich. Das machte mich sehr glücklich. Trotzdem mußte ich besser aufpassen. Wenn ihn Schwester Barbara entdeckte, dann konnte ich was erleben. Und was das schlimmste war – sie würde mir Doggie bestimmt wegnehmen.

Nach dem Frühstück saß ich mit Gockel auf dem Hof unter dem Baum. Wir warteten auf Stevie.

»Ich seh mal nach, wo er steckt«, schlug Gockel vor.

»Gut.«

Gockel schleifte beim Gehen seine Füße über den Boden, so daß er möglichst viel Staub aufwirbelte. Das machten wir alle, wenn wir über den Hof gingen; es machte einfach Spaß. Als der Staub sich langsam wieder setzte, sah ich Stevie aus dem Haus kommen.

»Hast du Gockel gesehen?« rief ich ihm zu.

Ohne auf meine Frage zu antworten, kam er weiter auf mich zu und setzte sich neben mich auf den Boden.

»Hast du Gockel gesehen? Er hat dich gesucht.«

Er antwortete mir noch immer nicht.

»Hey, was hast du denn?«

»Ach, nichts«, seufzte er. »Kommst du mit? Ich haue ab.«

»Du willst abhauen? Wohin denn?«

»Ich weiß noch nicht. Irgendwohin.«

»Was ist denn nur mit dir los, Stevie?«

»Eben haben sie mir gesagt, daß mein Vater mich abholen kommt«, murmelte er. »Ich habe aber keine Lust, mit ihm zu kommen.« Er zeichnete mit der Fußspitze Figuren in den Sand. »Ich will mich nicht mehr schlagen lassen.« Er stand auf. »Bis dann also«, verabschiedete er sich und schickte sich an, ins Haus zurückzugehen.

»Halt!« Ich rappelte mich hoch. »Wo willst du hin?«

Ich holte ihn ein. Tränen rannen ihm über die Wangen.

»Stevie, wo willst du hin?«

»Ich gehe weg – irgendwohin, wo niemand mich findet. Und wo mir niemand mehr weh tun kann. Also, bis dann.«

»Aber … aber … hast du mich nicht gefragt, ob ich mitkommen will?«

»Ach, das habe ich nur so gesagt. Ich mach das schon allein.« Er blieb abrupt stehen, so daß ich fast in ihn gerannt wäre. »Hey, Jennings …« Er sah mich kurz an. »Bis dann also.« In seinen Augen lag mehr Abschied als in seinen Worten. Er drehte sich um und ging davon.

Ich sah ihm nach, wie er unter den Bäumen verschwand. Lange noch stand ich da und starrte auf die Bäume. Ihre Kronen wiegten sich gemächlich im Wind. Stevie war weg. Ich setzte mich auf den Boden und starrte auf die Bäume.

Es kam gar nicht darauf an, ob man jemanden einen

»Freund« nannte oder nicht. Wenn man jemanden als »Freund« betrachtete, dann war das genau das gleiche. Es tat weh.

Schließlich kam Gockel wieder zurück. Er sagte mir, er hätte Stevie nicht finden können. Ich erzählte ihm nicht, was passiert war. Ich sagte ihm nicht, daß Stevie weg war. Statt dessen gab ich vor, ich fühlte mich nicht ganz wohl und hätte keine Lust zum Spielen, worauf Gockel mit ein paar anderen Jungen spielte.

Beim Mittag- und beim Abendessen mußte ich unentwegt auf Stevies leeren Stuhl starren. Ich hätte gern gewußt, wo er nun war und ob er Angst hatte. Ich hätte sicher Angst gehabt – große Angst. Nach dem Abendessen ging ich sofort ins Bett. Ich nahm Doggie mit unter die Decke und kuschelte mich an ihn. Ich mußte ihm gar nicht erst erzählen, daß Stevie weg war; irgendwie wußte er es bereits. Nachdem ich ihn mehrmals geküßt hatte, steckte ich ihn unter mein Kopfkissen, und dann schlief ich ein.

Mitten in der Nacht wurde ich geweckt. Jemand griff unter mein Kopfkissen und nahm Doggie weg. Ich schlug die Augen auf, aber in der Dunkelheit konnte ich nichts erkennen. Und dann lag Doggie plötzlich in meinen Armen, und jemand strich mir die Haare aus der Stirn. Schließlich bekam ich sogar einen Kuß. Als ich der dunklen Gestalt hinterhersah, die sich zwischen den Bettenreihen entfernte, erkannte ich in ihr Schwester Ann Catherine.

Während der nächsten Tage war es einfach nicht dasselbe, wenn ich zusammen mit Gockel spielte. Obwohl wir beide Stevie sehr vermißten, sagte keiner von uns etwas. So war es auch besser. Schwester Ann Catherine gab mir weiter mitten in der Nacht einen Kuß und Doggie.

Eines Morgens führte Schwester Barbara einen Neuen zu Stuhl Nummer sechzehn und drückte ihn darauf nieder. Seine Augen waren rotgeweint. Auf seinen Wangen waren noch die Spuren getrockneter Tränen zu sehen. Vermutlich hatte er versucht, sie mit seinen schmutzigen Händen wegzuwischen. Er saß vollkommen reglos auf seinem Stuhl. Ich wußte, was in ihm vorging, und hätte gern etwas zu ihm gesagt, aber ich konnte nicht. Und selbst wenn ich gekonnt hätte, was hätte ich sagen sollen? Es wird schon alles wieder gut werden? Ich hatte keine Ahnung, ob alles wieder gut werden würde. Ich wußte überhaupt nichts. Schwester Barbara goß ihm Kakao ein. Er merkte nicht, daß die Tasse aus Blech war und verbrannte sich die Hand, als er daraus trinken wollte. Er ließ die Tasse auf den Tisch zurückplumpsen und vergoß dabei etwas Kakao auf die weiße Tischdecke. Ich sprang auf.

»Schwester! Ich habe meinen Kakao verschüttet!« brüllte ich und schob meine Tasse vor den Neuen.

Schwester Barbara kam wie ein wildes Tier auf mich zugestürzt. Sie schlug mir ins Gesicht, daß ich gegen den Tisch krachte. Dann riß sie mich an den Haaren und zog mich über den Stuhl. Als ich zu Boden fiel, packte sie mich am Kragen meines Hemds und schleifte mich in den vorderen Teil des Speisesaals. Als sie mich über den Holzboden zog, stachen mir am ganzen Körper kleine und große Splitter in die Haut. Ich schrie und weinte vor Schmerzen, aber sie ließ mich erst ganz am Ende des Saals zu Boden sinken. Dann trat sie mir in die Seite, daß mir die Luft wegblieb. Als nächstes öffnete sie die Tür eines Wandschranks und schob mich hinein. Krachend fiel die Tür hinter mir zu.

Mein ganzer Körper schmerzte, als ich nun in der dunklen Stille des Schranks lag. Endlos lange, wie es mir schien, lag ich völlig reglos auf dem harten Boden des Schranks. Meine Haut fühlte sich feucht an. Ob von Schweiß oder Blut, hätte ich nicht sagen können. Langsam begann ich, meinen schmerzenden Körper abzutasten. Jedesmal, wenn meine Finger über einen Holzsplitter aus dem Fußboden streiften, zuckte ich zusammen. Meine Hose war völlig durchnäßt; aber nicht von Blut. Ich hatte in die Hose gemacht. Der Urin begann, in den Wunden an meinen Beinen zu brennen. Ich versuchte vergeblich, mich in eine bequemere Position zu bringen. Aber irgendein Körperteil schmerzte immer. Ich schloß die Augen und stellte mir vor, daß ich Doggie im Arm hatte. Sein Fell war ganz weich und warm. Es war ein gutes Gefühl, ihn so nahe bei mir zu spüren. Er war mein Freund, und ich mochte ihn schrecklich gern. Und dann schlief ich ein.

Als jemand mich hochzuheben versuchte, wachte ich auf. Stechender Schmerz durchzuckte meine Seite, als würde mir wieder ein Holzsplitter unter die Haut gerammt. Ich schrie.

»Pssst, mein Kleiner. Mein armer Kleiner. Hab keine Angst.« Es war Schwester Ann Catherine.

Zusammen mit einer anderen Schwester hob sie mich auf eine Decke oder etwas ähnliches und sie trugen mich aus dem Raum.

Ich wurde in einen anderen Raum gebracht und in ein weiches Bett gelegt. Aber das half nichts. Die Holzsplitter bohrten sich tiefer in meine Haut, und ich weinte. Während mir die Krankenschwester eine Spritze gab, saß Schwester Ann Catherine neben meinem Bett und hielt mir zärtlich die Hand. Dann machte sich die Krankenschwester mit der Schere daran, meine Kleider aufzuschneiden. Wie die Tür eines dunklen Schranks schloß sich der Schlaf über mir.

Als ich am nächsten Morgen aufwachte, war ich allein. Durch das Fenster schien die Sonne herein. Ich drehte mich auf die Seite, um den Schmerz in meiner Schulter etwas zu lindern. Und dann sah ich, daß Doggie neben mir lag.

»Ach, Doggie«, schluchzte ich los und preßte ihn ganz fest an mein Gesicht. »Sie hat mir weh getan. Sie hat mir ganz schrecklich weh getan.«

»Guten Morgen, Jennings.« Schwester Ann Catherine kam zur Tür herein. »Wie geht es dir? Besser?«

»Ich weiß nicht, Schwester«. Ich wischte mir die Tränen aus den Augen.

Sie setzte sich an mein Bett. »Da ist jemand, der dir guten Tag sagen möchte. Kann er hereinkommen?«

»Ja, Schwester.«

»Peter«, rief sie darauf in Richtung Tür.

Die Tür ging auf, und der Junge, der den Kakao verschüttet hatte, kam herein. Er trat auf mein Bett zu und blieb einfach davor stehen. Seine Unterlippe zitterte, als er zu sprechen versuchte. Er fing an zu weinen. Schwester Ann Catherine zog ihn zu sich herab und drückte ihn an sich.

»Er wollte dir eigentlich danken, daß du die Schuld auf dich genommen hast, aber im Moment ist er wohl etwas zu sehr durcheinander.«

»Schon gut.« Ich streckte meine Hand nach seiner aus. »Hallo, Peter.«

»Hallo.« Er richtete sich auf und wischte sich die Tränen aus dem Gesicht. »Und vielen Dank.«

»Spielst du Dame?« fragte ich ihn.

Er nickte.

»Prima. Dann können wir ja mal eine Partie miteinander spielen.«

»Aber im Augenblick geht das noch nicht, Jennings. Du mußt erst wieder gesund werden.« Damit stand Schwester Ann Catherine auf, um Peter an der Hand zu nehmen und nach draußen zu führen.

»Tschüß«, sagte Peter, bevor er die Tür hinter sich schloß.

»Tschüß.«

Dann behandelte Schwester Ann Catherine ein paar meiner Verletzungen mit einer Salbe; ein paar andere verband sie neu. Sie brachte mir etwas Haferschleim und fütterte mich damit. Als sie auch Doggie probieren ließ, mußte ich lachen.

Sie kam jeden Tag, um mir einen neuen Verband anzulegen und aus einem Buch vorzulesen. Peter und Gockel besuchten mich und spielten Karten oder Dame mit mir. Niemand erwähnte Schwester Barbara auch nur mit einem Wort. Ich haßte sie.

Ich lag insgesamt sechs Tage in der Krankenabteilung. Am Morgen des siebten Tages legte die Krankenschwester ein paar Kleider auf mein Bett und forderte mich auf, sie anzuziehen. Das tat ich. Das Hemd und die Hose waren hellbraun. Sie gefielen mir gut. Es waren wesentlich bessere Sachen als meine alten Klamotten. Ich saß auf dem Bettrand.

»Du kannst jetzt gehen, Jennings«, erklärte die Schwester.

»Gehen? Wohin denn?«

»Zurück. Zurück in den Speisesaal – zum Frühstück. Du bist jetzt wieder gesund, weißt du.«

Ich hatte Angst. Ich wollte nicht zurück. Ich wollte Schwester Barbara keinesfalls noch einmal unter die Augen treten.

»Kann ich nicht hierbleiben?«

»Nein, mein Kleiner. Das hier ist für die Kranken gedacht. Jetzt geh schön in den Speisesaal und iß dein Frühstück. Ja?«

»Gut«, nickte ich.

Ich nahm Doggie unter den Arm und ging. Ich begab mich in den Spielsaal, wo ich die Fliegengittertür aufstieß und ins Freie trat. Es war ein herrlicher Sommermorgen. Ich mußte an Stevie denken. Jetzt wußte ich, wie ihm damals zumute gewesen sein mußte, als er erfahren hatte, daß sein Vater ihn abholen kommen würde. Ich kannte nun auch diese stetig anwachsende Angst, die durch die Erinnerung an bestimmte Schmerzen hervorgerufen wird. Wenn er damals Angst gehabt hatte wegzulaufen, so hatte er noch größere Angst gehabt, zu bleiben. Ich schritt auf dieselben Bäume zu, auf die er zugegangen war, nachdem er beschlossen hatte, nicht mehr zu seinem Vater zurückzugehen.

Doggie und ich gingen stundenlang dahin. Wir hatten keine Ahnung, wo wir waren, aber wir gingen einfach weiter. Wir wollten nicht mehr ins Heim zurück.

»Hast du Hunger, Doggie?«

Er meinte, schon.

»Ja, ich auch. Vielleicht hätten wir doch erst noch frühstücken sollen?«

Das wiederum fand er nicht.

Wir kamen an einem Park mit ein paar Schaukeln und einer Rutschbahn vorbei.

»Hey, Doggie! Sollen wir mal rutschen?«

Dazu hatte er Lust.

Wir spielten eine Weile in dem Park, bis sich die Sonne hinter den an den Park angrenzenden Häusern zu senken begann. Wir waren hungrig und müde, aber wir beschlossen im Park zu bleiben und uns unter den Büschen ein gemütliches Plätzchen zu suchen, wo wir uns ausruhen konnten.

»Was hältst du von dem Busch?« fragte ich Doggie.

Doggie war einverstanden. Also krochen wir unter den Busch. Dann legte ich mich mit Doggie auf die Erde und schloß die Augen. Ich dachte, daß wir den Hunger nicht so stark spüren würden, wenn wir schliefen.

Verkehrslärm weckte mich am nächsten Morgen. Ich streckte meinen Kopf unter den Büschen hervor und sah eine Menge Autos und Busse. Ich klopfte Doggies Fell aus und nahm ihn unter den Arm. Dann gingen wir auf den Ausgang des Parks zu.

»Wir müssen unbedingt einen Plan machen, Doggie. Wir müssen herausfinden, wo wir sind, und dann müssen wir uns etwas zu essen beschaffen.«

Das fand er auch.

Wir kamen an mehreren Geschäften vorbei. Als ich eine Frau am Straßenrand stehen sah, die auf den Bus wartete, beschloß ich, sie zu fragen, wo wir waren.

»Entschuldigung.« Ich lächelte. »Können Sie mir bitte sagen, wo ich hier bin?«

»Hast du dich denn verlaufen, mein Junge?«

»Äh ... so könnte man es nennen.«

»Wo ist denn deine Mutter?«

»Äh ... sie ist irgendwo auf Erholung.«

»Auf Erholung? Und wo ist sie auf Erholung?«

»Das weiß ich nicht. Deshalb frage ich Sie ja auch, wo wir hier sind, wissen Sie?«

»Das verstehe ich zwar nicht ganz, aber wir sind hier in Yonkers.«

»In Yonkers!« Ich zupfte nachdenklich an meiner Oberlippe, während ich überlegte, was ich die nette Dame als nächstes fragen sollte. »Äh … ist Yonkers in Brooklyn?«

»Nein«, lachte sie. »Brooklyn ist weit von hier. Wohnst du denn in Brooklyn?«

»Nein, nicht ganz. Ich wohne in der Bronx.«

»Ach so. Von der Bronx bist du hier nicht weit entfernt. Wo genau wohnst du denn in der Bronx?«

»In der 188th Street.«

»In der 188th Street! Wie bist du denn von dort hierher gekommen?«

»Ach, wissen Sie, das ist eine lange Geschichte. Könnten Sie mir vielleicht sagen, wie ich in die 188th Street komme?«

Sie deutete in Richtung der 188th Street die Straße hinunter.

»Vielen Dank, Ma'am«, verabschiedete ich mich darauf.

»Warte doch mal, mein Junge! Kann ich dir nicht irgendwie helfen, nach Hause zu kommen? Sollte ich nicht lieber deine Mutter oder sonst jemanden anrufen?«

»Nein, danke«, erwiderte ich mit einem Lächeln. »Das ist nicht nötig.«

»Das war aber eine nette Dame«, sagte ich wenig später zu Doggie.

Dieser Meinung war er auch.

Wir gingen in der Richtung, die uns die Dame gezeigt hatte. Dabei kamen wir an einer Reihe von Geschäften vorbei, unter anderem auch an einer Bäckerei.

»Mmmmm! Das riecht aber gut, findest du nicht auch, Doggie?«

Wir waren wieder einmal einer Meinung.

»Wir sollten mal hinters Haus gehen«, schlug ich vor. »Dort finden wir sicher was zu essen.«

Doggie war einverstanden.

Auf der Rückseite der Bäckerei fanden wir einen ganzen Haufen Abfall. Ich wühlte darin herum. Aber es waren nur leere Mehltüten und Konservendosen

»Schau mal!« Ich hatte ein paar Kartoffelschalen und etwas Brot entdeckt. »Was hältst du davon?«

Doggie hielt es für etwas Eßbares. Er hatte mächtigen Hunger.

»Und ich erst.«

Ich ließ Doggie von dem Brot probieren. Und dann schlang ich das ganze Stück hinunter. Wir aßen etwas Kartoffelschalen und noch mehr Brot. Das Brot schmeckte wesentlich besser als die Kartoffelschalen.

Dann verließen wir den Hinterhof und gingen in der Richtung weiter, die uns die Dame gezeigt hatte. Im Gehen hielten wir nach einem anderen geeigneten Geschäft Ausschau. Wir hatten immer noch mächtig Hunger.

»Hey, Kleiner!« hörte ich plötzlich einen Mann hinter mir rufen.

Ich drehte mich um und sah einen Polizisten aus seinem Wagen steigen.

»Komm mal her, mein Junge.«

Ich trat vorsichtig auf ihn zu. Ich hatte Angst und drückte Doggie fester an mich. »Ja, Sir?«

»Wie heißt du denn, mein Junge?«

»Äh … Stevie.«

»Stevie? Mhm. Und wie weiter?«

»Äh … äh …« Ich schluckte. Zu dumm, daß ich Stevies Nachnamen nicht wußte.

»Das macht nichts, mein Junge. Komm mal mit.« Er streckte seine Hand nach mir aus.

Ich ließ mich von ihm zu dem Polizeiauto führen. Er öffnete die vordere Tür und ließ mich einsteigen. Ich saß mit Doggie auf dem Vordersitz, während er um den Wagen herumging und ebenfalls einstieg. Und dann begann ich zu weinen.

»Nicht weinen, mein Junge. Ich bringe dich doch nur auf die Wache, damit wir feststellen können, wer du bist und wo du wohnst. Und dann fahren wir dich nach Hause. Einverstanden?«

Ich brachte vor Angst kein Wort hervor. Ich drückte Doggie ganz fest an mich und reckte den Hals, um aus dem Fenster sehen zu können. Aber ich konnte nicht über das Armaturenbrett schauen.

»Eine Frau hat mir erzählt, daß du dich verlaufen hast«, begann der Polizist.

Ach, du meine Güte, dachte ich. Dann war sie also doch nicht so nett gewesen.

»Wir sind gleich da, und dann bringen wir dich nach Hause.«

Ich wußte, daß das nicht stimmte, aber mir war klar, daß er das nicht wissen konnte.

Wir hielten vor einer Polizeistation. Das Gebäude sah ziemlich bedrohlich aus. Es war häßlich und aus braunen Backsteinen gebaut. Zu beiden Seiten des Eingangs waren zwei riesige Kugellampen angebracht. Der Polizist führte mich an seiner Hand in das Gebäude. Er stieß die Eingangstür auf, und wir betraten eine riesige Halle. Hinter einer schwarzen Absperrung stand ein großer Schreibtisch. Von dem Raum gingen viele Türen ab, durch die ständig irgendwelche Polizisten kamen und gingen. Ich hörte das Klappern mehrerer Schreibmaschinen, konnte aber nirgendwo eine sehen. Die Wände waren rissig und schmutzig.

»Hey, Sarge, sehen Sie mal, wer da kommt. Bob hat Dillinger geschnappt«, rief uns einer der Polizisten zu.

Ich sah mich überall um, wer dieser Dillinger war, konnte aber niemanden sehen.

Schließlich blieben wir vor dem großen Schreibtisch stehen.

»Ich glaube, ich habe da einen kleinen Ausreißer«, wandte sich der Polizist an den Mann hinter dem Schreibtisch.

Der Polizist beugte sich über seinen Schreibtisch und sah auf mich herab. Er war der einzige Polizist im Raum, der keine Mütze trug. Sein graues Haar war in der Mitte gescheitelt. Dann setzte er sich eine Brille auf, nur um mich anzuschauen. Denn sobald er mich angesehen hatte, nahm er sie wieder ab.

»Tag, Kleiner. Wie heißt du denn?«

»Stevie heißt er, Sarge«, antwortete der Polizist für mich. »Er heißt Stevie.«

»Nein, das ist nicht sein Name. Jetzt sag mir schön, wie du wirklich heißt, mein Junge.«

Irgendwie wußte also dieser Polizist, den sie Sarge nannten, daß ich nicht Stevie hieß.

»Ich warte, mein Junge.«

Ich hatte solche Angst, daß ich kein Wort hervorbrachte. Ich drückte Doggie fester an mich und blinzelte krampfhaft, um nicht zu weinen. Nun stand Sarge auf und kam um seinen Schreibtisch herum. Er kauerte sich vor mir auf den Boden nieder.

»Hast du Hunger?« fragte er mich.

Ich schüttelte den Kopf.

Er streichelte Doggies Kopf. »Aber dein Hund hat doch sicher Hunger. Na, hast du Hunger?« wandte er sich darauf an Doggie.

Ich bewegte Doggies Kopf auf und nieder.

»Das habe ich mir doch gedacht. Aber das werden wir gleich haben.« Er richtete sich wieder auf und schrie ein paar Polizisten, die untätig herumstanden, eine Reihe von Befehlen zu. Dann kauerte er sich wieder neben mir zu Boden. »Willst du mir nicht mal schon erzählen, wie dein kleiner Hund heißt, während wir auf seinen Hamburger warten, hm?«

»Er heißt Doggie.«

»Doggie! Na, daß mir das nicht gleich eingefallen ist? Und wie heißt du?« wandte er sich an mich.

»Jennings.«

»So ist es brav, Jennings. Und wo wohnst du?«

»Äh ...« Ich zögerte. Ich wollte nicht nach St. Teresa's zurück. »Im Heim der guten Engel.«

»Im Heim der guten Engel? Aha.« Er kratzte sich am Kinn.

»In Brooklyn«, fügte ich noch hinzu.

»In Brooklyn?« Er schien erstaunt. »Na ja, mal sehen.« Damit griff er mir mit den Händen unter die Arme und hob mich und Doggie mit einem Schwung auf seinen Schreibtisch.

Ich zuckte vor Schmerzen zusammen, als er dabei ein paar Stellen berührte, wo ich mir die Splitter unter die Haut gerammt hatte.

»Fehlt dir auch nichts?«

Nein. Ich schüttelte den Kopf.

»Mal sehen.« Er zog mein Hemd hoch. »Du meine Güte! Woher hast du denn diese Verletzungen?«

»Äh … das sind Holzsplitter.«

»Holzsplitter!« Er hob mein Hemd noch ein Stück höher. Zwei der umstehenden Polizisten kamen neugierig näher. »Aha. Und wie ist das gekommen?« Er klang ziemlich wütend.

Ich hatte Angst und gab ihm keine Antwort.

»Schon gut«, redete er mir gut zu. »Das macht nichts.« Er ging wieder hinter seinen Schreibtisch.

Nun kam der Polizist, den Sarge nach dem Hamburger geschickt hatte, wieder in den Raum. »Da wären wir«, verkündete er laut. »Ein Hamburger!«

Der Sergeant nahm ihm die Tüte ab und holte den Hamburger heraus. Er ließ Doggie davon abbeißen. »Ich glaube fast, das wird deinem kleinen Freund etwas zuviel. Willst du ihm nicht mit seinem Hamburger helfen?« wandte er sich dann an mich.

Ich nickte.

Darauf reichte er mir den Hamburger und einen Pappkarton Milch. Ich hatte einen Mordshunger. Ich schlang einen Bissen von dem Hamburger hinunter und nahm einen Schluck Milch. Währenddessen sprach Sarge leise mit einem der Polizisten. Und dann telefonierte er.

»Ich weiß, daß du vom St.-Teresa's-Heim kommst, mein Junge«, wandte er sich schließlich wieder an mich. »Es steht nämlich auf deinem Hemd.«

Ich sah an meinem Hemd hinunter, konnte aber nichts entdecken.

»Es steht auf dem Rücken«, erklärte mir Sarge.

Jetzt erst fiel mir ein, daß mir die Krankenschwester neue Kleider gegeben hatte. Nur hatte ich nicht gewußt, daß der Name des Heims auf ihnen stand.

»Ich weiß, daß sie dir dort ziemlich weh getan haben, mein Junge. Und ich weiß auch, daß du deshalb weggelaufen bist. Aber du mußt trotzdem wieder dorthin zurück.«

Meine Augen füllten sich mit Tränen, während ich auf einem Bissen Hamburger herumkaute.

Sarge kam wieder hinter seinem Schreibtisch hervor. »Aber ich werde dir was versprechen, mein Junge. Ich verspreche dir, daß dir niemand mehr weh tun wird. Glaubst du mir das?«

Weil er so nett zu mir gewesen war, glaubte ich ihm. Ich nickte.

»Gut!« Er schrieb etwas auf einen Zettel, den er mir in die Hemdtasche steckte. »Auf dem Zettel steht mein Name und meine Telefonnummer. Ich bin Sergeant Pierce Meagher. Wenn jemand – irgend jemand! – noch einmal versuchen sollte, dir weh zu tun, dann ruf mich sofort an. Wirst du das tun?«

»Ja, Sir. Ach, Sir?«

»Ja.«

»Ich dachte, Sie heißen Sarge.«

»Ja, hier nennen mich alle Sarge. Wenn du möchtest, kannst du auch Sarge zu mir sagen.« Er lächelte. »Und jetzt iß erst mal schön deinen Hamburger auf. Dann werde ich dich persönlich zurückbringen. Ich habe mit den Nonnen in diesem Heim ein ernstes Wort zu reden.«

Nach einer Weile fuhren wir in Sarges Wagen los.

»Und jetzt erzähl mal. Wie kommt es, daß du dir so viele Holzsplitter eingezogen hast?«

Ich zögerte.

»Hab keine Angst«, redete er mir gut zu. »Ich möchte nur

sicher gehen, daß ich der richtigen Person eine kräftige Standpauke erteile.«

»Schwester Barbara«, murmelte ich. »Sie hat mich über den Boden im Speisesaal gezogen.«

»Schön.« Er tätschelte mir behutsam das Bein.

Als wir durch das Eingangstor von St. Teresa's fuhren, begann mein Herz wie wild zu klopfen. Sarge drückte auf einen Knopf am Armaturenbrett.

»Was ist das für ein Knopf?« wollte ich wissen.

»Damit schaltet man das Blaulicht ein. Sollen die Schwestern ruhig ein wenig Angst vor uns bekommen.« Er zwinkerte mir verschwörerisch zu.

Vor dem Eingang hielt Sarge. Als ich ausstieg, versteckte ich Doggie hinter meinem Rücken.

»Was soll denn das?« fragte Sarge erstaunt.

»Schwester Barbara mag Doggie nicht.«

»Ach so, sie mag ihn nicht? Na, das werden wir gleich mal sehen!« Damit stieß er die Tür zur Veranda auf.

Wir betraten den dunklen Eingangsflur.

»Warte hier«, forderte er mich auf, und dann öffnete er eine Tür, auf der Büro stand, und trat ein.

Während ich nun am Eingang stand und auf das zuckende Blaulicht auf dem Dach des Polizeiautos starrte, hörte ich laute Stimmen aus dem Büro. Wenige Minuten später kam Sarge mit Schwester Barbara auf den Flur. Ich hätte nicht sagen können, wer röter im Gesicht war – sie oder er.

Seine Miene hellte sich jedoch wieder auf, als er neben mir niederkauerte. »So, Jennings«, sagte er zu mir, »von jetzt ab darfst du Doggie behalten.« Als er kurz zu Schwester Barbara aufsah, blitzten seine Augen vor Wut.

»Daran ist doch wohl nichts auszusetzen, oder Schwester?« fuhr er sie an.

Sie gab keine Antwort.

Seine Miene wurde wieder freundlicher, als er sich mir zuwandte. »Und wenn dir jemand weh tun sollte ... dann rufst du mich an. Hast du verstanden?«

»Ja«, murmelte ich zaghaft.

»Sehr gut!« Er umarmte mich vorsichtig und richtete sich dann auf. »Bis dann also, mein Junge«, verabschiedete er sich von mir und ging.

Schwester Barbara hatte die ganze Zeit kein Wort gesprochen. Sie deutete schließlich nur auf die Tür, durch die ich gehen sollte, und ging in ihr Büro zurück.

Während der darauffolgenden Wochen ließ mich Schwester Barbara völlig in Ruhe. Sie sprach nicht mit mir und kommandierte mich nicht herum. Doggie durfte von nun an bei mir schlafen, und ich bewahrte Sergeant Pierce Meaghers Telefonnummer die ganze Zeit in meinem Nachtkästchen auf.

Meistens spielte ich zusammen mit Gockel und Peter. Wenn nicht, saß ich mit Doggie unter dem Baum und sah über die Wipfel der hohen Bäume hinweg, unter denen Stevie verschwunden war. Und dann dachte ich an Stevie und Mark und Mama und an zu Hause. Ich hoffte die ganze Zeit, Stevie würde eines Tages zurückkommen, damit ich ihm von Sarge erzählen konnte. Ich war mir sicher, daß Sarge auch Stevie geholfen hätte.

Eines Nachmittags saß ich gerade wieder unter dem Baum, als ich ein Auto die Auffahrt hochkommen sah. Wer das wohl sein mochte? Ein Neuer vielleicht, oder ein Junge, der wieder ins Heim zurückgebracht wurde. Jedenfalls standen sie wieder ganz am Anfang. Ich beneidete sie nicht.

Das Auto hielt an, und dann stieg Mama aus dem Wagen. Ich sprang auf und rannte, so schnell ich konnte, auf sie zu. Bei ihr angekommen, fiel ich ihr in die Arme und begann zu weinen. Sie war also doch nicht gestorben.

7

Ich kniete auf dem Rücksitz des Taxis und sah durch das Rückfenster. Hinter dem Auto wirbelten mächtige Staubwolken auf, als wir über die Auffahrt zum Eingangstor hinunterfuhren. Ich konnte immer noch Schwester Ann Catherine und Gockel stehen sehen, obwohl sie manchmal durch den Staub verdeckt wurden. Sie winkten mir nach.

»Ist es dir gut gegangen?« wollte Mama wissen.

Ich sah sie an. Ich konnte mir nicht vorstellen, daß sie mich das im Ernst fragte.

»Du hast ein Versprechen gebrochen, Mama.«

»Das wollte ich nicht. Aber ich konnte nicht anders.«

»Warum wirst du immer wieder krank?«

In ihren Augen breitete sich ein feuchter Schimmer aus. »Ich versuche doch alles, nicht wieder krank zu werden ...« Mehr brachte sie nicht mehr hervor. Die Tränen erstickten ihre Worte.

»Entschuldige, Mama. Du hast mir nur sehr gefehlt, weißt du. Ich hatte Angst, du würdest sterben.«

»Aber nein. Ich werde nicht sterben.« Sie nahm mich in die Arme. »Ich werde nicht sterben.«

Ich klammerte mich die ganze Fahrt bis zur Busstation an Mama. Wir sprachen kein Wort. Ich wollte nicht, daß sie wieder zu weinen anfing. Als wir an der Busstation ankamen, sagte Mama: »Ich habe eine Überraschung für dich.«

»Toll! Und was ist das für eine Überraschung?«

»Das kann ich dir jetzt noch nicht sagen. Sonst wäre es doch auch keine Überraschung mehr.«

Vielleicht kriege ich ein Fahrrad, dachte ich. Nein. Mama konnte es sich bestimmt nicht leisten, ein Fahrrad zu kaufen. Trotzdem war ich furchtbar neugierig.

Wir fuhren mit dem Bus bis zur Fordham Road. Ich ging an Mamas Hand die Straße hinunter, bis wir die 188th Street erreichten. Denn nun fiel mir die Überraschung wieder ein, und ich rannte auf das Haus zu, in dem wir wohnten, und die Treppe hoch. Im Flur unserer Wohnung war noch nichts zu sehen. Ich rannte ins Wohnzimmer weiter. Dort saß George mit einem fremden Jungen, den ich nicht kannte, auf der Couch. Aber auch im Wohnzimmer war nichts zu sehen. Im hinteren Schlafzimmer das gleiche. Als ich wieder ins Wohnzimmer zurücklief, mußte Mama grinsen.

»Und?« meinte sie.

»Was und?« Ich kratzte mich am Kopf. »Ich sehe keine Überraschung.«

»Tatsächlich nicht?« Sie lachte. »Das ist Jerome!« Sie deutete auf den fremden Jungen, der neben George saß.

»Jerome!«

Er war sehr blaß. Und er hatte braunes, gelocktes Haar. Um die Nase hatte er leichte Sommersprossen, und seine Ohren standen weit von seinem runden Kopf mit der breiten Stirn ab. Er trug eine riesengroße Hornbrille.

Ich war sprachlos. Meine Enttäuschung, daß ich kein Fahrrad oder etwas ähnliches bekommen hatte, machte einer gewissen Neugier Platz.

»Willst du ihm nicht Hallo sagen?« fragte Mama.

»Doch, natürlich«, nickte ich. »Hallo, Jerome.«

»Hallo«, erwiderte Jerome mit einem Lächeln.

»Äh ... ich bin Jennings«, stellte ich mich vor und streckte meine Hand aus. »Jennings ist mein Vorname.«

Er lachte. »Ich weiß. Schließlich haben wir denselben Nachnamen.«

»Ach ja, natürlich«, mußte nun auch ich lachen.

»Wie alt bist du denn?« wollte er wissen.

»Neuneinhalb.«

»Jerome ist letzte Woche elf geworden«, erklärte Mama. »Wir werden am Samstag eine Geburtstagsfeier für ihn veranstalten.«

»Eine Geburtstagsfeier!« jubelte Jerome. »Ich habe noch nie eine Geburtstagsfeier gehabt!«

»Na, darum werden wir eben diesmal eine machen«, erklärte Mama.

»*Meinen* Geburtstag haben wir nicht gefeiert«, maulte Walter, als er ins Wohnzimmer kam.

»Du bist ja auch nicht krank«, meinte Mama.

»Hier muß man wohl krank sein, daß mal eine anständige Feier steigt«, brummte George. Er erhob sich von der Couch und verschwand auf den Flur.

»Wo willst du denn hin?« rief ihm Mama hinterher.

»Ich gehe aus!« schrie er zurück.

»Er wird gleich wieder zurückkommen«, wandte sich Mama darauf an Jerome.

»Darauf würde ich mich mal lieber nicht verlassen«, zischte Walter, der sich inzwischen zum Lernen an seinen gewohnten Platz gesetzt hatte.

»Wo ist eigentlich Larry?« erkundigte ich mich.

»Einkaufen.«

»Und Gene?«

»Der schläft.«

»Daß ich mir das nicht gleich gedacht habe«, wandte ich mich an Jerome. »Gene schläft wirklich den ganzen Tag.«

»Na ja, er ist ja auch noch ziemlich klein. Spielst du Schach?«

»Schach?«

»Ja, Schach. Kannst du Schach spielen?«

Ich schüttelte den Kopf. »Ich kann nur Dame. Hast du Lust, Dame zu spielen?«

»Gut.«

Ich holte das Schachbrett und die Steine. Mama bereitete währenddessen das Abendessen vor. Da Jerome sagte, sie sollte Hackbraten machen, gab es Hackbraten.

»Muß ganz schön schlimm sein, die ganze Zeit im Krankenhaus zu liegen«, meinte ich.

»Ach, es geht so«, erwiderte Jerome.

»Also ich habe diese Heime fürchterlich gehaßt.«

»Du warst dort ja auch nur vorübergehend.«

Ich kratzte mich am Kopf. Das verstand ich nicht.

»Weißt du«, erklärte mir Jerome deshalb. »Ich habe in diesem Krankenhaus richtig gelebt. Ich habe nie etwas anderes gekannt. Kann gut sein, daß es mir hier nicht gefallen wird.«

»Meinst du wirklich?«

»Schon möglich. Schließlich kenne ich doch nur Mama. George und Walter kenne ich so gut wie überhaupt nicht. Ich habe sie nur ein paarmal gesehen. Und dich kenne ich zum Beispiel überhaupt nicht.«

»Aber wir sind doch Brüder?«

»Na und? Was soll das schon heißen?«

»Äh … es heißt … äh … ich weiß auch nicht, was es heißen soll.«

Er lachte. »Es heißt jedenfalls mehr, als nur denselben Nachnamen zu haben.«

»Äh …«

Er lachte neuerlich. »Na, jetzt habe ich dich wohl zum Nachdenken gebracht?«

»Hallo, Jennings!« Larry kam ins Wohnzimmer.

»Hey, was hast du so getrieben?« Ich sprang auf, um ihn zu begrüßen.

»Na ja. Ich habe mein Signalhorn verloren.«

»Wo?«

»Ich weiß nicht. Irgendwo. Bist du wieder in ein Heim gekommen?«

»Ja.« Dabei runzelte ich die Stirn, um deutlicher zu machen, daß das nicht sonderlich erfreulich gewesen war.

»Ich auch.«

»Larry!« rief Mama aus der Küche. »Kannst du noch schnell was für mich einkaufen?«

»So was blödes. Muß das denn sein?« stöhnte Larry und verschwand wieder.

Jerome und ich spielten eine Partie Dame, und dabei erzählte er mir vom Krankenhaus. Mich erinnerte das sehr stark an ein Heim, nur daß man im Krankenhaus mehr sprechen durfte. Dann zeigte er mir die Modellflugzeuge und -schiffe, die er gebastelt hatte. Sie waren wirklich toll. Dann zeigte ich ihm Doggie.

»Bist du nicht schon etwas zu groß für einen ausgestopften Hund?« meinte Jerome dazu.

»Zu groß? Nein, ich bin nicht zu groß. Doggie ist mein Freund. Wir waren immer zusammen in den verschiedenen Heimen, und er war der einzige, mit dem ich reden konnte.«

Ich drückte Doggie an mich.

»Na, dann bist du wohl doch noch nicht zu groß. Vermutlich bist du genau richtig.«

»Essen ist fertig!« rief Mama aus der Küche. Ich stand auf, um in die Küche zu gehen. Aber Jerome blieb sitzen.

»Kommst du nicht?«

»Ich kann nicht. Ich darf nicht so viel herumgehen.«

»Du darfst nicht herumgehen?«

»Nein.« Er schüttelte den Kopf. »Erst, wenn es mir der Doktor wieder erlaubt.«

»Willst du immer hier sitzen bleiben?«

»Nein.« Er mußte lachen. »Mama wird mich schon irgendwie unterbringen.«

Das tat sie dann auch. Wir borgten uns von Mrs. Clark, die nebenan wohnte, ein Bett und stellten es im Wohnzimmer auf. Wir mußten zwar einiges umräumen, aber es ging irgendwie. Mama holte den kleinen Tisch aus ihrem Schlafzimmer und stellte ihn neben Jeromes Bett. Wir begannen sofort, mit Larry auf dem neuen Tisch Einundzwanzig zu spielen.

»Larry«, rief Mama. »Du solltest jetzt lieber ins Bett gehen. Und Jennings auch. Ihr müßt morgen in die Schule.«

»So was Blödes. Ich will aber nicht in die Schule«, quengelte Larry.

»Warum nicht?« wollte Jerome wissen.

»Weil sich alle über uns lustig machen«, warf ich ein.

»Wieso?«

»Weil wir sitzengeblieben sind. Wir haben im letzten Schuljahr zu lange gefehlt.«

»Aber weshalb sollte sich deswegen jemand über euch lustig machen?«

»Du hast vielleicht Nerven«, lachte Larry bitter. »Sie nennen uns blöder Ochse und alle möglichen anderen Namen.«

»Na, ich weiß auch nicht«, meinte Jerome. »Ich würde jedenfalls gern zur Schule gehen – ganz gleich, wie sie mich dort nennen würden.«

»Bist du denn noch nie zur Schule gegangen?«

Er schüttelte den Kopf.

»Und mußt du jetzt auch nicht in die Schule?« fragte Larry.

Er schüttelte wieder den Kopf.

»Wie willst du dann was lernen?«

»Ich werde einen Hauslehrer brauchen.«

»Was ist ein Hauslehrer?«

»Das ist ein Lehrer, der mir zu Hause Unterricht gibt.«

»Im Bett?« fragte Larry.

Jerome nickte.

»Mann! Das würde Gene sicher gefallen.«

Wir mußten alle lachen.

Larry hatte recht gehabt, was die Schule betraf. Schon nach dem ersten Unterrichtstag war mir elend zumute. Ich ging sofort nach Hause. Larry war schon da. Er lag weinend auf unserem Bett, so daß ich ihn gar nicht erst zu fragen brauchte, wie es ihm ergangen war. Ich setzte mich auf den Rand von Jeromes Bett.

»Und? Wie war's?« wollte er wissen.

»Schrecklich. Ich bin der Älteste und Größte in meiner Klasse.«

»Warum hast du dich dann nicht ganz nach hinten gesetzt?«

»Das habe ich doch. Deshalb weiß ich doch, daß ich der Größte in der Klasse bin.«

»Und haben sie dich dumm angeredet?«

Ich nickte.

»Larry haben sie ganz schön fertiggemacht«, erzählte mir Jerome dann. »Er will auf keinen Fall zurück.«

»Das kann ich mir gut vorstellen. Ich will auch nicht mehr zurück.«

»Ich mag Larry«, erklärte Jerome.

»Ich auch. Er ist mein Lieblingsbruder.«

»Das ist nicht schwer zu begreifen.«

»Wie meinst du das?«

»Na ja, du und Larry, ihr seid euch sehr ähnlich. Ihr spielt zusammen. Ihr habt dieselben Dinge durchgemacht. Ihr wißt, wie es in einem Heim zugeht. Ihr seid beide sitzengeblieben. Ihr habt eben dieselben Erfahrungen gemacht. George und Walter gehen dagegen zur High School. Die beiden haben keine Ahnung, was ihr mitmacht. Und Gene ist noch ein Baby. Deswegen ist es nicht schwer zu begreifen, daß ihr beide euch am besten leiden könnt.«

Jerome erinnerte mich ganz stark an Mark. Aus beiden schien ein weiser, kleiner Mann zu sprechen. Jerome sah sogar ein wenig wie Mark aus.

Während der darauffolgenden Tage spielte ich jeden Tag nach dem Unterricht mit Jerome. Larry tat sich mit ein paar Jungen von einer anderen Schule zusammen, die wie er den Unterricht schwänzten. Obwohl ich genau wußte, daß Larry nicht zur Schule ging, sagte ich niemandem etwas davon.

Am Samstagnachmittag schickte mich Mama mit George in die Bäckerei, um Jeromes Geburtstagskuchen zu holen.

»Wie geht's dir in der Schule?« erkundigte er sich.

»Miserabel.«

»Wieso. Was ist denn los?«

»Ach, mir gefällt es einfach nicht mehr in der Schule. Keiner von den Jungen, mit denen ich früher gespielt habe, will noch mit mir spielen.«

»Das ist natürlich hart. Muß wohl ganz schön schlimm für dich sein, hm?«

»Larry gefällt es in der Schule auch nicht mehr.«

»Ich weiß. Ich habe ihn schon ein paarmal erwischt, wie er sich auf der Straße herumgetrieben hat, obwohl er eigentlich Unterricht gehabt hätte.«

»Äh … tatsächlich?« Ich gab mir Mühe, eine überraschte Miene aufzusetzen.

»Ich werde Mama aber nichts erzählen.«

»Das ist gut. Die anderen machen Larry nämlich ganz schön fertig.«

»Das habe ich mir fast gedacht.«

Wir holten Jeromes Kuchen ab und machten uns wieder auf den Weg nach Hause. Ich war froh, daß George nicht sauer war, obwohl er wußte, daß Larry die Schule schwänzte. Und vor allem war ich froh, daß er Mama nichts davon erzählen wollte. Manchmal konnte George richtig nett sein. Manchmal schien er wirklich zu verstehen, was in Larry und mir vorging.

»Glaubst du, daß es Jerome irgendwann mal besser gehen wird?« fragte ich ihn dann. »Ich meine, daß er nicht mehr ständig im Bett liegen muß?«

»Ich weiß nicht. Er ist ziemlich krank. Mama hat gesagt, sie hätten ihn nur zum Sterben nach Hause geschickt.«

Darauf gingen wir schweigend weiter. Das hatte ich schon zu hören bekommen, seit ich zurückdenken konnte, wenn es mir auch nie viel ausgemacht hatte. Vermutlich war das daran gelegen, daß ich Jerome damals nicht gekannt hatte. Aber jetzt, da ich ihn kannte und auch mochte, wollte ich nicht, daß er starb. Ich wollte, daß er mir beibrachte, wie man Modellflugzeuge baute und Schach spielte. Und ich wollte, daß wir mehr gemeinsam hatten als nur unseren Nachnamen.

Jeromes Geburtstagsfeier war ganz toll. Mama kaufte ihm zwei Flugzeugmodellbaukästen, und Gene bekam ein Malbuch. Denn jedesmal, wenn irgendeiner von uns ein Geschenk bekam, mußte sie auch Gene etwas kaufen. Sonst hätte er geweint. George und Walter schenkten Jerome Farben für seine Flugzeugmodelle. Larry und ich hatten im Supermarkt den Kunden ihre Einkaufstüten zum Wagen tragen geholfen und schenkten Jerome von dem Geld einen Captain-Video-Zauberring, der uns fast besser gefiel als Jerome. Offensichtlich wußte Jerome nicht allzuviel über Captain Video.

Nach der Geburtstagsfeier räumten Larry und ich in der Küche auf und gingen schlafen. Mama, George und Walter blieben noch auf und tranken Kaffee. Gene schlief bereits.

»Sollen wir noch Stadt-Land-Fluß spielen?« schlug Larry vor.

»Nein, ich bin müde.« Ich kuschelte mich an Doggie.

»Glaubst du, Jerome muß sterben«, fragte Larry unvermittelt.

»Äh … ich hoffe nicht.«

»Ich möchte auch nicht, daß er stirbt.«

»Übrigens, George weiß, daß du Schule schwänzt.«

»Was!« Larry setzte sich ruckartig auf.

»Ja, er hat mir heute erzählt, daß er dich schon ein paarmal gesehen hat.«

»So was Blödes. Das kann ja was werden.«

»Er hat gesagt, daß er Mama nichts erzählen wird.«

»Wer's glaubt, wird selig! Sicher wird er mich bei der erstbesten Gelegenheit verpfeifen.«

»Er hat aber gesagt, daß er ihr nichts erzählen wird.«

»Und du hast ihm geglaubt? Ach, du meine Güte!« Er ließ sich ins Bett zurücksinken.

Dann döste ich langsam ein. Ich hielt Doggie im Arm und dachte an Jerome.

Nach der Messe am Sonntag brachte mir Jerome bei, wie man Schach spielte. Das war ein verdammt schwieriges Spiel. Aus Versehen sprang ich immer noch über seine Figuren.

»Du wirst es schon noch lernen«, tröstete er mich lachend.

»Na, ich weiß nicht.«

»Doch, doch. Übrigens, magst du Baseball?«

»Und ob. Ich finde Baseball ganz toll. Mein Lieblingsspieler ist Phil Rizzuto. Er heißt mit Spitznamen Scooter.«

»Meiner ist Yogi Berra. Ich möchte wetten, daß in der Endrunde die Yankees gegen Philadelphia spielen.«

»Die Yankees werden bestimmt gewinnen.«

»Na, ich weiß nicht, ob in diesem Punkt in Philadelphia nicht eine Menge Leute anderer Meinung wären als du.«

»Glaubst du denn nicht, daß sie gewinnen werden?«

»Aber natürlich werden sie gewinnen! Ich mache doch nur Spaß. Wenn du mich fragst, wird es in der Endrunde mindestens sechs Spiele geben.«

»Ich habe übrigens Bilder von Phil Rizzuto und Yogi Berra. Willst du sie mal sehen?«

Ich holte meine Bildersammlung, und wir sahen uns gemeinsam die verschiedenen Baseball-Stars an. Dann schenkte ich ihm das Bild von Yogi Berra, damit er es über sein Bett hängen konnte.

Mama kam ins Wohnzimmer. »Wißt ihr, wo Larry ist?«

»Äh ... wahrscheinlich ist er unten«, antwortete ich. Da George und Walter hinter Mama hereingekommen waren, dachte ich, George hätte Mama erzählt, daß Larry den Unterricht schwänzte.

»Hol ihn mal«, forderte mich Mama auf.

Ich lief nach unten, wo Larry vor dem Haus mit einem Jungen redete, der im Haus nebenan wohnte.

»Mama hat gesagt, du sollst hochkommen.«

»Ach, du meine Güte.«

Auf dem Weg nach oben teilte ich Larry meinen Verdacht mit, damit er nötigenfalls auf das Schlimmste vorbereitet war.

»Und was soll ich ihr sagen?« meinte er darauf.

»Keine Ahnung. Erzähl einfach, du hättest Amnedie.«

»Was?«

»Amnedie. Du weißt schon, wenn man sich an nichts mehr erinnern kann. Sag einfach, du hättest nicht mehr gewußt, wo die Schule ist.«

»Du hast sie wohl nicht alle.«

Als wir in die Wohnung kamen, saßen die anderen bereits im Wohnzimmer, um auf uns zu warten.

»Setzt euch«, forderte uns Mama auf. »Ich muß etwas mit euch besprechen.«

»Ich habe Amnedie«, platzte Larry heraus.

»Was hast du?« fragte Walter.

»Amnedie. Ich kann mich an nichts erinnern.«

»Du meinst wohl Amnesie.«

»Ja, genau das habe ich gemeint. Siehst du, ich konnte mich nicht einmal erinnern, wie diese Krankheit heißt.«

»Über Amnesie können wir ja später noch reden«, lachte Mama. »Doch erst möchte ich euch noch etwas Wichtiges mitteilen. George hört mit der Schule auf.«

»Was!« platzten Larry und ich heraus.

»Ja, George hört mit der Schule auf und fängt an zu arbeiten. Seit Jerome wieder zu Hause ist, brauchen wir eine größere Wohnung. Und da ich das Geld dafür allein nicht aufbringen könnte, hat George sich bereit erklärt, gemeinsam mit mir dafür aufzukommen.«

»Es macht mir aber nichts aus im Wohnzimmer zu bleiben«, erklärte Jerome.

»Das ist nicht der einzige Grund«, ergriff George nun das Wort. Er zündete sich eine Zigarette an. »Ich möchte ein eigenes Zimmer, und Walter braucht einen Raum, in dem er lernen kann ...«

Ich glaubte, nicht recht zu hören. George wollte mit der Schule aufhören, damit Walter einen eigenen Raum zum Studieren bekam?

»... aber in erster Linie geht es dabei um Larry und Jennings.«

Wir spitzten die Ohren.

»Wegen ihrer Aufenthalte im Heim kommen sie im Unterricht nicht mehr mit. Sie haben keine Freunde und fühlen sich zurückgesetzt und benachteiligt. Deshalb halte ich es für das beste, wenn ich mir eine Arbeit suche, damit wir uns eine bessere Wohnung leisten können. Hat irgend jemand etwas dagegen einzuwenden?«

Niemand sprach ein Wort.

»Also gut! Sobald ich Arbeit gefunden habe und wir eine neue Wohnung in Aussicht haben, ziehen wir um.«

Larry und ich sprangen unter lautem Beifall auf. Alle waren von diesem Vorschlag begeistert. Endlich würde jemand Mama helfen. Larry und ich würden in eine neue Schule kommen, wo wir neue Freundschaften schließen konnten. Walter würde ein eigenes Arbeitszimmer bekommen, und Jerome würde nicht mehr im Wohnzimmer schlafen müssen.

»Ach, und noch etwas«, übertönte George unser aufgeregtes Durcheinandergerede. »Ich möchte, daß Jennings und Larry in der Schule ihr bestes zu geben versuchen, bis wir hier ausziehen.«

Es dauerte ein paar Monate, bis George Arbeit fand und genügend Geld gespart hatte, damit wir umziehen konnten. Er arbeitete in einer Maschinenfabrik in Brooklyn als Schlosserlehrling. Um nicht zurückstehen zu müssen, nahm Walter nach der Schule einen Teilzeitjob an. Larry und ich nahmen uns Georges Ermahnung zu Herzen und gingen wieder jeden Tag zur Schule. Da wir wußten, daß es nicht für immer sein würde, fiel es uns wesentlich leichter. Auch Mama wechselte die Stelle und arbeitete für ein Maklerbüro. Schließlich mietete sie ein Haus in der Coolidge Avenue in Kew Gardens, Queens.

Larry und ich waren für das Packen zuständig. Wenn ich nicht mit dem Packen beschäftigt war, spielte ich mit Jerome. Er hatte mir inzwischen genügend über Schach beigebracht, daß ich gegen ihn spielen konnte. Aber ich verlor immer. Larry und ich packten unseren gesamten Haushalt in Kisten. Und was Gene wieder auspackte, packten wir eben ein zweites Mal ein. Jeromes Sachen packten wir als letzte weg.

Ich verstaute seine Flugzeugmodelle in einer Schachtel, während Larry seine Bilder von der Wand nahm.

»Ich wußte gar nicht, daß du Phil Rizzuto magst«, wandte sich Larry an Jerome.

»Das Foto habe ich für Jennings aufgehängt«, erwiderte er, »als Rizzuto den MVP-Pokal gewonnen hat.«

Ich sah auf, und tatsächlich hing Scooters Foto an der Wand. »Danke, das war nett von dir«, strahlte ich.

»Das ist doch nicht der Rede wert. Wenn nächstes Jahr Berra den Pokal gewinnt, nehme ich doch an, daß du auch sein Foto aufhängst.«

»Darauf kannst du dich verlassen.«

Als wir uns zur Besiegelung unseres Abkommens die Hände schüttelten, zog Jerome die seine plötzlich zurück und faßte sich an die Brust.

»Was hast du denn?«

»Ich weiß nicht«, schnappte er nach Luft.

»Mama!« schrie ich. »Jerome ist krank!«

Mama und George kamen sofort ins Wohnzimmer gestürzt.

»Was ist denn?« stieß sie aufgeregt hervor.

»Ich weiß nicht. Er hat sich eben so komisch an die Brust gefaßt.«

Jerome wurde leichenblaß und sank auf dem Bett vornüber. George rannte los, um die Polizei zu verständigen. Mama hob Jerome hoch und hielt ihn in den Armen. Weinend wiegte sie seinen schlaffen Körper hin und her. Als George vom Telefonieren zurückkam, schob er Larry, Gene und mich ins hintere Schlafzimmer und schloß die Tür.

Fünf Minuten später hörten wir im Wohnzimmer viele Stimmen. Larry versuchte, durch eine der Ritzen in der Tür zu lugen. Ich versuchte an einer anderen mein Glück. Gene spielte mit Doggie.

Ich sah, wie zwei Männer Jerome auf eine Tragbahre hoben. Ich stieß die Tür auf und schrie: »Jerome!«

Er wandte mir sein Gesicht zu und lächelte. Dann fielen ihm die Augen zu. Einer der Männer stülpte ihm ein grünes Ding über den Mund. Ich war so nahe, daß ich ihm die Hand reichen konnte. Kraftlos schlossen seine Finger sich um meine Hand. Er wollte sie drücken, brachte aber die Kraft dafür nicht mehr auf. Als er die Augen wieder aufschlug, blinzelte er. Er murmelte etwas unter seiner Maske, aber ich konnte ihn nicht verstehen.

»Wir müssen ihn jetzt wegbringen«, wandte sich einer der Männer an mich.

Ich beugte mich zu Jerome herab, um ihm die Finger zu küssen. Dann trugen sie ihn hinaus.

»Wiedersehen«, murmelte ich ihm leise hinterher.

Würde das das letzte sein, was ich von Jerome noch zu sehen bekommen würde? Würde er jetzt sterben, wie alle immer sagten? Irgend etwas in meinem Innern tat schrecklich weh. Und dieser Schmerz sagte mir, daß wir mehr gemeinsam hatten als nur unseren Nachnamen.

8

In der Thanksgiving-Woche zogen wir in das neue Haus um. Mama und George hatten schwer zu kämpfen, für die anfallenden Kosten der teureren Wohnung aufzukommen, so daß für Thanksgiving kein Geld mehr übrig war. Der Festtag verstrich also unbemerkt.

Das neue Haus war klein. Weiß gestrichen mit grünen Rändern, stand es ein Stück von der ruhigen, baumgesäumten Straße zurück. Es war zwischen zwei größeren Häusern eingeklemmt, die es wie ein Puppenhaus erscheinen ließen. Im Vordergarten stand ein Kirschbaum, und die Abgrenzung zur Straße hin bildete eine Hecke.

Es war ganz anders, hier zu wohnen. Es war sehr ruhig, und es gab keine Nachbarn, Freunde oder Bekannte in der Umgebung, über die man hätte sprechen können. Das Unangenehmste war unser Geldmangel. Es gab kaum mal genügend zu essen, und ich hatte ständig Hunger. Auch für Bücher oder Schulsachen reichte das Geld nicht. Und in der neuen Schule, in die wir nun gingen, machte das einiges aus. Alle Kinder schienen aus wohlhabenden Familien zu kommen. Sie hatten alles, was sie brauchten, und mehr. Sie sahen mich an, als wäre ich ein Lumpensammler, und nannten mich auch manchmal so.

Die neue Schule hieß St. Benedict's und lag etwa fünf Kilometer von zu Hause entfernt in Richmond Hill. Da wir natürlich für den Bus kein Geld hatten, gingen Larry und ich zu Fuß.

»Mir stinkt die neue Schule mindestens genauso wie die alte«, murrte Larry. »Wenn nicht sogar mehr.«

»Ach, die Schule ist ganz in Ordnung. Ich mag nur die anderen Kinder nicht.«

»Das meine ich doch auch. Sie haben alle reiche Eltern und lassen einen das auch spüren. In meinen Klamotten komme ich mir unter denen wie ein Penner vor.«

Darauf gingen wir schweigend weiter. Mir ging es in diesem Punkt ziemlich genauso wie ihm. Ich hatte löchrige Socken und ausgebeulte Hosen. In meinen Schnürsenkeln hatte ich schon so viele Knoten, daß ich sie beim besten Willen nicht mehr binden konnte.

Damit man die Löcher in meinen Socken und die Knoten in meinen Schnürsenkeln nicht so gut sah, saß ich in der letzten Reihe. Einige Mitschüler machten sich über meinen Namen oder meine Kleidung lustig, aber die meisten ignorierten mich einfach. Das war mir lieber.

Ich war etwa eine Woche in der neuen Schule, als mich Miß Keller an die Tafel rief. Miß Keller war eine weltliche Lehrerin; das heißt, sie war keine Nonne. Sie war sehr klein und pummelig. Ihr linkes Auge zuckte fast unablässig. Jedesmal, wenn sie den Kindern den Rücken zuwandte, zuckten diese mit den Augen und bliesen die Backen auf, um möglichst fett zu erscheinen. Alle waren ständig am Kichern.

Sie stellte mir eine Rechenaufgabe, bei der ich Brüche zusammenzählen sollte. Ich hatte bis dahin im Mathematikunterricht noch keine Brüche durchgenommen, so daß ich nicht die leiseste Ahnung hatte, wie ich vorgehen sollte.

»Entschuldigung, Miß Keller«, stotterte ich verlegen.

»Was ist denn jetzt schon wieder, Burch?«

»Über Brüche weiß ich noch gar nichts.«

Die Klasse brach in schallendes Gelächter aus.

Miß Keller schenkte mir oder dem, was ich gesagt hatte, keinerlei Beachtung und wandte sich an die Klasse. »Jetzt seht euch mal genau an, Kinder, wie ein wirklich dummer Junge aussieht.«

Alle lachten.

»Das wird aus euch werden, wenn ihr nicht fleißig lernt und im Unterricht nicht aufpaßt.«

»Aber, Miß Kel ...«

»Jetzt hör mal gut zu, Burch«, fuhr sie mir über den Mund. »Du bleibst jetzt so lange an der Tafel stehen, bis du die Rechenaufgabe gelöst hast, und zwar ganz gleich, wie lange du dazu brauchst. Und die anderen machen jetzt auf Seite hundertsiebenundzwanzig weiter«, wandte sie sich wieder an die Klasse.

Ich stand an der Tafel und stierte auf die Brüche vor mir. Zwar gab ich mir Mühe, nicht auf die bissigen Bemerkungen wie »Blödmann« und das Gekicher hinter mir zu achten, aber es gelang mir nicht.

»Seht euch nur mal Burchs löchrige Socken an«, höhnte jemand hinter mir.

Am liebsten wäre ich im Erdboden versunken.

Ich hatte keine Ahnung, wie ich diese Bruchrechnung lösen sollte. Sicher würde ich an der Tafel stehen bleiben müssen, bis der Unterricht zu Ende war. Aber am Abend würde ich dann mit Mama reden. Vielleicht wußte Mama eine Möglichkeit, wie ich Bruchrechnungen lernen konnte.

Als ich nach dem Essen mit Larry abwusch, erzählte ich ihm von meinem Problem.

»Laß mich bloß mit diesen blöden Brüchen in Ruhe«, stöhnte er. »Wir haben sie zwar schon durchgenommen, aber ich weiß trotzdem nicht, wie es geht. Bruchrechnungen sind ganz schön kompliziert.«

»Wenn ich mit dem Abwasch fertig bin, werde ich Mama bitten, mich von der Schule zu nehmen.«

»Du hast sie wohl nicht mehr alle! Sie wird dich bestimmt nicht von der Schule nehmen. Sie wird höchstens sagen: ›Du mußt eben dein Bestes versuchen.‹«

»Trotzdem – fragen kann ja nicht schaden.«

Als wir mit dem Abwaschen fertig waren, ging ich zu Mama in ihr Schlafzimmer, wo sie eine Zeitschrift las. Larry kam hinter mir her.

»Ich muß wegen der neuen Schule mit dir reden«, begann ich.

»Du brauchst mir gar nicht erst zu erzählen, daß es dir dort nicht gefällt, weil ich nämlich nichts dergleichen hören will. Es war sowieso schon schwierig genug, dich mitten im Schuljahr dort unterzubringen.«

»Es gefällt mir dort aber trotzdem nicht.«

»Dann gefällt es dir dort eben nicht.«

»Ach, Mama!« schmollte ich. »Ich komme im Unterricht überhaupt nicht mit.«

»Dann streng dich eben etwas mehr an. Versuche dein Bestes.«

»Na, hab ich dir's nicht gesagt«, stieß mich Larry an.

»Ach ...« stöhnte ich übertrieben laut und trampelte auch noch betont geräuschvoll aus dem Raum, um meine Enttäuschung zu demonstrieren.

»Trample nicht so«, rief sie mir hinterher.

»Ich hab's dir doch gesagt«, zischte mir Larry ins Ohr, während wir in unser Schlafzimmer gingen.

Ich ließ mich aufs Bett plumpsen. »Ja, ich weiß.«

»Soll ich dir jetzt mal sagen, was du am besten machst?«

»Ich dachte, du könntest selbst nicht bruchrechnen.«

»Kann ich auch nicht. Allerdings habe ich auch nie vorgehabt, dir zu raten, bruchrechnen zu lernen.«

»Ich verstehe nicht recht, worauf du eigentlich hinauswillst.«

»Ich will dir einfach nur helfen, deine schulischen Probleme zu lösen – nicht mehr und nicht weniger.«

»Und wie?«

»Schwänz doch einfach den Unterricht.«

»Aber das merken sie doch gleich. Sie führen doch Listen in der Schule.«

»Natürlich. Aber nur am Anfang. Du brauchst nur zu warten, bis die Post kommt, und dann fängst du alle Briefe ab, die von der Schule kommen.«

»Was steht denn in diesen Briefen?«

»Keine Ahnung. Ich habe nie einen gelesen. Ich habe sie immer gleich weggeworfen.«

»Und was machst du den ganzen Tag?«

»Ich schlüpfe unter der Absperrung durch und fahre mit der U-Bahn nach Manhattan.«

»Ganz allein?«

»Na und? Was soll denn schon dabei sein?«

»Ich weiß auch nicht«, meinte ich zögernd. »Vielleicht sollte ich Walter fragen, ob er mir helfen kann.«

»Das ist doch nicht dein Ernst. Walter würde dir bestimmt nicht helfen. Wem hat Walter schon mal geholfen – außer sich selbst natürlich?«

Ich drückte Doggie an mich und versuchte zu schlafen. Die Vorstellung, die Schule zu schwänzen, war mir nicht ganz geheuer. Außerdem traute ich mir nicht zu, ganz allein nach Manhattan zu fahren. Und wenn ich mit Larry loszog und wir uns verliefen – nein, ausgeschlossen! Ich mußte mir etwas anderes einfallen lassen.

Am nächsten Morgen ließ mich Miß Keller erst gar nicht an meinen Platz gehen. Sie packte mich am Ohr und zerrte mich vor die Tafel. Dort stand ich dann den ganzen Tag, einschließlich der Mittagspause. Allerdings wäre ich sowieso nicht zum Essen gegangen, wenn sie das auch nicht wußte. Endlich war der Unterricht um. Ich durfte endlich das Klassenzimmer und die Tafel mit den verhaßten Bruchrechnungen hinter mir lassen. Vor der Schule warteten ein paar Jungen aus meiner Klasse, um mich zu ärgern. Sie bombardierten mich mit den gewohnten Schimpfnamen wie »Blödmann« und »blöder Ochse«. Ich suchte schleunigst das Weite. Einer von ihnen warf mir einen Stein hinterher und traf mich im Rücken. Ohne mit der Wimper zu zucken, ging ich weiter. Es hätte keinen Sinn gehabt, mich zu wehren; sie waren zu viele.

Zu Hause wartete ich dann auf Walter. Ich saß am Küchentisch und schrieb ihm die Rechenaufgabe auf ein Blatt Papier. Natürlich kam er wieder einmal besonders spät nach Hause, und ich wurde langsam müde.

»Was treibst du denn um diese Zeit noch in der Küche?« fragte er erstaunt, als er in die Küche trat.

»Ich habe auf dich gewartet. Ich habe nämlich ein Problem.«

»Was für ein Problem?«

»Bruchrechnen.« Ich reichte ihm das Blatt Papier.

»Und was soll ich damit?«

»Ich dachte, du könntest mir bei der Lösung helfen.«

»Wieso fragst du nicht deine Lehrerin? Das wäre doch eigentlich ihre Aufgabe.«

»Ich habe ihr doch gesagt, daß ich bisher noch kein Bruchrechnen gehabt habe, aber sie hat sich nur über mich lustig gemacht und gesagt, ich wäre dumm.«

»Na gut, dann helfe ich dir also mit dieser Rechenaufgabe. Und was ist, wenn sie dir morgen eine neue vorsetzt? Ich kann doch nicht für dich in die Schule gehen.«

»Ist ja schon gut. Ich dachte nur, ich könnte dich ja mal fragen.« Damit verließ ich die Küche.

Ich legte mich aufs Bett, ohne mich auszuziehen. Eine Träne rann mir übers Gesicht, als ich Doggie fest an mich drückte.

»Wenn du nur bruchrechnen könntest, Doggie. Du würdest es mir sicher beibringen.«

Dann schlief ich ein.

Am nächsten Morgen machte ich mir gar nicht erst die Mühe, auf meinen Platz zuzugehen und mir die Ohren langziehen zu lassen. Ich stellte mich gleich an die Tafel.

Wie schon die beiden Tage zuvor fuhr ich unentwegt mit dem Finger über die Ablage für die Kreide. Ich langweilte mich immer mehr.

»Was geht hier eigentlich vor!« riß mich plötzlich eine laute Stimme aus meinen trübsinnigen Gedanken.

Als ich mich umdrehte, stand Walter in der offenen Tür. Die ganze Klasse, einschließlich Miß Keller und mir, schien für einen Augenblick vor Erstaunen wie erstarrt.

»Was bilden Sie sich eigentlich ein, Fräulein?« legte Walter los. »Glauben Sie vielleicht, Sie können meinen Bruder das ganze Jahr so an der Tafel stehen lassen?«

Miß Keller saß mit offenem Mund hinter ihrem Pult. Sie war sprachlos.

»Und jetzt hören Sie mal gut zu, Sie blöde Kuh. Wenn Sie schon nicht in der Lage sind, meinem Bruder bruchrechnen beizubringen, dann lassen Sie ihn wenigstens nicht an der Tafel stehen. In diesem Fall werden wir uns eben nach jemandem umsehen, der mehr vom Unterrichten versteht.«

Am liebsten wäre ich auf Walter zugestürzt, um ihn zu umarmen.

»Wo haben Sie überhaupt Ihre Zulassung als Lehrerin gemacht? Wenn Sie mich fragen, haben Sie wahrscheinlich gar keine. Und jetzt komm, Jennings.« Er streckte seine Hand nach mir aus.

»Ich werde ihn jetzt in eine anständige Schule bringen«, fuhr er fort. »In eine Schule, wo die Lehrer den Schülern auch was beibringen und nicht nur ihre Frustrationen an ihnen abreagieren.«

Krachend warf er die Tür hinter uns ins Schloß, sobald wir

das Klassenzimmer verlassen hatten. Noch nie in meinem Leben hatte ich mich so gefreut, Walter zu sehen.

»Danke.« Ich drückte seinen Arm.

»Ach was, das ist doch nicht der Rede wert.« Er grinste über beide Ohren. »Das wollte ich schon immer mal tun.«

»Aber was wird Mama dazu sagen?«

»Mach dir deswegen mal keine Sorgen. Ich habe ihr gestern abend schon gesagt, daß ich hierherkommen würde.«

»Tatsächlich?«

»Sie war von meinem Plan natürlich nicht gerade begeistert. Aber schließlich konnte ich sie doch überzeugen, daß du auf jeden Fall in eine ordentliche Schule mußt. Ich werde mir selbst mal eine Reihe von Schulen ansehen und dann eine für dich aussuchen, in der du auch was lernst.«

Das tat er dann auch, und eine Woche später meldete mich Mama im St. Michael's in Flushing an. Die Schule war zwar an die zwölf Kilometer von zu Hause entfernt, aber Mama meinte, ich könnte eine Monatskarte für den Bus bekommen.

Die Umgebung der Schule erinnerte mich an die Bronx. Es gab Läden und alles mögliche, und es war nicht gerade berückend. Irgendwie wirkte das Viertel ziemlich ärmlich. Mama und ich gingen die Eingangstreppe hinauf und in das Schulgebäude. Wir hatten einige Mühe, das Büro der Schulleiterin zu finden.

»Du kommst in Schwester Gerards Klasse«, erklärte die Direktorin. »Das ist Klasse vier B.«

»Glauben Sie nicht, ich sollte lieber in die dritte Klasse gehen, Schwester?« wandte ich ein.

»Schwester Gerard ist eine gute Lehrerin«, beruhigte sie mich. »Sie wird sich ganz besonders um dich kümmern, bis du den versäumten Unterrichtsstoff nachgeholt hast. Du wirst sie bestimmt mögen.«

»Wenn Sie meinen, Schwester. Ich werde mein Bestes versuchen.«

»Sehr gut. Ich weiß, daß du es schaffen wirst.«

Dann ging Mama. Die Direktorin zeigte mir mein Klassenzimmer. Mein Herz schlug wie wild, als ich die Tür öffnete. Alle drehten sich nach mir um. Aber ich starrte zurück. Dabei stellte ich fest, daß meine künftigen Klassenkameraden ganz normal gekleidet waren. Darauf fühlte ich mich gleich wohler.

»Wie heißt du?« wandte sich Schwester Gerard mir zu.

»Jen ... äh ... Michael!« antwortete ich.

»Habt ihr gehört, Kinder? Das ist Michael«, stellte sie mich der Klasse vor. »Setz dich dorthin.« Damit deutete sie auf einen freien Platz in der vierten Reihe.

Ich war richtig stolz auf mich, daß ich so schnell geschaltet hatte. Niemand sollte sich mehr über meinen Namen lustig machen. Und ich war mir sicher, daß sie sich nicht über den Namen ihrer eigenen Schule lustig machen würden. Schwester Gerard verteilte Papier und Stifte.

»Wir machen jetzt eine kleine Rechtschreibübung. Jeder schreibt seinen Namen oben auf sein Blatt.«

Mich durchzuckte ein schrecklicher Gedanke. Ich wußte nicht, wie man Michael buchstabierte. Und wie sollte ich den Rechtschreibtest bestehen, wenn ich nicht mal meinen eigenen Namen richtig schreiben konnte. Ich sah mich im Klassenzimmer um, ob nicht irgendwo der Name der Schule geschrieben stand. Als ich ihn auf dem Einband eines Buchs eines anderen Schülers entdeckte, kniff ich angestrengt die Augen zusammen, um besser lesen zu können.

»Michael!« wies mich Schwester Gerard zurecht. »Warte wenigstens erst auf die erste Frage, bevor du abzuschreiben versuchst.«

»Ich wollte nicht abschreiben, Schwester. Ich habe nur ... äh ... dieses Buch angesehen.«

»Du sollst aber jetzt nicht in der Gegend herumschauen.«

»Ja, Schwester«, murmelte ich. Zum Glück hatte ich schon herausgefunden, wie man Michael schrieb, bevor sie mich zurechtgewiesen hatte.

Schwester Gerard las uns zehn Wörter vor, die wir richtig

schreiben sollten. Ich strengte mich sehr an. Allerdings war mir klar, daß ich sicher nicht sehr gut abschneiden würde. Nachdem die Schwester alle Zettel eingesammelt hatte, ließ sie uns einen Abschnitt aus dem Lesebuch lesen, während sie den Test korrigierte. Der Junge neben mir ließ mich in sein Buch schauen.

»Michael!« rief Schwester Gerard plötzlich. Ich sah mich um, wen sie meinte.

Mein Nachbar stieß mich mit dem Ellbogen in die Seite. Offensichtlich meinte sie mich.

»Michael!« rief sie noch einmal.

»Ja!« Ich stand auf.

»Komm bitte mal her.«

Zögernd trat ich ans Lehrerpult. Ich war mir sicher, daß sie mich gleich niederbrüllen würde, weil ich alles falsch geschrieben hatte.

»Wie heißt du noch mal?« fragte sie mich.

Die Röte stieg mir ins Gesicht. »Äh ... Michael«, murmelte ich.

»Also gut, Michael. In Zukunft schreibst du deinen Namen ohne S am Schluß.« Dabei lächelte sie und schrieb meinen neuen Namen auf ein Blatt Papier, das sie mir mit den Worten überreichte: »Willkommen in St. Michael's.«

Die Direktorin hatte tatsächlich recht gehabt. Schwester Gerard war sehr nett, und ich mochte sie. Ich hatte allerdings auch recht gehabt, weil ich nämlich alle zehn Wörter falsch geschrieben hatte.

Von nun an behielt mich Schwester Gerard jeden Tag nach dem Unterricht noch eine Weile da, um mir bei den Aufgaben zu helfen. Nach den Weihnachtsferien versetzte sie mich in die erste Reihe. Ich paßte sowohl im Unterricht wie während der Nachhilfestunden sehr gut auf. Dadurch blieb mir zwar keine Zeit, mich mit irgendwelchen anderen Jungen anzufreunden, aber das machte mir nichts aus. Denn zum erstenmal seit der zweiten Klasse in meiner alten Schule kam ich mir nicht mehr ganz so blöd vor.

Eines Tages sagte ich Schwester Gerard meinen richtigen Namen, bevor ich nach Hause ging.

»Ich wußte doch, daß du in Wirklichkeit Jennings heißt«, lächelte sie.

»Das haben Sie die ganze Zeit gewußt?«

»Natürlich. Aber nachdem du dachtest, du würdest lieber Michael heißen, fand ich das vollkommen in Ordnung. Abgesehen davon«, lächelte sie mich strahlend an, »hättest du dir keinen schöneren Namen aussuchen können«.

»Es war der erste, der mir eingefallen ist.«

»Was weißt du über den heiligen Michael?«

»Eigentlich nicht sehr viel, Schwester.«

»Weißt du, er ist ein ganz besonderer Engel. Er ist der Fürst des Himmels, Gottes rechte Hand. Er hat Luzifer vertrieben, als dieser die Herrschaft im Himmel an sich reißen wollte.«

»Toll! Dann muß er ja furchtbar stark sein.«

»Das ist er allerdings. Er ist sehr, sehr stark. Hast du schon seine Statue in unserer Kirche gesehen?« fragte sie darauf.

»Nein, Schwester.«

»Du solltest sie dir mal ansehen. Und dies vor allem jetzt, wo du seinen Namen trägst. Außerdem glaube ich, daß er sich bestimmt freuen würde, dich kennenzulernen.«

»Er ist doch ein Erzengel, Schwester, nicht wahr?«

»Ja, das ist er.«

»Äh … können Erzengel auch Schutzengel sein?«

Sie lächelte. »Natürlich können sie das. Ich finde es eine großartige Idee, den hl. Michael zu fragen, ob er dein Schutzengel sein will.«

Also ging ich erst noch in die Kirche, bevor ich mich auf den Weg nach Hause machte. Ich drückte die schwere Eingangstür auf und trat ein. In meine Nase drang der Geruch von brennenden Kerzen. Ich schritt durch den langen Mittelgang auf den Altar des hl. Michael zu. Die Kirche war vollkommen leer. Die Kerzen auf dem Altar warfen lange, eigenartige Schatten über die Statue des hl. Michael. Vor dem

Altar kniete ich nieder. Ich mußte den Hals recken, um zu ihm hochsehen zu können. Er machte einen sanften, freundlichen Eindruck, obwohl er eine schwarze Rüstung trug und sein Schwert hoch über dem Kopf schwang. Er hatte goldblondes Haar und wirkte sehr stark und beeindruckend.

»Hallo, heiliger Michael«, flüsterte ich. »Würdest du bitte mein Schutzengel sein?«

Er gab mir keine Antwort.

»Ich hoffe, es stört dich nicht, daß ich mir deinen Namen ausgeliehen habe«, sprach ich weiter zu ihm. »Es ist ein schöner Name. Niemand macht sich darüber lustig. Weißt du was, heiliger Michael? Manchmal fühle ich mich schrecklich allein. Zwar mag ich Doggie fürchterlich gern, und er leistet mir auch oft Gesellschaft … aber es wäre trotzdem schöner, wenn Jerome wieder zu Hause wäre. Ich habe ihn nicht sehr lange gekannt – nur zwei Monate –, aber ich mag ihn sehr gern. Glaubst du, du könntest dafür sorgen, daß er bald nach Hause kommt? Bitte.«

Ich suchte in meinen Taschen nach einem Zehncentstück, damit ich eine Kerze anstecken konnte. Schließlich kramte ich vier Cents zusammen, und nachdem ich sie in den Opferstock gesteckt hatte, zündete ich eine Kerze an.

»Ich schulde dir noch sechs Cents«, gestand ich dem hl. Michael, bevor ich die Kirche verließ.

Dann rannte ich den Hügel hinunter zur Bushaltestelle. Als der Bus kam, stieg ich ein und zeigte dem Fahrer meine Monatskarte. Ich setzte mich auf den Platz neben ihm, von wo aus ich durch das Vorderfenster sehen konnte.

»Dir scheint ja eine Menge durch den Kopf zu gehen«, sprach mich der Busfahrer unvermittelt an.

Ich schaute auf. Es war derselbe Mann, der den Bus sonst morgens fuhr. Ich lächelte.

»Bisher habe ich dich immer nur morgens in meinem Bus zur Schule fahren gesehen«, fuhr er fort. »Heute ist es das erste Mal, daß ich dich nachmittags in meinen Bus steigen sehe.«

»Äh ... wissen Sie, ich bin heute länger in der Schule geblieben als sonst.«

»Ach so!« lachte er. »Du hast wohl was ausgefressen.«

»Nein.« Ich mußte auch lachen. »Ich bleibe immer etwas länger in der Schule. Aber heute bin ich noch länger geblieben.«

»Du willst mir erzählen, daß du länger in der Schule bleibst und nichts ausgefressen hast?« Er lachte erneut.

Sein Lachen gefiel mir. Er platzte so richtig damit heraus und riß den Mund dabei weit auf. Seine Zähne standen in ziemlich großem Abstand voneinander. Er war sehr kräftig gebaut und hatte mächtige Pranken und ein breites Gesicht. Unterm Fahren lüpfte er ständig seine Mütze und strich sich die wenigen Haare zurück, die er noch auf dem Kopf hatte. An den Seiten und am Hinterkopf hatte er einen Kranz aus dunklem, gekräuseltem Haar.

»Ich muß nicht länger in der Schule bleiben, weil ich was ausgefressen habe«, erklärte ich ihm. »Ich bleibe länger, weil mir die Lehrerin Nachhilfe gibt. Ich bin nämlich nicht sehr gut in der Schule.«

»Wie das denn? Du bist doch ein intelligenter Junge.«

»Ach, das ist eine lange Geschichte. Ich war länger im Heim und habe dadurch im Unterricht gefehlt. Und als wir dann aus der Bronx weggezogen sind, haben sie mich in die falsche Klasse gesteckt. Auf diese Weise bin ich überhaupt nicht mehr mitgekommen.« Ich schnitt eine Grimasse.

»Das kenne ich. Wenn man in ein Heim kommt und für längere Zeit den Unterricht versäumt.«

»Ja?«

»Mhm. Ich bin in verschiedenen Waisenhäusern aufgewachsen.«

»Tatsächlich?«

»Ja.«

»In Brooklyn?«

»Nein.« Er lachte. »In Pennsylvania.«

»Uh, Pennsylvania.«

»Du magst wohl Pennsylvania nicht?«

»Nein, nein, eigentlich habe ich nichts gegen Pennsylvania. Das ist nur ein Wort, das in unserem letzten Rechtschreibtest vorgekommen ist, und ich habe es natürlich falsch geschrieben.«

Er lachte.

»In wievielen Heimen sind Sie denn gewesen?« fragte ich weiter.

»Ich weiß nicht mehr – jedenfalls in einer Menge. Ich habe immer nur in Heimen gelebt.«

»Sie waren ein Lebenslänglicher?«

»Ja«, lachte er. »So kann man es auch nennen. Wie heißt du übrigens?«

»Jen… äh … Michael.«

»Aha, Michael. Und ich bin Sal.« Damit streckte er mir seine Hand entgegen.

»Eigentlich heiße ich Jennings«, gestand ich, während ich ihm die Hand schüttelte. »Aber die anderen Kinder machen sich deswegen immer über mich lustig.«

»Jennings heißt du! Jennings ist doch ein schöner Name. Warum machen sich die anderen darüber lustig?«

»Ich weiß auch nicht. Jedenfalls machen sie sich deswegen über mich lustig. Und weil sie Michael nicht komisch fanden, nenne ich mich ab jetzt Michael.«

Sal hielt an der Haltestelle, an der ich aussteigen mußte. Ich stieg aus.

»Dann also bis morgen, Jennings«, grinste er mir hinterher.

»Ja, Sal, bis morgen.«

Danach saß ich jeden Morgen neben oder hinter Sal. Auch nachmittags sah ich ihn nun öfter. Ich ging nach dem Nachhilfeunterricht noch in die Kirche zum hl. Michael, und dann wartete ich auf Sals Bus. Es dauerte ein paar Wochen, aber schließlich hatte ich die sechs Cents abgestottert, die ich dem hl. Michael noch schuldete.

»Na, mein Sohn, wie geht's uns heute?«, begrüßte mich Sal, als ich in den Bus stieg.

»Ich habe drei neue Wörter richtig schreiben gelernt«, erklärte ich stolz.

»Drei neue Wörter!« platzte er heraus. Er hielt den Bus an und drehte sich zu den Fahrgästen um. »Haben Sie das gehört?« verkündete er voller Stolz. »Mein Sohn hat heute drei neue Wörter richtig schreiben gelernt.«

Als darauf alle im Bus applaudierten, war mir das etwas peinlich. Aber es freute mich auch.

»Wie geht's deiner Mutter und deinen Brüdern?« fragte er mich dann.

»Gut. Larry hat wieder angefangen, in die Schule zu gehen. Er geht nämlich furchtbar ungern in die Schule. Und George … na, in Georges Fall weiß ich nicht recht.«

»Wieso? Was ist denn mit ihm?«

»Ach, er trinkt sehr viel. Ich habe noch nie jemanden so viel trinken gesehen. Ich weiß auch nicht, was mit ihm los ist.«

»Hast du ihn denn nicht gefragt?«

»Sie sind witzig. Über so etwas kann ich doch nicht mit ihm sprechen. Niemand kann das. Und wenn es Mama versucht, wird er furchtbar böse.«

»Und was ist mit Walter?«

»Walter würde um nichts in der Welt mit George reden. Die beiden können sich nicht leiden.«

»Nein, das habe ich nicht gemeint. Ich wollte nur wissen, wie es ihm geht.«

»Ach so! Er ist ständig in der Schule. Deswegen bekomme ich ihn kaum mal zu sehen.«

»Was will er denn mal werden?«

»Keine Ahnung. Ich habe ihn noch nie gefragt.«

»Was willst du denn mal werden?«

»Äh …« Diese Frage hatte mir bis dahin noch niemand gestellt. »Äh … ein Mann.«

Er lachte. »Natürlich willst du ein Mann werden. Aber

ich habe gemeint, welchen Beruf du mal lernen möchtest.«

»Ich weiß, daß Sie das gemeint haben«, antwortete ich. »Aber ich habe mir noch keine Gedanken gemacht, was ich mal werden will. Vielleicht Busfahrer.«

Er lachte schallend los.

Ich mochte Sal. Ich freute mich jeden Tag von neuem darauf, ihn zu sehen und mit ihm zu reden. An den Wochenenden, wenn ich nicht mit dem Bus zur Schule fuhr, fehlte er mir schon richtig. Ich wußte, daß ich mit Sal über alles reden konnte. Er hörte mir immer zu, und er beantwortete alle meine Fragen.

Eines Samstagnachmittags kam ich mit Larry und Gene vom Kino nach Hause. Wir spielten Fangen. Gene hatte natürlich Mühe, uns zu erwischen. Deshalb liefen Larry und ich hin und wieder absichtlich langsamer, daß auch wir mal drankamen. Während wir nun spielten, sah ich einen Jungen, der einen Schuhkarton auf die Straße warf.

»Ich glaube, ich sehe mal nach, was in der Schachtel ist«, erklärte ich.

»Wahrscheinlich nichts. Sonst würde der Junge sie doch nicht einfach wegwerfen«, meinte Larry.

»Zumindest ist es eine gute Schachtel. Vielleicht kann ich sie für irgendwas brauchen.«

Ich rannte also auf die Schachtel zu und hob sie vom Boden auf. Als ich sie vorsichtig schüttelte, um zu hören, was sie enthielt, hörte ich ein zaghaftes Miau. Ich nahm den Deckel ab, und da lag doch tatsächlich ein kleines Kätzchen in dem Schuhkarton. Es konnte kaum älter als zwei oder drei Tage sein.

»Hey, Larry! Eine Katze!«

»Wirklich?« Er kam auf mich zugerannt. »Laß mal sehen.«

Ich zeigte ihm die Katze.

»Mann, ist die klein«, sagte er begeistert.

»Das kann man wohl sagen. Ich werde sie nach Hause bringen und Mama zeigen.«

»Und was ist mit Gene?«

»Auf den kannst du ja so lange aufpassen.«

Ohne Larrys Antwort abzuwarten, schoß ich davon. Zu Hause angekommen, stieß ich ganz außer Atem die Küchentür auf.

»Mamaaa«, brüllte ich.

»Hier bin ich«, hörte ich Mamas Stimme aus dem Schlafzimmer.

Als ich den Kopf durch die Tür streckte, sah ich sie im Bett liegen.

»Was hast du denn?«

»Ach, ich fühle mich nicht ganz gut, Liebling. Hat dir der Film gefallen?«

»Ja.«

»Und hat sich Gene anständig benommen?«

»Er ist eingeschlafen. Oder hattest du vielleicht etwas anderes erwartet.«

»Wo ist er denn jetzt?«

»Ach, fast hätte ich's vergessen: ich habe eine kleine Katze gefunden.« Ich öffnete den Schuhkarton und zeigte ihr das Kätzchen.

»Sie sieht ja fürchterlich aus. Wo hast du sie denn gefunden?«

»Ich finde, sie sieht ganz okay aus.«

»Nein, Liebling, das tut sie nicht. Das Kätzchen braucht seine Mutter. Es ist noch viel zu klein. Wo hast du es denn gefunden?«

»Ein Junge hat die Schachtel mit dem Kätzchen einfach auf die Straße geworfen.«

»Das ist ja schrecklich. Das arme kleine Ding.«

Mama erklärte mir, wie ich es mit einer Pipette füttern sollte. Außerdem sollte ich dafür sorgen, daß es das Kätzchen schön warm hatte. Als ich es dann fütterte, kamen Larry und Gene nach Hause.

»Darf ich die Katze auch mal füttern?« fragte Gene.

»Nein.«

»Mamaaa. Jennings läßt mich die Katze nicht füttern.« Er rannte heulend ins Schlafzimmer, wo Mama im Bett lag.

»Wie willst du die Katze denn nennen?« fragte Larry.

»Hm ... sie ist ganz schwarz ... ich werde sie Midnight nennen.«

Während ich Midnight zu füttern versuchte, streichelte Larry sie. Sie war so winzig, daß er dazu nur einen Finger brauchte. Mit ihrer winzigen Zunge leckte sie einen Tropfen Milch von der Pipette. Danach packte ich sie in einen Waschlappen und legte sie in den Schuhkarton zurück.

»Mama wird mir eine eigene Katze kaufen, damit ihr's wißt!« kam Gene maulend aus Mamas Schlafzimmer zurück. Er streckte uns die Zunge heraus und verschwand wieder.

»Ich mochte ihn lieber, als er noch die ganze Zeit geschlafen hat«, meinte Larry.

»Ich auch.«

Dann kochte Larry für uns alle Suppe. Mama hatte aber keinen Appetit. Sie meinte, davon bekäme sie nur einen unruhigen Magen.

»Soll ich Midnight etwas Suppe geben?« fragte ich sie.

»Nein, bloß nicht! Katzen mögen keine Suppe – vor allem, wenn sie noch ganz klein sind.«

»Kann ich sie am Montag in die Schule mitnehmen. Ich möchte sie Sal und Schwester Gerard zeigen.«

»Warte lieber erst mal, wie es ihr bis dahin geht.«

»Na gut.« Dann ging ich wieder in die Küche, um Larry beim Abwasch zu helfen.

Als wir damit fertig waren, gingen wir auf unser Zimmer. Midnight nahm ich mit.

»Glaubst du, ich kann sie mit ins Bett nehmen?« fragte Gene.

»Nein. Dafür ist sie noch viel zu klein. Du würdest sie nur erdrücken.«

»Nein, das würde ich nicht. Ich schlafe ganz leicht. Und wenn ich dann auf sie falle, dann werde ich sie nicht zerdrükken.«

»Das meint man aber mit ›leicht schlafen‹ nicht, du Blödian«, fuhr ihn Larry an.

Ich legte Midnight neben Doggie. »Du mußt das Kätzchen schön wärmen, ja, Doggie?« ermahnte ich ihn. Dann gab ich beiden einen Gutenachtkuß und stieg ins Bett.

»Hat er dir eine Antwort gegeben?« fragte Larry.

»Natürlich. Er hat ja gesagt.«

Larry schüttelte den Kopf. »Langsam werden hier alle verrückt. Gene will leicht schlafen, damit er nichts wiegt, und du redest mit ausgestopften Tieren, und sie antworten dir.«

Am Sonntagmorgen wachte ich schon sehr früh auf. Der Regen prasselte gegen die Fensterscheiben. Ich lag erst noch eine Weile im Bett, bis mir plötzlich Midnight einfiel. Ich sprang aus dem Bett und rannte auf den Stuhl zu, wo ich Midnight und Doggie schlafen gelegt hatte. Ich schlug den Waschlappen zurück und hob das Kätzchen hoch.

»Guten Morgen, kleine Midnight«, begrüßte ich sie mit einem Kuß auf ihr weiches Fell.

Dann drehte ich sie herum, um ihr Gesicht sehen zu können. Sie hatte die Augen geschlossen, und ihr Körper fühlte sich schlaff und leblos an. Midnight war tot.

»Nein, bitte nicht!« schluchzte ich und küßte sie mehrere Male verzweifelt. »Du darfst nicht tot sein! Bitte nicht!«

»Was ist denn?« fragte Larry verschlafen.

»Midnight ist tot«, weinte ich.

Das ganze Haus war in Aufruhr. Larry, Gene und ich heulten wie die Schloßhunde. Mama stand auf, obwohl sie sich noch immer nicht besser fühlte, und versuchte, uns wieder einigermaßen zu beruhigen. Sie kleidete den Schuhkarton mit einem Taschentuch aus und sagte uns, wir sollten Midnight im Garten begraben.

Larry und ich machten für das Grab ein Kreuz. Dann gingen wir mit Genes Schaufel in den Garten hinaus. Gene durfte währenddessen Doggie halten.

Wir schaufelten ein Grab und legten Midnight hinein. Dann schütteten wir es zu und steckten das Kreuz in die Erde. Ich konnte es einfach nicht fassen, daß meine Liebe nicht ausgereicht hatte, Midnight am Leben zu erhalten. Ich hätte doch so gut für sie gesorgt. Die Tränen in meinem Gesicht vermischten sich mit dem Regen. Aber das machte mir nichts aus. Und ich glaube auch nicht, daß der Regen Larry oder Gene etwas ausmachte. Wir waren alle drei fürchterlich traurig.

Wieder im Haus, legte ich mich mit Doggie ins Bett. Er war tropfnaß, aber das war mir jetzt egal. Ich schlief mit einem Gefühl der Hilflosigkeit ein.

»Du siehst ja aus, als hättest du deinen besten Freund verloren«, begrüßte mich Sal am nächsten Morgen.

»Das habe ich auch«, murmelte ich.

»Wieso? Was ist passiert?«

Ich setzte mich auf den Platz hinter Sal, und dann erzählte ich ihm die ganze Geschichte.

»Weißt du, mein Junge, es genügt nicht, jemanden wie dein Kätzchen einfach nur zu lieben. Es ist vorher schon viel zu lange vernachlässigt und schlecht behandelt worden. Deshalb war es schon zu spät für Midnight, als du sie gefunden hast.«

»Aber ich habe sie doch so gern gehabt, Sal.« Meine Augen füllten sich mit Tränen.

»Natürlich hast du das. Ich weiß. Aber es war einfach schon zu spät. Alle Liebe auf der ganzen Welt hätte deine Katze nicht mehr retten können.«

Darauf saß ich stumm auf meinem Sitz, während der Bus die Main Street hinunterrumpelte.

»Aber zumindest hat das Kätzchen gewußt, daß du es gut mit ihm gemeint hast.«

»Glauben Sie?«

»Dessen bin ich mir ganz sicher. Und das ist es doch, was letztlich zählt. Es hat gewußt, daß du es gemocht hast und daß du sein Freund warst.«

Danach ging es mir gleich etwas besser. Und bevor ich dann aussteigen mußte, umarmte Sal mich.

»Bis heute abend«, verabschiedete er sich lächelnd. »Und nimm's nicht so schwer.«

Ich stieg aus und bedankte mich bei ihm, daß er mich getröstet hatte. Dann zwinkerte er mir lächelnd zu, schloß die Tür und fuhr weiter.

Während ich den Hügel zur Schule hinaufging, ließ ich mir noch einmal alles, was Sal gesagt hatte, durch den Kopf gehen. Da mir nicht danach war, bis Unterrichtsbeginn noch auf dem Schulhof herumzustehen, ging ich sofort ins Klassenzimmer, wo Schwester Gerard schon an ihrem Pult saß.

»Na, du bist aber heute früh hier«, begrüßte sie mich.

»Ja, Schwester.«

»Hast du etwas?«

»Nein, Schwester, das heißt … doch. Ich bin nicht krank oder so. Ich bin nur traurig, weil meine Katze gestorben ist.«

»Aber das ist ja schrecklich.« Sie stand auf und legte mir den Arm um die Schulter. Ich vergrub mein Gesicht in ihrer Kutte und weinte.

Sie rief mich den ganzen Tag kein einziges Mal auf. Vermutlich ahnte sie, daß ich mit meinen Gedanken ganz woanders war. Und deshalb wollte sie mich nicht in Verlegenheit bringen. Schwester Gerard war wirklich nett.

Am Nachmittag kam ein Junge aus einer anderen Klasse in unsere Klasse und brachte Schwester Gerard einen Zettel.

»Lest mal den nächsten Abschnitt im Lesebuch«, wandte sie sich an die Klasse, und dann an mich: »Michael.«

Ich sah auf, ob sie mich meinte.

»Würdest du bitte für mich diesen Zettel zu Schwester Regina runterbringen?« Sie reichte mir das zusammengefaltete Blatt Papier.

»Natürlich, Schwester. Soll ich auf eine Antwort warten?«

»Ja, bitte.« Sie lächelte mich an.

Ich ging zum Büro der Schuldirektorin hinunter, wo Schwester Regina mit einem grauhaarigen Mann in einem dunklen Mantel sprach. Ich wartete draußen.

»Jennings«, rief sie aus dem Büro.

»Ja, Schwester! Ich habe einen Zettel für Sie.« Ich trat in ihr Büro.

Es überraschte mich etwas, daß sie sich an meinen richtigen Namen erinnern konnte. Aber andrerseits war sie die Schulleiterin und wußte sowieso alles.

»Nimm doch Platz, Jennings. Das ist Mr. Frazier.«

»Guten Tag, Sir.« Ich setzte mich.

»Jennings«, begann Schwester Regina dann. »Deine Mutter mußte mit einer schweren Lungenentzündung ins Krankenhaus eingeliefert werden.«

»O nein!« Ich wußte genau, was nun kommen würde.

»Ich weiß, was das für dich bedeutet, mein Sohn«, versuchte mich Mr. Frazier zu trösten.

»Mr. Frazier hat sich bereit erklärt, dich bei sich aufzunehmen, bis es deiner Mutter wieder besser geht. Einverstanden?«

Ich gab Schwester Regina keine Antwort. Ich mußte an Mama denken, und daß sie wieder ins Krankenhaus mußte. Vielleicht wäre es nicht so weit gekommen, wenn sie nicht aufgestanden wäre, um uns mit Midnight zu helfen. Ach, du meine Güte.

»Jennings«, sagte Schwester Regina.

Ich hob nur ganz leicht den Kopf. Ich wollte nicht, daß die Tränen von meinem Gesicht zu Boden tropften.

»Wenn du bei Mr. Frazier bleibst«, fuhr sie fort, »kannst du weiter den Unterricht besuchen. Du wirst diesmal also nichts versäumen.«

»Äh ... ja, Schwester. Wenn Sie meinen.« Ich konnte es nicht fassen, daß ich schon wieder von zu Hause fort sollte. Aus irgendeinem Grund hatte ich die ganze Zeit kein einziges Mal daran gedacht, daß ich noch einmal von zu Hause wegkommen könnte. Aber das war ein Fehler gewesen. Das durfte nicht wieder vorkommen, nahm ich mir vor. So was Dummes. Ich hatte nicht einmal Doggie bei mir. Was sollte ich jetzt tun? Und auch der Kampf mit meinen Tränen hatte mit einer Niederlage geendet; sie tropften mir erbarmungslos auf den Handrücken. Ich vergrub mein Gesicht in meinen Händen. Schwester Regina nahm mich in die Arme und drückte mich fest an sich. Erst meine kleine Katze, dachte ich niedergeschlagen, und nun auch noch Mama. Warum?

9

Mister Frazier bog von der Straße ab und hielt vor einem kleinen, weißen Häuschen. Ein Mann in einer braunen Uniform streckte seinen Kopf zur Tür heraus und winkte uns zu. Wir winkten zurück.

»Wer ist das?« fragte ich.

»Das ist Fred«, sagte Mr. Frazier. »Der Wächter.«

Wir fuhren durch ein großes gußeisernes Tor. Der Kies der Auffahrt knirschte ziemlich laut.

»Ist das ein Heim oder was?« fragte ich.

»Nein, mein Junge. Wie kommst du darauf?«

»Wegen des Eisentors und wegen Fred.«

»Nein.« Er tätschelte mir das Bein. »Das ist Briar Manor. Hier wohne ich. Fred sorgt nur dafür, daß niemand hereinkommt, der nicht hier wohnt.«

»Wird er denn mich hereinlassen?«

»Aber natürlich! Schließlich wirst du doch hier wohnen.«

»Äh … nein, Sir, das glaube ich nicht.«

»Nein!«

»Nein, ich werde nur hier bleiben.«

»Aber das ist doch dasselbe.«

»Nein, ist es nicht! Mein Bruder Jerome hat gesagt, es wäre ein Unterschied, ob man irgendwo lebt oder nur vorübergehend dort bleibt.«

»Das ist allerdings richtig, mein Junge. Du wirst nur so lange hierbleiben, bis es deiner Mutter wieder besser geht. Ich werde Fred also sagen, in deinem Fall eine Ausnahme zu machen und dich hereinzulassen.«

Wir kamen an mehreren großen und schönen Häusern vorbei. Einige hatten an der Vorderseite hohe, weiße Säulen, und vor allen waren große Bäume und herrliche Büsche gepflanzt. Es war sehr schön. Ich sah mir Mr. Frazier genauer an. Er trug ordentliche, gut sitzende Kleider. Außerdem hatte er einen Ring und eine Uhr. Er muß wohl reich sein, dachte ich. Als ich an mir hinunterblickte und mir meiner schäbigen Kleidung bewußt wurde, wäre ich am liebsten zwischen den Polstern versunken. Ich mußte wieder an die reichen Kinder in St. Benedict's denken, und wie sie mich behandelt hatten. Deshalb wurde ich zusehends nervöser, obwohl Mr. Frazier einen recht netten Eindruck machte. Vielleicht waren nicht alle reichen Leute böse. Vielleicht verhält es sich mit ihnen wie mit den Nonnen in den Heimen; einige sind gemein, und einige sind nett.

Schließlich hielt Mr. Frazier vor einem der Häuser.

»Da wären wir«, sagte er.

Sein Haus war sehr schön. Es war aus grauem Stein erbaut, und an den Rändern war es blau und weiß eingefaßt. Im Garten gab es ein Vogelbad. Außerdem stand ein großes Boot an der Auffahrt.

»Ist das Ihr Boot?« fragte ich. Der Anblick ließ mir die Augen herausquellen. Ich hatte noch nie zuvor ein Boot gesehen – außer im Kino oder in einer Zeitschrift.

»Nein, mein Junge. Das Boot gehört meiner Tochter Nancy. Sie ist allerdings im Augenblick nicht zu Hause. Sie besucht das College. Mein Boot liegt im Jachthafen.«

»Wie hat sie das Boot in den Garten gesegelt?«

»Sie hat es nicht hierher gesegelt«, lachte Mr. Frazier. »Wir haben es auf einen Anhänger geladen und hierhergefahren.«

Wir stiegen aus.

»Komm, mein Junge. Ich werde dir gleich mal Martha vorstellen. Denn nachher muß ich wieder zur Arbeit.«

Er hielt mich an der Hand, als wir auf den Eingang zugingen. Die Tür öffnete sich, und eine kleine, stämmige Frau trat heraus. Ihr graues Haar war zu einem strengen Knoten zusammengebunden. Sie hatte runde, rosige Wangen. Auf ihrer kleinen Stupsnase saß eine Nickelbrille, und über ihrem grün und weiß geblümten Kleid trug sie eine weiße Schürze mit zwei riesigen, roten Rosen darauf. Sie erinnerte mich an einen gigantischen Blumenstrauß.

»Tag, Martha«, begrüßte sie Mr. Frazier. »Das ist Jennings.«

Sie lächelte mich freundlich an und zwickte mich in die Backe. »Na, Master Jennings«, erklärte sie lachend, »du bist doch glatt der netteste kleine Junge, den ich je gesehen habe.«

Ich wurde rot. »Guten Tag, Mrs. Frazier.«

»Aber nicht doch, mein Junge«, lachte sie. »Ich bin Martha. Ich kümmere mich hier um den Haushalt. Mrs. Frazier wirst du noch früh genug beim Essen kennenlernen.«

»Ach so. Ich dachte, Sie wären Mrs. Frazier.«

»Mrs. Frazier ist einkaufen«, erklärte mir Mr. Frazier. »Martha wird sich um dich kümmern. Sie zeigt dir dein Zimmer und erklärt dir alles, was du wissen mußt, ja? Ich mußt jetzt leider gehen. Bis dann also.«

Während Mr. Frazier zu seinem Wagen zurückging, folgte ich Martha ins Haus.

Die Eingangshalle erinnerte mich an die Bilder in Mamas Zeitschriften. Zwischen zwei Fenstern brannte in einem großen gemauerten Kamin ein mächtiges Feuer.

»Komm schon, mein Junge«, trieb mich Martha zu größerer Eile an.

Sie begann, mir den Mantel auszuziehen, während wir den Raum durchquerten. Ich ließ sie einfach machen.

»Was ist denn mit dir los, mein Junge?« fragte sie lachend. »Schlafwandelst du?«

»Nein, Ma'am«, antwortete ich. »Es ist nur, daß ich so was noch nie gesehen habe.«

Sie mußte erneut lachen.

Neben all den Couchen, Stühlen, Sesseln und Tischen stand vor einer Wand aus lauter Glastüren ein weißer Flügel.

Im Eßzimmer stand ein blank polierter Tisch, um den die Stühle ordentlich aufgereiht waren. Von der Decke hing eine Lampe, die aus unendlich vielen winzigen Glasteilchen gemacht war.

»Ißt hier auch wirklich jemand?« fragte ich ungläubig.

»Aber natürlich, mein Junge!« lachte sie. »Natürlich wird hier jeden Abend gegessen.«

»Na, so was!«

Dann führte sie mich in ein Schlafzimmer. Es war ganz grün und blau. Und die Vorhänge waren genau wie das Bett, mit Blüten bedruckt und einladend.

»Das ist dein Zimmer«, sagte Martha.

»Mein Zimmer!« Ich hatte gedacht, sie würde mir nur das Haus zeigen.

»Dort drüben ist dein Bad.« Sie öffnete eine kleine Tür und schaltete ein Licht an.

Es war tatsächlich ein Bad. Ich traute meinen Augen nicht.

»Ich habe noch nie ein Schlafzimmer mit einem Bad gesehen«, sagte ich.

»Ich auch nicht – bis ich hier zu arbeiten angefangen habe«, zwinkerte sie mir zu.

Ich mochte Martha. Sie war so richtig gemütlich. Sie erinnerte mich ein wenig an Sal und an Schwester Ann Catherine in St. Teresa's. Mir gefiel ihr Lachen.

Als sie dann eine Wand aus Milchglas zurückschob, kam dahinter eine Badewanne zum Vorschein.

»Das ist ja ein Ding!« stieß ich anerkennend hervor.

»Badest du oder duschst du?« fragte sie mich.

»Äh … ich bade. Ich habe noch nie geduscht – außer im Heim oder im Schwimmbad. Wissen Sie, man muß doch vorher unter die Dusche, bevor man ins Wasser darf.«

»Wenn du willst, kannst du hier so viel duschen, wie du willst.«

»Das ist aber toll«, strahlte ich. »Wann kann ich mal duschen?«

»Wann du willst.«

»Und wann benutzt Mr. Frazier das Bad?«

»Du bist mir vielleicht einer«, kicherte sie. »Das ist ganz allein dein Bad. Mr. Frazier hat sein eigenes Bad.«

»Tatsächlich?«

Darauf schickte sie sich, immer noch schmunzelnd, zum Gehen an. »Ich habe noch einiges in der Küche zu tun«, erklärte sie mir. »Du kannst dich ja in der Zwischenzeit mal frisch machen.« Damit schloß sie die Tür und war verschwunden.

Nachdem ich mich noch einmal genau im Bad und in meinem Zimmer umgesehen hatte, setzte ich mich auf den Bettrand und beobachtete den Sonnenuntergang. Langsam wurde es dunkler im Raum.

»Was sitzt du denn hier im Dunkeln«, fragte Martha erstaunt, als sie wieder in mein Zimmer kam. Sie schaltete das Licht ein. »Ich dachte, du würdest in die Küche kommen und mir Gesellschaft leisten.«

»Ich wußte nicht, daß ich mein Zimmer verlassen darf.«

»Was!« brauste sie auf. »Solange du in diesem Haus bist, kannst du gehen, wohin du willst. Das wäre ja noch schöner. Hast du gehört?«

»Ja, Ma'am.«

»Und jetzt komm mit in die Küche. Also, so was!« schüttelte sie den Kopf.

Die Küche war riesengroß. Es gab dort mehrere große Tische und überall Küchenschränke, Spülen, Arbeitsplatten, einen Herd und einen Kühlschrank.

»Das ist aber ein großes Haus, Martha.«

»Allerdings, mein Junge. Nur gut, daß ich hier nicht saubermachen muß.« Sie lachte. »Hast du Lust, mir beim Kartoffelschälen zu helfen?«

»Ja, gern!«

Darauf setzte sie mich mit einer alten Zeitung, einem Kartoffelschäler und ein paar Kartoffeln an einen Tisch.

»Hilfst du deiner Mutter zu Hause auch bei der Küchenarbeit?«

»Mhm. Allerdings nicht beim Kartoffelschälen. Kartoffeln gibt es bei uns nur ganz selten.«

»Was eßt ihr denn dann?«

»Ach, meistens Suppe. Manchmal auch Spaghetti oder Muscheln. Oder Frankfurter oder Hamburger. So was eben.«

»Na, dann werde ich dir mal was kochen, was du wirklich gern ißt.«

»Oh, ich mag Pfannkuchen sehr gern.«

»Aber doch nicht zum Abendessen«, lachte sie.

»Nein?«

»Nein. Pfannkuchen ißt man zum Frühstück. Warte nur, morgen werde ich für dich Pfannkuchen zum Frühstück machen.«

»Ich esse aber kaum Frühstück, Ma'am.«

»Du ißt kein Frühstück? Aber ein anständiges Frühstück ist doch wichtig. Wie willst du denn sonst mal groß und stark werden? Du willst doch groß und stark werden, oder nicht?«

»Natürlich. Aber bei uns zu Hause gibt es nicht so viel zum Essen, daß wir auch frühstücken könnten.«

»Also, so was«, murmelte sie dazu.

Dann deckte Martha den Tisch im Eßzimmer. Sie trug eine Menge Geschirr auf – Teller und Gläser und eine Menge silbernes Besteck.

»Wofür sind denn die vielen Löffel und Gabeln?« wollte ich wissen.

»Bestimmte Löffel sind für die Suppe, andere für die

Nachspeise oder den Kaffee. Und die Gabeln sind zum Beispiel für den Salat oder das Hauptgericht.«

»Und woher soll ich wissen, welche man wofür verwendet?«

»Du brauchst nur auf Mr. Frazier zu achten. Mache ihm einfach alles genau nach.«

Ich half ihr beim Aufdecken und setzte mich dann an den Platz, den Martha mir zuwies. Mr. Frazier kam als erster ins Eßzimmer. Er setzte sich am Kopfende des Tisches in einen Stuhl mit Armstützen. Er legte einen Stapel Post vor sich auf den Tisch.

»Na, Jennings, hast du dich schon etwas eingewöhnt?« fragte er mich.

»Ja, Sir. Sie haben wirklich ein tolles Haus.«

»So, findest du? Jedenfalls bin ich froh, dich als Gast bei uns zu haben.«

»Guten Abend, Liebling.« Eine Dame war in den Raum getreten. Sie gab Mr. Frazier einen Kuß auf die Wange. Das war sicher Mrs. Frazier.

»Hattest du einen angenehmen Tag?« erkundigte sich Mr. Frazier.

»Frag mich nicht«, stöhnte sie und ließ sich auf einen Stuhl am anderen Tischende nieder. Dann neigte sie kurz ihren Kopf zur Seite. »Wo ist Donald?«

»Keine Ahnung.« Mr. Frazier sah nicht von seiner Post auf.

Mrs. Frazier war eine sehr schöne Dame. Ihr schwarzes Haar fiel ihr auf die Schultern herab. Ihr schmales Gesicht war über und über mit Puder und Rouge bedeckt. Sie trug eine Menge Schmuck – Ringe und Armreife und Halsketten. Sie sah aus wie ein ganzes Kaufhaus.

»Martha«, rief sie über ihre Schulter in die Küche.

Martha erschien in der Türöffnung. Sie brachte eine riesige Suppenschüssel herein. »Ja, Ma'am.«

»Wo ist Donald?« fragte Mrs. Frazier.

»Ich weiß nicht, Ma'am. Ich habe ihm gesagt, er soll um sechs zu Hause sein, weil wir doch einen Gast haben.«

»Na ja, macht nichts. Dann servieren Sie jetzt die Suppe.«

Martha ging um den Tisch und schöpfte in jeden Teller etwas Suppe. Nun wandte sich Mrs. Frazier an mich.

»Du sprichst wohl nicht gerade viel, hm?«

Bevor ich etwas antworten konnte, schaltete sich Mr. Frazier ein. »Na, kein Wunder, wie du hier eben hereingewalzt kamst ...« Er legte seine Post auf den Tisch. »Vermutlich hat es ihm vor Schreck die Sprache verschlagen.«

»Was heißt hier, ich bin ...«

»Du weißt sehr gut, was ich meine«, unterbrach sie Mr. Frazier. »Alles, was dich interessiert, ist dieser verdammte Bengel.«

»Ich werde doch wohl noch fragen dürfen, wo mein Sohn ist. Ist das so beängstigend?« verteidigte sie sich. »Außerdem wäre ich dir sehr dankbar, künftig von Donald nicht als ›diesem verdammten Bengel‹ zu sprechen.«

Ihre letzte Bemerkung tat Mr. Frazier nur mit einem kurzen Schnauben ab. »Zumindest hättest du Jennings guten Tag sagen können, als du hereingekommen bist.«

»Dabei war ich doch gerade.« Sie wandte sich mir zu. »Guten Tag, Jennings. Habe ich dir Angst gemacht?«

»Nein, Ma'am.«

»Da, siehst du«, entrüstete sie sich. »Ich habe ihn nicht eingeschüchtert.«

»Was hätte er denn auf deine Frage schon anderes antworten sollen?«

»Du bist unmöglich!«

Darauf begann sie, ihre Suppe zu essen. Ich paßte genau auf, welchen Löffel sie dazu benutzte, und folgte ihrem Beispiel.

Als ich meinen Teller fast leer gegessen hatte, kam Martha mit einem Tablett herein, auf dem die Platten und Schüsseln mit dem Hauptgericht standen. Sie stellte das Tablett auf den Tisch und nahm die Speisen herunter. Ich hatte noch nie so viel Essen – Fleisch und Gemüse – auf einmal gesehen, außer vielleicht an Thanksgiving.

»Hallo, Mami.« Ein Junge kam ins Eßzimmer gestürmt und setzte sich auf den Stuhl mir gegenüber.

»Wo warst du Donald? Du hast dich verspätet.«

»Draußen!« antwortete er und fischte ein Stück Fleisch von einer der Platten, um es sich unverzüglich in den Mund zu stopfen.

Donald war etwa so alt wie Walter – fünfzehn. Sein Gesicht war sowohl schmutzig wie picklig. Unter seiner alten Yankee-Baseballmütze stand sein strohiges, braunes Haar in allen Richtungen ab. Seine Kleider waren mindestens so schäbig wie meine. Sein zerknittertes Hemd stak nur auf einer Seite in seiner Hose. Er nahm mit seinen schmutzigen Händen ein zweites Stück Fleisch von der Platte und stopfte es sich in den Mund.

»Wäschst du dich eigentlich nie?« fragte Mr. Frazier.

»Natürlich wasche ich mich«, erwiderte er. »Übrigens, Mama, morgen gehe ich angeln.«

»Du mußt doch morgen in die Schule«, wandte sein Vater ein.

»Ich weiß. Aber ich gehe vor dem Unterricht zum Pier runter.«

»Warum nimmst du nicht Jennings mit?« schlug Mrs. Frazier vor. »Ich bin mir sicher, daß er gern mitkommen würde.«

»Wer ist Jennings?«

»Der Junge, der dir gegenüber sitzt, du Blödian.«

»Charles! Wie kannst du mit deinem eigenen Sohn so sprechen.«

»Ich bitte dich. Wer sollte Jennings wohl sonst sein?«

»Trotzdem ist das kein Grund, so mit deinem Sohn zu sprechen.«

Darauf murmelte Mr. Frazier etwas in seinen Handrükken.

»Donald, das ist Jennings. Er wird für eine Weile bei uns wohnen«, stellte mich Mrs. Frazier vor.

»Aber nicht in meinem Zimmer. Ich habe keine Lust, mein Zimmer mit jemand anderem zu teilen.«

»Er bekommt eines der Gästezimmer. Und jetzt sag schön Hallo zu Jennings.«

»'Lo«, murmelte Donald in seinen Teller.

»Hallo«, erwiderte ich.

Dann wurde es still im Raum. Nur noch das Klappern des Bestecks und verschiedene seltsam gurgelnde und schmatzende Geräusche, die von Donald kamen, waren zu hören. Mr. Frazier ärgerte sich sichtlich über seinen Sohn, sagte aber nichts. Er bedachte ihn nur hin und wieder mit einem mißbilligenden Blick und schüttelte den Kopf.

Martha steckte von der Küche ihren Kopf herein. »Möchten Sie heute abend etwas Salat, Ma'am?« fragte sie.

»Ja, Martha«, erwiderte Mrs. Frazier.

Marthas Kopf verschwand, und die Tür zur Küche schloß sich wieder.

»Ißt Martha denn nicht mit?« fragte ich.

»Die Hausangestellten essen doch nicht mit uns«, zischte Donald. »Die kriegen nur die Überreste in der Küche – wie die Hunde.« Dazu lachte er.

»Donald!« fuhr ihn seine Mutter an. »Benimm dich!«

Mr. Frazier schüttelte nur wieder den Kopf.

»Aber sie ißt doch nun mal in der Küche«, führte Donald zu seiner Rechtfertigung an.

Mir tat Martha leid. Ich hätte gern mit ihr in der Küche gegessen.

Als wir mit dem Essen fertig waren, standen alle auf und verließen das Eßzimmer. Ich blieb, weil ich Martha beim Abräumen helfen wollte.

»Was machst du denn hier so ganz allein?« fragte sie erstaunt, als sie aus der Küche kam.

»Ich habe auf Sie gewartet, um Ihnen zu helfen.«

»Das ist aber lieb von dir, mein Junge. Aber das ist nicht nötig. Du brauchst mir nicht zu helfen.«

»Ich würde Ihnen aber gern helfen.«

Darauf räumte ich das Geschirr ab und stellte es neben der Spüle ab.

»Essen Sie wirklich die Reste, Martha?«

»Aber nein!« lachte sie. »Wie kommst du denn darauf?«

»Ach, nur so.«

»Ich möchte wetten, daß dir Master Donald diese Flausen in den Kopf gesetzt hat.« Sie lachte. »Er ist ein richtiger Lauser.«

Anstatt einer Antwort zeichnete ich nur mit der Fußspitze Muster auf den Küchenboden.

»Und jetzt laß dir mal was sagen, mein Junge«, fuhr Martha fort. »Ich bin hier die Köchin und lege die besten Stücke immer für mich beiseite, bevor ich das Essen für die Herrschaft auftrage.« Sie konnte sich vor Lachen kaum halten. »Dieser Bengel von Master Donald …« Sie schüttelte kichernd den Kopf. »Übrigens!« Ihr fiel plötzlich etwas ein. »Wenn du morgen zum Angeln mitkommen willst, würde ich an deiner Stelle schon mal schlafen gehen.«

»Ich war noch nie angeln, Martha. Haben Sie das schon mal gemacht?«

»Wo denkst du hin! Natürlich nicht.« Sie kicherte. »Den möchte ich erst mal sehen, der mich um vier Uhr früh aus dem Bett kriegt – es sei denn, meine Geldbörse fängt zu brennen an.«

Ich griff nach Marthas Hand und drückte einen Kuß darauf. Und als ich dann aus der Küche rannte, konnte ich sie immer noch lachen hören, während ich über den Flur zu meinem Zimmer lief.

Ich legte mich ganz dicht an den Rand des Betts, damit ich aus dem Fenster sehen konnte. Der Mond war sehr hell. Er war noch nicht ganz voll, aber fast. Darüber war ich froh. Bei Vollmond versuchte George nämlich immer, Larry und mich zu erschrecken. Er erzählte, daß dann die Werwölfe kämen und alle Leute beißen würden. Zwar glaubte ich ihm nicht, aber es war doch besser, vorsichtig zu sein – für alle Fälle.

Ich konnte gerade noch die hohen Bäume im hinteren Teil des Gartens erkennen. Im Mondlicht sahen sie eher grau als grün aus. Ich dachte an Mama. Ich hätte gern gewußt, wie es ihr ging und ob ich die Schuld an ihrer Krankheit trug. Wenn sie nur nicht aufgestanden wäre, als Midnight gestorben war. Die arme, kleine Midnight.

Doggie hätte es in diesem Zimmer sicher gefallen. Und er hätte auch Martha gemocht. Wenn ich nur gewußt hätte, wie ich ihn nachkommen lassen könnte. Vielleicht konnte ich Schwester Gerard fragen – oder auch Sal. Ach, du meine Güte – Sal! Ich würde ja gar nicht mehr mit seinem Bus fahren. Das hieß, daß ich ihn nicht mehr sehen und mich nicht mehr mit ihm unterhalten konnte. So was Blödes. Erst Midnight und Mama und dann auch noch Doggie und Sal. Warum alle Menschen, die ich liebte, immer von mir getrennt wurden? Ich vergrub mein Gesicht im Kopfkissen.

»Hey! Steh auf, wenn du mitkommen willst«, brüllte Donald.

Ich zog meinen Kopf unter dem Kissen hervor.

»Ich bin in der Küche«, fügte er hinzu. »Beeil dich.«

Noch ganz benommen, kletterte ich aus dem Bett. Mein linkes Auge wollte sich einfach nicht öffnen. Ich war noch fürchterlich verschlafen. Aber vielleicht würde mich eine ordentliche Ladung Wasser ins Gesicht endgültig aufwecken. Ich schaltete das Licht im Bad an. Doch im ersten Augenblick blendete es mich nur.

Ich tastete mich ans Waschbecken und spritzte mir Wasser ins Gesicht. Das half.

»Wie kann man nur angeln gehen, wenn es so eine Quälerei ist?« murmelte ich vor mich hin.

Nachdem ich mich angezogen hatte, traf ich mich in der Küche mit Donald.

»Wenn du was essen willst, dann nimm dir einfach, worauf du Lust hast«, zischte er. »Aber beeil dich!«

»Nein, es ist schon gut.«

Dann griff er mit der einen Hand nach einem alten, verbeulten Eimer, mit der anderen nach den Angelruten. Er stieß die Tür mit dem Fuß auf.

»Gehen wir.« Krachend fiel die Tür hinter ihm wieder zu.

Ich warf einen kurzen Blick zur Küchenuhr hoch, bevor ich durch die Tür glitt. Es war zehn nach vier. So früh war ich noch nie aufgestanden. Allmählich freute ich mich richtig darauf, angeln zu gehen.

»Bist du sicher, daß die Fische nicht noch schlafen?« fragte ich Donald.

»Fische schlafen doch nicht, du Blödmann.«

»Nie?«

»Nein, nie. Sie machen nur hin und wieder ein Nickerchen, aber richtig schlafen tun sie nie.«

»So was! Das habe ich nicht gewußt. Wie schaffen sie das nur, so lange wach zu bleiben?«

»Hast du schon mal versucht, unter Wasser zu schlafen?«

Nachdem wir eine Anhöhe erreicht hatten, ging es nur noch abwärts. Von unten schimmerten Dutzende von winzigen Lichtern über das Wasser herauf. Zu meiner Linken zog sich eine unendlich lange Kette von grünen Lichern dahin.

»Was ist das denn?« fragte ich.

»Was?«

»Diese grünen Lichter.«

»Das ist die Whitestone Bridge.«

»Toll! Ich habe noch nie eine Brücke gesehen.«

»Du hast noch nie eine Brücke gesehen? Wo hast du denn bisher gelebt?«

»Ich weiß nicht. Ich war jedenfalls noch nirgendwo, wo es eine Brücke gegeben hat.«

Am Fuß des Hügels erstreckte sich ein langer, hölzerner Pier weit ins Wasser hinaus. Unsere Füße gaben ein lautes, hohles Geräusch von sich, als wir über die dicken Bohlen gingen. Am Ende des Piers stellte Donald den Eimer ab.

»Da wären wir«, sagte er.

»Schön ist das«, seufzte ich.

»Was?«

Er starrte in derselben Richtung wie ich auf das Wasser hinaus, um dann jedoch nur mit den Achseln zu zucken. Ich betrachtete die Lichter, die sich schimmernd auf dem Wasser brachen. Schön ist das, dachte ich.

Donald reichte mir eine Angelrute. »Ich habe keine Lust, dir lange beizubringen, wie man eine Angel auswirft«, brummte er. »Laß die Angelschnur einfach vom Pier hängen.«

Er half mir, meine Angelschnur abzuwickeln. Ich angelte zum erstenmal in meinem Leben und war entsprechend aufgeregt.

»Hoffentlich erwische ich einen Fisch«, sagte ich.

»Erwarte dir beim ersten Mal lieber nicht zu viel«, meinte Donald dazu.

Er ließ den Eimer an einem Seil zum Wasser hinab und zog ihn dann gefüllt wieder hoch.

»Wozu brauchst du das Wasser?« fragte ich.

»Um die Fische reinzuwerfen – falls wir welche fangen. So bleiben sie schön frisch.«

Ich stand also an dem hölzernen Geländer und wartete, daß ein Fisch anbiß. Donald machte es genauso. Als die Morgensonne langsam aufging, konnte ich unsere Umgebung immer besser erkennen. Unter anderem lenkte eine lange Reihe von vertäuten Booten meine Aufmerksamkeit auf sich.

»Schau mal – die Boote.«

»Pssst.« Donald legte seinen Finger an die Lippen. »Das ist der Jachthafen«, flüsterte er.

»Ach so. Ist hier auch das Boot von deinem Vater?« flüsterte ich zurück.

»Ja«, erwiderte Donald.

»Warum flüstern wir eigentlich?« wollte ich dann wissen.

»Damit wir die Fische nicht verscheuchen.«

»Ach so.«

Plötzlich begann sich Donalds Spule surrend zu drehen. »Ich habe einen an der Leine!« rief er aufgeregt.

Donalds Angelrute bog sich unter dem Gewicht des Fischs. Mit weit aufgerissenen Augen beobachtete ich ihn, wie er die Angelschnur einzog, so daß sich die Rute noch stärker bog. Und nach einer Weile schnellte ein Fisch aus dem Wasser und Donald zog ihn über das Geländer in den Eimer.

»Ein Hai!« schrie ich aufgeregt. »Du hast einen Hai gefangen!«

Da ich im Kino schon hin und wieder Haie gesehen hatte, wußte ich, wie sie aussahen. Nur hatte ich sie mir größer vorgestellt. Dieser war nämlich nur knapp dreißig Zentimeter lang.

»Das ist nur ein Sandhai«, sagte Donald. »Ich werfe ihn wieder ins Wasser zurück.«

»Nein, nicht!« hielt ich ihn zurück. »Kann ich ihn nicht haben?«

»Aber das ist doch nur ein Sandhai.«

»Ich möchte ihn trotzdem haben. Bitte, laß ihn mir.«

Donald kicherte amüsiert, wandte aber nichts mehr dagegen ein. Er löste den Sandhai vom Haken und ließ ihn in den Eimer zurückgleiten. Ich kauerte mich daneben nieder und beobachtete den Fisch, wie er im Eimer hin und her schwamm.

»Paß lieber auf deine Angel auf«, riet mir Donald.

»Ach ja, das hätte ich fast vergessen.« Ich stürzte ans Geländer zurück, aufmerksamer denn je. Ich wollte auch einen Fisch fangen.

Plötzlich zerrte etwas an meiner Leine. »Ich habe auch einen!« schrie ich aufgeregt.

»Sieh zu, daß du ihn an den Haken kriegst«, rief mir Donald zu. »Und dann zieh ihn raus.«

Das tat ich. Ich riß die Angel ruckartig nach oben, so daß der Fisch festhing. Hastig spulte sich die Angelschnur ab. Donald rief mir genaue Anweisungen zu, die ich sorgfältig befolgte. Dann senkte ich die Angel und machte mich daran, die Leine wieder aufzuspulen. Das wiederholte ich immer wieder. Sicher brachte ich Donalds Anweisungen vollkommen durcheinander, aber ich hatte den Fisch an der Leine.

Als ich mich daran machte, ihn aus dem Wasser zu ziehen, eilte mir Donald zu Hilfe. Er packte die Angelschnur mit den Händen und zog den Fisch hoch. Er warf ihn auf die Bohlen des Piers, weil er so groß war, daß er nicht in den Eimer paßte.

»Das ist ein Streifer.«

»Ein Streifer? Ist das ein guter Fisch?« fragte ich.

»Es geht. Nicht so gut wie ein Hai. Aber schließlich ist es ja auch dein erstes Mal.«

»Vielleicht erwische ich nächstesmal auch einen Hai.«

»Ja, schon möglich.« Donald machte sich währenddessen daran, die Angelruten auseinanderzunehmen.

»Gehen wir schon?« fragte ich.

»Ja. Wir müssen in die Schule.«

»Ach so, das hätte ich fast vergessen. Schade, daß wir nicht länger hierbleiben können. Vielleicht würde ich dann heute schon einen Hai fangen.«

»Ich habe eine Idee«, erklärte Donald plötzlich. »Wieviel Geld hast du eingesteckt?«

»Geld?« Ich tastete meine Taschen ab. »Ich habe kein Geld.«

»Hm.« Er dachte kurz nach.

»Wieso?« fragte ich. »Was ist?«

Er seufzte schwer. »Nachdem du nun mal arm bist«, erklärte er schließlich, »überlasse ich dir den Hai umsonst.«

»Wirklich!« strahlte ich. »Das ist ja toll! Vielen Dank.« Ich sah in den Eimer nach meinem Hai.

»Schade, daß du nichts hast, was du mir geben könntest«, meinte Donald. »Du weißt schon – zum Tauschen.«

»Hm ...« Ich dachte kurz nach. »Was hältst du von meinem Streifer? Du kannst meinen Streifer haben. Er ist zwar nicht so gut wie ein Hai, aber ...«

»Einverstanden. Tauschen wir unsere Fische«, nickte Donald. »Du sagst, du hast den Hai gefangen, und ich werde sagen, ich habe den Streifer gefangen.«

»Ist das auch in Ordnung?«

»Klar geht das in Ordnung. Wir waren doch schließlich gemeinsam angeln.«

»Das ist allerdings richtig.«

»Also gut, dann ... werde ich einfach allen erzählen, daß du den besseren Fisch gefangen hast.«

Donald warf sich den Streifer über die Schulter und griff nach den Angelruten.

»Komm, gehen wir«, sagte er dann. »Und nimm du den Eimer.«

Ich hob den Eimer mit beiden Händen hoch und folgte ihm über den Pier. Im Gehen sah ich meinem Hai beim Schwimmen zu. Ich konnte es gar nicht erwarten, ihn Martha zu zeigen und den anderen Jungen in meiner Klasse davon zu erzählen. Während wir den Hügel zum Haus hinaufgingen, wurde der Eimer schwerer und schwerer.

»Hey, warte auf mich!« rief ich Donald hinterher.

Er war schon so weit voraus, daß ich Angst bekam, ich könnte mich verirren und das Haus nicht mehr finden. Ich hatte ihn kaum eingeholt, als er bereits wieder weiterzugehen begann.

»Hey, warte doch.«

»Das Haus, ist doch gleich dort vorn.« Er deutete die Straße hoch.

Ich mußte den Eimer immer öfter absetzen, und bis ich ihn schließlich durch den Hintereingang in die Küche geschleppt hatte, war ich völlig außer Atem. Donald war längst verschwunden.

»Was hast du denn da?« fragte Martha, als sie in den Eimer sah.

»Einen Hai! Wir haben einen Hai gefangen!«

»Einen Hai! Was willst du denn mit einem Hai? Die kann man doch nicht essen.«

»Essen?! Ich will ihn doch nicht essen. Ich will ihn behalten – als Haustier.«

»Als Haustier!« kicherte Martha. »Ich habe ja schon viel gehört, aber einen Hai als Haustier ... dann stell mal den

Eimer dort in die Ecke und mach dich für die Schule fertig. Donald wird dir zeigen, wo der Bus hält.«

Ich stellte also den Eimer ab und ging in mein Zimmer. Auf dem Flur hörte ich Martha lachen.

»Also, so was! Was dem Jungen wohl als nächstes einfallen wird.«

Donald zeigte mir, wo der Bus hielt.

Ich stieg ein, als er kam, und zeigte dem Fahrer meine Monatskarte. Ich nahm neben dem Fahrer Platz und dachte an Sal. Ich vermißte ihn sehr. Die Fraziers wohnten genau in der entgegengesetzten Richtung von unserem Haus, so daß ich nicht mehr mit Sals Bus fahren konnte. Natürlich hatte ich noch Schwester Gerard und Martha, aber mit ihnen zu sprechen, war doch etwas anderes als mit Sal. Ihnen konnte ich nicht so gut erklären, wie ich mich fühlte oder was mich beschäftigte.

Ich stieg aus dem Bus und ging den Hügel zur Schule hoch. Auf dem Schulhof, wo jeder Klasse eine bestimmte Fläche zugewiesen war, spielten bereits ein paar Jungen aus meiner Klasse Fangen. Eddie Keegan war auch unter ihnen.

Eddie war der Junge, der neben mir saß. Eigentlich war er der einzige, mit dem ich in der Schule außer Schwester Gerard redete. Manchmal borgte ich mir von ihm ein Blatt Papier oder fragte ihn etwas, das ich nicht wußte. Zwar gab er mir immer ein Blatt Papier und beantwortete meine Fragen, aber mehr sprach er nicht. Wahrscheinlich legte er keinen Wert darauf, sich mit mir anzufreunden.

»Eddie!« rief ich ihm hinterher, als er gerade vorbeirannte.

Er blieb stehen und kam auf mich zu. Dabei behielt er ständig den Jungen im Auge, der »Es« war – damit der ihn nicht erwischte. »Was ist?« fragte er.

»Ich war heute morgen angeln.«

»Angeln? Heute morgen?«

»Ja.«

»Wo?«

»Am Wasser, in der Nähe der Whitestone Bridge«, erklärte ich stolz.

Er bedachte mich mit einem eigenartigen Blick, als glaubte er mir nicht.

»Doch«, ließ ich nicht locker. »Ich war wirklich angeln.«

»Aha. Und was hast du gefangen?«

»Einen Hai!« platzte ich heraus. Ich war mir sicher, daß ihn das bestimmt beeindrucken würde.

»Einen *Hai!*«

»Mhm.« Ich konnte mir ein Grinsen nicht verkneifen.

»Hey, hört euch das mal an!« rief Eddie darauf den anderen zu. »Burch hat einen Hai gefangen!«

Die anderen Jungen hörten auf, Fangen zu spielen und umringten uns.

»Burch war heute morgen angeln und hat einen Hai gefangen«, teilte Eddie den Umstehenden mit.

Ich stand lächelnd da und sonnte mich in meinem Ruhm – allerdings nicht lange.

Sie begannen nämlich, mich auszulachen. Niemand glaubte mir.

»Doch, ich habe wirklich einen Hai gefangen«, beharrte ich. »Ich habe ihn in einem Eimer nach Hause gebracht.«

»In einem Eimer!« lachte einer. »Ein Hai, der in einen Eimer paßt!«

Ich wußte nicht, was ich tun sollte. Sie lachten und lachten. Sie schnitten Fischgesichter und schimpften mich einen Lügner. Deshalb floh ich vom Schulhof in unser Klassenzimmer. Ich wußte, daß Schwester Gerard bereits dort sein würde. Da ich nicht wollte, daß sie mich weinen sah, wartete ich vor der Tür.

Bis der Unterricht begann, ärgerten mich die anderen noch, aber ich gab mir Mühe, nicht auf sie zu achten. Ich stellte mir vor, ich wäre im Speisesaal von St. Teresa's.

Als in der Mittagspause die anderen in den Aufenthaltsraum stürmten, blieb ich wie gewöhnlich zurück. Aber diesmal hatte ich ebenfalls etwas zum Essen dabei. Ich packte ein

Sandwich und einen Apfel aus. Martha hatte mir nämlich ein Sandwich mit Butter und Salat gemacht. »Äh!« Ich warf den Salat weg und kratzte die Butter ab, so gut es ging. Ich war es nämlich nicht gewohnt, Butter oder Salat zu essen, und deshalb schmeckte es mir auch nicht besonders.

Während ich dabei war, ein Bild von Doggie und Midnight zu zeichnen, kamen die anderen vom Mittagessen zurück.

»Hai! Hai!« kreischte einer von ihnen.

»Rührt bloß nicht Burchs Tintenfaß an«, spottete ein anderer. »Das könnte euch einen Finger kosten.«

Als Schwester Gerard in die Klasse kam, hörten sie damit auf. Wir mußten alle lesen.

»Michael«, rief mich Schwester Gerard dann auf.

»Ja, Schwester.« Ich faltete das Blatt Papier zusammen, während ich aufstand.

Sie winkte mich zu sich. Bestimmt hatte sie mich beim Zeichnen ertappt.

»Ja, Schwester?«

»Dein Bruder hat ein paar Kleider für dich gebracht«, flüsterte sie mir zu. »Sie sind in meiner Zelle drüben im Kloster. Erinnere mich nach dem Unterricht, daß ich sie dir gebe.«

»Ja, Schwester. Welcher von meinen Brüdern hat die Sachen gebracht?«

»George.«

»Aha. Danke.« Ich wollte wieder an meinen Platz zurückgehen.

»Noch etwas, Michael ...«

»Ja.« Ich drehte mich wieder um.

»Laß in Zukunft das Zeichnen, wenn du lesen solltest, ja?«

Nach der Nachhilfestunde gab mir Schwester Gerard eine Einkaufstüte.

»Sieh doch erst mal nach, ob er dir auch alles gebracht hat, was du brauchst«, forderte sie mich auf.

Ich machte mich daran, die Sachen aus der Tüte zu nehmen – eine Hose und ein Hemd und zwei Socken, die allerdings nicht zusammengehörten. Aber das machte nichts. Zumindest hatten sie keine Löcher. Und dann enthielt die Tüte noch eine Unterhose und Doggie.

»Doggie!« jubelte ich und drückte ihn fest an mich.

Schwester Gerard lächelte und ging aus dem Zimmer.

»Hallo, Doggie. Schön, dich wiederzusehen. Ich hatte schon Angst, ich würde dich nie mehr zu Gesicht bekommen.« Dabei drückte ich ihn erneut an mich. »Das war wirklich nett von George, auch an dich zu denken.«

Als ich die Sachen dann wieder einpackte, ließ ich oben Doggies Kopf herausschauen. Ich ging in die Kirche, um den hl. Michael zu besuchen. Vor der Eingangstür blieb ich kurz stehen.

»Und jetzt, Doggie, gehen wir in die Kirche zum hl. Michael. Er ist mein Schutzengel. Du brauchst keine Angst vor ihm zu haben, er ist wirklich sehr nett.«

Ich betrat also mit Doggie die Kirche und kniete vor dem Altar nieder.

»Hallo, heiliger Michael«, sagte ich und blickte in das friedliche Gesicht des Engels auf. »Das ist Doggie. Ich weiß, daß ich schon etwas zu groß bin, einen ausgestopften Hund zu haben, aber er ist mehr als ein ausgestopfter Hund. Er ist nämlich mein Freund. Seit der Zeit im Heim der guten Engel, wo ich Doggie bekommen habe, war Doggie für mich immer ein guter Freund. Ich habe Schwester Clair versprochen, daß ich ihn immer gern haben und für ihn sorgen würde. Und das werde ich auch. Er ist ein ganz besonderes Tier, weißt du. Eines von den Tieren, von denen Schwester Clair auf keinen Fall wollte, daß sie einfach liegen gelassen würden.«

Dann verließ ich die Kirche und ging zur Bushaltestelle hinunter, um auf Sals Bus zu warten. Nach einer Weile kam er angefahren. Er hielt an und öffnete die Tür.

»Hallo, mein Junge. Wo warst du denn heute morgen?«

»Ich konnte nicht mit Ihrem Bus fahren«, erklärte ich.

»Na, dann steig schon ein.« Er machte eine einladende Geste mit seiner Hand.

»Das geht nicht.« Meine Miene mußte ihm wohl verraten haben, daß irgend etwas nicht stimmte.

»Was ist denn los?« Er erhob sich von seinem Sitz und stieg aus dem Bus, um sich vor mich hinzukauern. »Was ist denn passiert?«

»Ich kann nicht mehr mit Ihrem Bus fahren.« Mühsam versuchte ich, meine Tränen zurückzuhalten.

»Warum denn nicht? Was ist denn passiert?«

»Ich bin ausgeliehen worden. Mama ist wieder krank geworden, und deshalb bin ich ausgeliehen worden.« Die Tränen schossen mir in die Augen.

Sal nahm mich in seine starken Arme und drückte mich an sich.

»Ist ja schon gut, mein Junge. Jetzt weine dich mal ordentlich aus. Ist ja schon gut.«

Ich vergrub meinen Kopf an seiner Brust und schluchzte haltlos. »Aber … aber … Jungen sollen doch nicht weinen.«

»Ach was. Wenn man traurig ist, soll man weinen.«

»Auch, wenn man ein Junge ist?«

»Natürlich. Auch, wenn man ein Junge ist.« Er drückte mich fester an sich. »Wer ist das denn?« Er nahm Doggie aus der Tüte mit meinen Sachen.

»Das ist Doggie«, schniefte ich.

»Hallo, Doggie.« Er lachte lauthals los. »Wo hast du denn den Burschen her?«

»Aus dem Heim der guten Engel.«

»Ach so! Dann ist er ja einer von uns.« Er kniff Doggie in die Nase.

»Ja, er ist einer von uns«, lächelte ich. »Sal …« Ich wurde plötzlich wieder ganz ernst.

»Ja?«

»Ich werde Sie nicht mehr sehen können.«

»Warum nicht? Du siehst mich doch jetzt gerade.«

»Ja, aber …«

»Ach was. Deine Mama wird auch nicht ewig krank bleiben. Bis sie wieder gesund ist, werde ich mich jedesmal, wenn du Gelegenheit dazu findest, hier mit dir treffen.«

»Ich kann Sie jeden Tag treffen!«

»Klar, warum nicht? Siehst du jetzt, daß du dich völlig umsonst aufgeregt hast.« Er drückte mich neuerlich an sich. »Aber jetzt muß ich wieder los. Die Leute in meinem Bus wollen schließlich rechtzeitig zum Abendessen zu Hause sein.« Er lachte und deutete auf den wartenden Bus.

»Ja, natürlich.«

»Dann also bis morgen«, verabschiedete er sich und zwickte Doggie noch einmal in die Nase.

»Gut. Bis morgen.«

Damit stieg Sal wieder in seinen Bus und setzte sich hinters Steuer. Als er die Tür schloß, blinzelte er mir noch einmal kurz zu. Ich sah dem Bus hinterher, bis er hinter der nächsten Anhöhe verschwunden war. Und selbst als ich ihn nicht mehr sehen konnte, hatte ich das Gefühl, als befände sich ein Teil von mir bei Sal in diesem Bus. Ich schüttelte mich am ganzen Körper. Ein solches Gefühl hatte ich noch nie verspürt. Ich überquerte die Straße und ging zu der Stelle, wo der Bus hielt, der mich zurück zu den Fraziers brachte.

»Habe ich da nicht jemanden ins Haus kommen gehört«, sagte Martha und streckte ihren Kopf durch die Tür zum Gang heraus.

»Ich bin's nur«, sagte ich.

»Was heißt hier, nur du?« kicherte sie. »Mach dich fürs Abendessen fertig. Es gibt Master Donalds Fisch.«

»Prima! Und wie geht's meinem Hai?«

»Großartig«, lachte sie. »Ich habe ihm etwas Brot gegeben, und der kleine Kerl hat gefressen, als ob er in seinem ganzen Leben noch nie was zu essen bekommen hätte.«

»Das ist gut!« Ich ging in mein Zimmer, um mich fürs Abendessen fertig zu machen.

Als ich dann das Eßzimmer betrat, saßen die anderen bereits an ihren Plätzen. Martha hatte auch für mich einen Teller Suppe hingestellt. Ich begann zu essen.

»Ich habe deinen Hai gesehen, Jennings«, wandte sich Mr. Frazier an mich.

Ich strahlte vor Zufriedenheit. Bestimmt war Mr. Frazier sehr stolz auf mich.

»Nach dem Essen gehen wir gemeinsam zur Bucht runter und werfen ihn wieder ins Wasser zurück.«

Ich war entsetzt. Meine Miene mußte das wohl widergespiegelt haben.

»Wir können den Hai unmöglich hier behalten«, fuhr Mr. Frazier fort. »Er würde sicher nicht lange am Leben bleiben.«

»Ich habe ihm schon zu erklären versucht, daß er ihn nicht behalten kann«, schaltete sich Donald ein. »Aber er wollte einfach nicht hören. Na ja, er ist eben noch ein dummer, kleiner Junge.«

»Komm, Donald, sei ein bißchen nett«, wies ihn Mrs. Frazier zurecht.

»Ein Hai kann nur in Salzwasser überleben, Jennings. In dem Eimer wird er bald sterben.«

»Aber ...«

»Außerdem wird dich Donald wieder zum Angeln mitnehmen, und dann wird er dir zeigen, wie man einen richtigen Fisch fängt – wie den, den er gefangen hat.«

Ich funkelte Donald böse an. Doch er starrte nur auf seinen Teller und schmatzte geräuschvoll vor sich hin.

»Einen besseren Fisch?« fragte ich.

»Ja«, erklärte mir Mr. Frazier. »Er wird dir beibringen, wie man einen besseren Fisch fängt.«

»Wir können ja morgen wieder gehen«, schlug Donald vor.

»Nein, danke.«

»Angelst du denn nicht gern?« fragte Mrs. Frazier.

»Doch, Ma'am. Aber was nützt es einem schon, wenn man niemandem erzählen kann, daß man Angeln war.«

»Wie meinst du das?« wollte Mr. Frazier wissen.

»Ach, nichts«, murmelte ich und löffelte meine Suppe zu Ende.

Dann trug Martha den Fisch auf. Ich bedachte Donald erneut mit einem bösen Blick, aber er schenkte mir keinerlei Beachtung. Er schien ganz in seinen Teller vertieft.

Gegen Ende des Abendessens sank mir der Kopf auf den Tisch. Ich schlief ein, ohne es zu merken.

»Bringen Sie Jennings doch schon mal zu Bett«, wandte sich Mr. Frazier an Martha. »Das mit dem Hai werde ich schon allein erledigen.«

Als Martha mich darauf aus dem Eßzimmer führte, waren meine Augen fast geschlossen. Sie brachte mich in mein Zimmer, wo ich mich aufs Bett fallen ließ. Sie begann, mich auszuziehen.

»Ich habe die Tüte ausgepackt, die du mitgebracht hast, Master Jennings.«

Unwillkürlich riß ich die Augen auf.

»Da ist er.« Und damit reichte sie mir kichernd meinen Doggie.

Ich nahm ihn aus ihrer Hand entgegen und drückte ihn an mich.

»Na, so was«, lachte sie. »Jetzt habe ich plötzlich zwei Babies zu versorgen.«

Ich hörte ihr Kichern noch in meinen Träumen.

Nun sah ich Sal jeden Tag nach der Schule. Zwar konnten wir immer nur höchstens fünf Minuten zusammensein, aber das war immer noch besser als gar nicht. Ich erzählte ihm von den Fraziers und Martha. Und natürlich beschrieb ich ihm ausführlichst mein Zimmer mit dem kleinen Bad und den Kamin in der Eingangshalle. Es tat mir gut, mit Sal zu reden, weil er wirklich verstand, was in mir vorging. Er wußte, was es hieß, allein zu sein.

Eines Tages gab mir Schwester Gerard zwei Einkaufstüten mit Kleidern.

»Das sind aber nicht meine Sachen, Schwester«, sagte ich. »Hat Walter sie gebracht?«

»Nein, Jennings. Ich habe den Jungen aus deiner Klasse ein Rundschreiben mit nach Hause gegeben, ob ihre Mütter nicht ein paar Sachen für dich übrig hätten, die sie nicht mehr brauchten.«

»Das ist ja toll!« Ich war wirklich baff. »Das sind wirklich schöne Sachen.« Ich wühlte in den Hemden und Hosen in den Tüten.

»Sie sind zwar nicht neu«, meinte Schwester Gerard, »aber zumindest sind sie schön warm.«

»Für mich sind sie wie neu, Schwester. Und sind die Sachen wirklich alle für mich?«

»Ja, natürlich.«

Ich hatte noch nie so viele Sachen gehabt, und vor allem ganz für mich allein. Bis dahin hatte ich immer alles mit Larry teilen müssen. Wenn ich nach Hause kam, würde ich natürlich auch diese Sachen mit ihm teilen.

Ich malte mir schon in Gedanken aus, wie gut ich in den neuen Kleidern aussehen würde, als ich am Abend durch die dunklen Straßen zum Haus der Fraziers zurückging. Der Geruch von Holzfeuern, der in der Luft lag, ließ alles noch schöner erscheinen. Zu Hause angekommen, ging ich sofort in die Küche zu Martha.

»Na, so was«, staunte sie, als sie einen braunen Mantel in Augenschein nahm, den sie hoch in die Luft hielt, um ihn besser betrachten zu können. »Darin siehst du ja aus wie ein richtig feiner Herr.«

Dann nahm mir Martha die Tüten ab und schickte mich auf mein Zimmer, damit ich mich fürs Abendessen fertig machte.

Natürlich mußte ich auch Doggie alles erzählen. »Jetzt brauche ich nie mehr dieses zerlumpte Zeug tragen – außer meinen Schuhen natürlich.«

Er freute sich mit mir und konnte es gar nicht erwarten zu sehen, wie mir meine neuen Sachen standen. Und mir ging es natürlich genauso.

Am nächsten Morgen zog ich also eine dunkelblaue Hose und ein grünes Hemd mit zwei Pferden auf der Brusttasche an. Der braune Mantel, den Martha am Abend zuvor begutachtet hatte, ließ sich mit einem Gürtel zusammenbinden. Er war schön warm und paßte mir auch vorzüglich.

Martha brachte mich noch zur Tür und verabschiedete mich mit einem Kuß.

»Und vergiß auch nicht, was die Leute alles sagen. Hast du gehört?«

»Ich werde Ihnen alles genau erzählen.«

»Martha möchte doch schließlich wissen, was die Leute über ihren Liebling sagen.«

Am Gartentor drehte ich mich noch einmal um und warf ihr einen Kuß zu. Sie lachte und schlug sich mit den Händen auf die Schenkel.

Im Bus zur Schule stellte ich mir vor, daß alle Leute sicher dachten, wie gut ich angezogen war. Ich konnte es gar nicht erwarten, meine neuen Sachen Sal zu zeigen.

Ich mußte noch etwa eine Viertelstunde auf seinen Bus warten. Als er schließlich kam, stieg Sal aus und ging an mir vorbei, als hätte er mich nicht gesehen. Er hatte seine Hand über die Augen gelegt und suchte die Gegend ab. Als er das Gesuchte nicht zu finden schien, drehte er sich schließlich zu mir um und starrte mich an.

»Ach, hier bist du ja!« platzte er unter lautem Gelächter los. »Fast hätte ich dich nicht wiedererkannt.«

Ich strahlte übers ganze Gesicht.

»Du siehst ja wirklich fabelhaft aus«, fuhr er fort. »Laß dich mal genauer anschauen.«

Ich drehte mich für ihn im Kreis.

»Finden Sie wirklich, daß ich gut aussehe?«

Er zwickte mich in die Backe und kauerte vor mir nieder. »Großartig siehst du aus, mein Junge! Und jetzt geh schon mal zur Schule hoch. Ich werde dir nachsehen.«

»Gut.«

Als er mich darauf umarmte, drückte er mich einen Augenblick länger als sonst an sich. Zwar konnte er das nicht wissen, aber ich hätte mich ewig von ihm umarmen lassen können.

Ich rannte also über die Main Street und ging den Hügel zur Schule hinauf.

Vor dem Schulgebäude standen fünf oder sechs Jungen aus meiner Klasse. Ich merkte, daß sie mich im Näherkommen beobachteten und meine neuen Sachen begutachteten. Einer der Jungen stieß seinen Nachbarn mit dem Ellbogen in die Seite und deutete mit einer Kopfbewegung auf mich. Ich lächelte.

»Hey, Burch!« brüllte er mir entgegen. »Du hast meinen Mantel an.«

»Gefällt er dir?« fragte ich, als ich vor ihm stehen blieb.

Ein paar der Jungen fingen an zu lachen.

»Na, ich weiß nicht, ob mir mein Mantel an einem Betteljungen gefällt.«

Darauf begannen sie alle zu lachen.

»Seht euch mal den Betteljungen in unseren alten Sachen an«, schrie einer aus der Gruppe den anderen Jungen auf dem Hof zu.

Ich kämpfte mit den Tränen und biß auf meine zitternde Unterlippe.

»Na, Lumpensammler, eigene Kleider hast du wohl nicht. Wie kommst du überhaupt zu meiner Hose?«

Inzwischen hatten die anderen einen dichten Kreis um mich gebildet. Mit jeder neuen Beleidigung wurde ihr Gelächter lauter. Ein Junge streckte seine Hand nach mir aus und packte mich am Hemdkragen.

»Gib mein Hemd wieder her, Bettler. Los, zieh es aus.«

Ich schlug ihm auf die Hand. Darauf versetzte er mir einen Faustschlag mitten ins Gesicht. Als ich davon rückwärts in eine Gruppe von Jungen flog, biß ich mir in die Unterlippe. Sie begann heftig zu bluten. Ein anderer Junge packte mich am Arm und wirbelte mich herum. Die anderen wichen zurück, als ich auf den Jungen, der mich herumdrehte, einschlug. Ich traf ihn am Kopf. Er setzte zum Gegenangriff an und stieß mich zu Boden. Während ich über den Gehsteig stolperte und rücklings auf die Straße fiel, konnte ich die anderen »Bettler! Bettler!« brüllen hören. Im Fallen hatte ich mir am Nummernschild eines am Straßenrand parkenden Autos das Handgelenk aufgerissen, so daß ich heftig blutete. Nachdem ich mich wieder aufgerappelt hatte, zerrte ich den Gürtel meines Mantels los und streifte den Mantel ab, um ihn in die johlende Menge zu schleudern. Mein Blut spritzte über die Gesichter der Jungen, die in meiner Nähe standen. Die Rufe der Jungen verstummten allmählich. Ich riß mein Hemd auf. Ich war am ganzen Körper mit Blut besudelt. Als ich mir das Hemd halb vom Leib gerissen hatte, schlossen sich plötzlich Sals Arme um mich.

»Da bin ich ja schon, mein Junge. Hab keine Angst. Ich bin bei dir.«

Er hob mich hoch und drehte mich im Zuge derselben Bewegung zu sich herum. Ich vergrub mein blutendes Gesicht an seiner Brust und schluchzte laut los. Das Blut von meinem Handgelenk troff über Sals Schultern seinen Rükken hinab.

»Sieh bloß zu, daß du aus dem Weg gehst!« hörte ich Sal jemanden anbrüllen.

Er trug mich in die Schule.

»Was ist denn passiert?« hörte ich Schwester Reginas Stimme.

»Ich weiß nicht«, antwortete Sal. »Ich brauche ein Handtuch oder etwas ähnliches.«

»Bringen Sie ihn hier rein«, sagte jemand anderer.

Dann legte mich Sal auf eine Couch. Eine Krankenschwester beugte sich über mich und untersuchte mein Handgelenk. »Er wird wohl genäht werden müssen.«

Ich weinte so heftig, daß ich kein Wort hervorbrachte. Ich hatte sogar Mühe, Atem zu schöpfen.

»Ist ja schon gut. Beruhige dich, mein Junge«, versuchte

mich Sal zu trösten. »Ich bin ja bei dir.« Er hielt mich in den Armen und wiegte mich hin und her.

Dann kam ein Polizist mit einem Jungen aus meiner Klasse in den Raum. »Dieser Junge behauptet, sie hätten den armen Kerl gehänselt. Sie haben ihn einen Bettler geschimpft. Wer ist der Junge?«

»Er ist mein Sohn!« platzte Sal aufgebracht heraus.

»Bringen wir ihn ins Krankenhaus«, sagte die Krankenschwester.

Sal hob mich hoch. »Das ist mir vielleicht eine Schule«, schimpfte er. »Ein einziger Haufen von nichtsnutzigen, verzogenen Bengeln.«

Er trug mich aus dem Schulgebäude und durch eine riesige Ansammlung von Schülern. Nachdem er mich auf den Rücksitz des Polizeiautos gelegt hatte, stieg er hinter mir ein. Wir fuhren los.

Sal blieb so lange bei mir, bis Mr. Frazier kam.

»Sal … warum haben sie das getan?« fragte ich stockend.

»Ich weiß auch nicht, mein Junge. Vermutlich ist es einfach leichter, gemein zu sein als nett.«

Er hielt mich lange in seinen starken Armen.

»Ich habe dich furchtbar gern«, flüsterte ich leise gegen seinen Brustkorb, damit er mich nicht hören konnte.

»Jetzt komm, mein Junge«, sagte Mr. Frazier. »Ich bringe dich nach Hause.«

»Ich habe doch kein Zuhause«, erklärte ich.

»Ich habe ja auch zu mir nach Hause gemeint«, verbesserte er sich. »Martha wartet schon auf dich. Sie hat sich deinetwegen große Sorgen gemacht.«

»Es ist schon gut so, mein Junge«, nickte mir Sal zu. »Geh jetzt mit Mr. Frazier.« Er umarmte mich ein letztes Mal.

Ich stand auf und verließ mit Mr. Frazier das Krankenhaus.

Als wir dann vor seinem Haus hielten, kam Martha auf die Veranda gerannt.

»Mein Kleiner! Ach, mein Kleiner!« rief sie besorgt.

Ich stieg aus dem Wagen und sank in Marthas Arme.

»Was haben sie nur mit meinem Jungen gemacht?« schluchzte sie.

»Sie mochten meine neuen Sachen nicht, Martha. Sie haben mich Bettler genannt.« Nun konnte auch ich meine Tränen nicht mehr zurückhalten.

Martha drückte mich an sich. »Das ist alles nur Ihre Schuld!« schrie sie unvermittelt Mr. Frazier an.

»Meine Schuld!« Er war schockiert.

»Nein, es war nicht Mr. Fraziers Schuld«, verteidigte ich ihn. »Er war doch gar nicht dabei.«

»Natürlich war er nicht dabei. Aber er hätte dabei sein sollen«, schnaubte Martha wütend. »Glauben Sie im Ernst, Sie bräuchten den Jungen nur in ein leeres Zimmer zu stecken, und damit wäre es schon getan. So einfach ist es nun wirklich nicht. Sie müssen sich auch um die Sachen kümmern, die so ein Kind braucht. Aber was rede ich hier lange ...« Sie schnaubte verächtlich und machte eine wegwerfende Handbewegung in Richtung Mr. Frazier.

»Es war nicht seine Schuld«, nahm ich ihn noch einmal in Schutz, als Martha mich ins Haus führte.

»Doch! Es ist meine Schuld!« rief Mr. Frazier. »Martha hat recht. Es ist meine Schuld, mein Junge. Es tut mir leid.«

»Aber ...«

»Nichts aber, Jennings. Morgen – oder wenn es dir wieder besser geht – gehen wir in ein Geschäft und kaufen dir alles, was du brauchst. Einverstanden?«

»Einverstanden.«

»Entschuldigen Sie, Mr. Frazier, daß ich so mit Ihnen ...« setzte Martha an.

Aber Mr. Frazier schnitt ihr mit einer kurzen Handbewegung das Wort ab. »Sie hatten durchaus recht, Martha. Es tut mir leid, daß ich nicht selbst daraufgekommen bin. Danke, daß Sie mich darauf aufmerksam gemacht haben.«

»Und jetzt, mein Kleiner, legst du dich erst mal schön ins Bett. Martha hat dir eine leckere Suppe gekocht.«

Sie brachte mich in mein Zimmer.

»Warten Sie noch, Martha«, bat ich sie.

Ich trat an den Kleiderschrank und öffnete ihn. Dann nahm ich jedes einzelne Kleidungsstück heraus, das Schwester Gerard mir gegeben hatte, und warf es auf den Fußboden. Sprachlos sah mir Martha dabei zu. Schließlich raffte ich die ganzen Sachen zusammen und hob sie vom Boden hoch.

»Soll ich dir helfen?«

»Nein, Martha, das mache ich ganz alleine.«

Dann trug ich die Kleider durch die Küche zu der Mülltonne hinter dem Haus und stopfte sie alle hinein.

Mr. Frazier hielt Wort. Ein paar Tage später ging er mit mir einkaufen. Er kaufte mir Hemden, Hosen, Schuhe und was ich sonst noch alles brauchte. Wenn ich nun wieder in die Schule ging, würde ich wirklich anständig aussehen, und niemand würde etwas daran aussetzen können. Überhaupt würde ich mit niemandem mehr ein Wort reden – außer mit Schwester Gerard. Darauf verstand ich mich nämlich. In den verschiedenen Heimen hatte ich zur Genüge gelernt, wie man einen ganzen Tag lang zu niemandem auch nur ein Wort sagte. Wenn ich es dort geschafft hatte, dann würde ich es auch in der Schule schaffen.

Nach einer Woche ging ich zum erstenmal wieder zur Schule. Bevor ich den Hügel hinaufging, wartete ich noch auf Sal.

»Na, mein Junge, wie geht es dir?«

»Gut. Gefallen Ihnen meine neuen Sachen?«

»Na, und ob. Aber mir haben die anderen auch gefallen.«

»Aber den anderen haben sie nicht gefallen. Mir gefallen die hier auch besser. Mr. Frazier hat sie mir gekauft.«

»Das war aber nett von ihm. Und bist du bereit, in die Schule zu gehen?«

»Und ob. Ich werde mit niemandem reden außer mit Schwester Gerard.«

»Nicht mal, wenn sie mit dir reden wollen?«

»Nein. Und wenn sie sich lustig über mich machen, dann schenke ich ihnen einfach keine Beachtung.«

Sal kauerte vor mir nieder. »Weißt du, mein Junge, wir beide haben eine Menge ähnlicher Erfahrungen gemacht – wir haben bei anderen Leuten gelebt, waren oft hungrig, hatten manchmal nichts als Lumpen zum Anziehen und wurden deshalb auch noch ausgelacht und verspottet. Ich hätte durchaus böse und verbittert und gemein werden können – und eine Weile war ich das auch –, aber dann ist etwas geschehen, was mich verändert hat.«

»Und was war das?«

»Eines Tages traf ich einen alten Mann. Er saß auf der Parkbank, auf der ich nachts immer schlief. Ich sagte ihm, er sollte sich einen anderen Platz suchen. Er stand tatsächlich auf und ging weg. Aber dann blieb er plötzlich stehen. Er drehte sich zu mir um und stützte sich auf seinen Stock und sagte: ›Weißt du, mein Junge, ich war mein ganzes Leben lang böse und verbittert und gemein. Ich habe es nie über mich gebracht, auch mal nett zu jemandem zu sein oder auch nur mit jemandem zu sprechen.‹ Er machte eine kurze Pause, bevor er fortfuhr: ›Und aus diesem Grund bin ich eben ganz allein auf dieser Bank gesessen.‹ Damit drehte er sich um und ging weiter.«

»Das verstehe ich nicht.«

»Erst habe ich auch nicht verstanden, was er meinte. Aber nachdem ich eine Weile über seine Worte nachgedacht hatte, beschloß ich, nie wieder böse oder verbittert zu sein.«

»Und ich soll jetzt auch darüber nachdenken?« fragte ich.

»Mhm.« Er kniff mich in die Backe und stand auf. »Ich muß jetzt leider wieder los, mein Junge. Bis zum nächsten Mal.«

»Wiedersehen.«

Als ich dann den Weg zur Schule hochging, dachte ich über den alten Mann nach. Trotzdem begriff ich die Geschichte noch immer nicht. Ich ging direkt in mein Klassenzimmer. Als die anderen hereinkamen, ignorierte ich sie einfach. Falls sie etwas zu mir sagten, hörte ich sie nicht. Ich blieb für mich.

Als ich nach dem Unterricht zur Nachhilfestunde zu Schwester Gerard ins Kloster hinüberging, hielt mich auf dem Flur Eddie Keegan auf.

»Hey, Michael«, rief er mir hinterher.

Ich drehte mich um, um zu sehen, wer nach mir gerufen hatte, ging aber sofort weiter. Er holte mich jedoch ein.

»Hey, warte doch mal einen Augenblick.«

Ich ging einfach weiter.

»Ich wollte dir doch nur sagen, daß es mir leid tut – wegen neulich. Das war's schon. Und wenn du nicht mehr mit mir reden willst, dann kann ich auch nichts machen.« Er blieb zurück, während ich weiterging. Seine letzten Worte verhallten über den Flur.

Ich erreichte gerade den Ausgang, als ich mich noch einmal umwandte. Eddie ging bereits in der anderen Richtung davon. Der alte Mann war ganz für sich allein gesessen, dachte ich, weil er keine Freunde gehabt hatte. Er war allein gewesen, weil er mit niemandem gesprochen hatte.

»Eddie!« schrie ich.

Als Eddie sich daraufhin umdrehte, breitete sich ein strahlendes Lächeln über seine Lippen, und er rannte auf mich zu.

Von da an wurden Eddie und ich Freunde. Auch einige von den anderen entschuldigten sich bei mir, und ich verzieh ihnen. Obwohl meine Zeit wegen der Hausaufgaben und des Nachhilfeunterrichts nach wie vor knapp bemessen war, fragten mich meine Klassenkameraden nun häufiger, ob ich in der Mittagspause mit ihnen spielen wollte.

Sal versicherte mir, er wäre sehr stolz auf mich, weil ich mich nicht nachtragend gezeigt hätte. Und er meinte, nachtragend zu sein, wäre wesentlich einfacher als zu verzeihen. Damit hatte er vollkommen recht. Es fiel mir zwar keineswegs leicht, die Entschuldigungen der anderen zu akzeptieren, aber ich rang mich dennoch dazu durch. Und im nachhinein war ich darüber auch froh.

Ende März gab mir Schwester Gerard einen Brief.

»Für wen ist der?« fragte ich.

»Für Mr. Frazier.«

»Ist das ein Zeugnis?«

»Nein«, schüttelte sie den Kopf. »Gib ihm den Brief einfach. Er ist von Schwester Regina.«

Ich machte mir wegen des Briefs den ganzen Tag Sorgen. Ich konnte es gar nicht erwarten herauszufinden, was darin stand.

Beim Abendessen überreichte ich dann Mr. Frazier den Brief.

»Vermutlich fliegt er von der Schule«, mümmelte Donald in seinen Teller.

»Wenn der Brief von dir käme, wäre das vermutlich richtig«, wies ihn Mr. Frazier zurecht.

»Charles! Ist das vielleicht eine Art, mit deinem Sohn zu reden?« schaltete sich nun Mrs. Frazier ein.

»Ist es vielleicht eine Art, wie sich Donald gegenüber Jennings benimmt?« antwortete er mit einer Gegenfrage. »Aber lassen wir das«, wandte er sich wieder dem Brief zu. Nachdem er ihn zu Ende gelesen hatte, hob er den Kopf. »Jennings wird uns verlassen.«

»Er wird uns verlassen!« fuhr Mrs. Frazier auf.

»Ja, er kommt wieder nach Hause.«

»Nach Hause! Ich darf wieder nach Hause?«

»Dein Bruder kommt dich morgen abholen. Schwester Regina bittet uns darum, dich morgen mit allen deinen Sachen zur Schule zu bringen. Dort wird dich George dann um drei Uhr abholen.«

»Toll!«

»Wieso die ganze Aufregung?« fragte Martha, als sie das Eßzimmer betrat.

»Jennings kommt wieder nach Hause«, murmelte Donald.

»Ich darf nach Hause, Martha«, jubelte ich.

»Wie schön für dich, mein Junge.« Sie umarmte mich.

»Wann gibt's endlich was zu essen?« nörgelte Donald.

»Donald!« wies ihn seine Mutter zurecht.

»Du wirst mir fehlen, mein Schatz«, flüsterte mir Martha ins Ohr, während sie mich weiter an sich drückte.

Ich war sehr verlegen.

Nach dem Abendessen verabschiedete ich mich von den Fraziers und bedankte mich bei ihnen. Dann brachte mich Martha auf mein Zimmer, wo sie mir beim Packen half. Die Sachen, die mir Mr. Frazier gekauft hatte, legte ich auf einem extra Haufen zusammen.

»Willst du die Sachen denn nicht mitnehmen?« fragte Martha.

»Nein«, erwiderte ich. »Sie gehören mir doch nicht.«

»Was soll das heißen – sie gehören dir nicht? Natürlich gehören sie dir!«

Damit stapfte Martha aus dem Zimmer, um wenig später mit Mr. Frazier zurückzukehren.

»Jetzt sagen Sie's ihm«, forderte sie ihn auf.

»Willst du die Sachen, die ich dir gekauft habe, nicht behalten?«

»Doch, Sir. Aber ich dachte, sie gehören mir nicht.«

»Sie gehören dir, mein Junge. Es würde mich sogar freuen, wenn ich dir damit eine Freude machen könnte.« Er setzte sich auf mein Bett. »Weißt du, Jennings, ich habe mich vielleicht nicht in dem Maß um dich gekümmert, wie das nötig gewesen wäre, aber es tut mir aufrichtig leid. Ich möchte nur sichergehen, daß du dich an mich wendest, wenn du jemals etwas brauchen solltest. Einverstanden?«

»Einverstanden, Sir. Und vielen Dank.«

Er stand auf und drückte mich flüchtig an sich. »Und paß schön auf dich auf.«

»Das werde ich, Sir. Und nochmals vielen Dank. Für die Kleider, und daß ich bei Ihnen wohnen durfte.«

»Es war mir ein Vergnügen.« Er hatte inzwischen die Tür erreicht. »Ach, ich weiß übrigens, daß damals du den großen Fisch gefangen hast. Donald würde doch nicht einmal in der Badewanne einen Fisch erwischen.« Er zwinkerte mir zu.

»Jetzt mach dich schon mal fertig fürs Bett«, forderte mich Martha dann auf. »Ich bin gleich wieder zurück.«

Während ich meine Sachen zu Ende packte, dachte ich über Mr. Frazier nach. Er war sehr nett zu mir gewesen. Demnach waren doch nicht alle reichen Leute schlecht.

Ich hatte es mir bereits mit Doggie unter der Decke gemütlich gemacht, als Martha zurückkam. Sie schaltete das Licht aus und setzte sich auf mein Bett.

»Schade, daß du nicht mein Sohn bist.« Sie strich mir sanft übers Haar.

Über mein Gesicht rann eine warme Träne.

»Für so einen kleinen Jungen hast du schon viel durchgemacht«, sprach sie flüsternd weiter. »Ich möchte, daß du immer weißt, daß hier jemand ist, der dich sehr, sehr gern hat. Wenn du mal in Schwierigkeiten kommen solltest oder niemanden hast, der sich um dich kümmert … dann komm einfach zurück zu deiner guten, alten Martha. Ich bin immer für dich da.«

Dann begann sie, sich leise summend hin und her zu wiegen. Ihr Summen war so leise, daß ich es kaum hörte. Ich hörte sie mehr mit dem Herzen als mit den Ohren.

10

George und ich saßen im hinteren Teil des Bus und fuhren die Main Street hinunter. Die Einkaufstüte mit meinen Sachen hatte ich zwischen meine Beine geklemmt, Doggie lag auf meinem Schoß.

»Mußt du das Ding unbedingt offen herumtragen?« fragte George mit einer kurzen Kopfbewegung in Richtung Doggie.

»Er hat keine Lust, die ganze Zeit in der Tüte zu sitzen. Dort ist es ziemlich eng und stickig.«

»Man könnte denken, er wäre wirklich, wenn man dich über ihn reden hört.«

»Das ist er doch auch.« Ich hob ihn hoch, um ihn anzusehen. »Zumindest ist er es für mich.«

»Leg ihn wieder runter«, flüsterte George eindringlich und sah sich dabei vorsichtig um, ob uns niemand beobachtet hatte.

»Ach, übrigens vielen Dank auch, daß du ihn mir nachgeschickt hast.«

»Schon gut.« Er tätschelte mir das Knie. »Und wie ist es dir so ergangen?«

»Ach, diesmal war es gar nicht so übel. Die Fraziers sind sehr reich. Ich hatte ein eigenes Zimmer, und wir haben in einem richtigen Eßzimmer gegessen. Ich habe auch immer ein Lunchpaket in die Schule mitgekriegt.«

»Weil du gerade von deinem Zimmer redest«, seufzte George. »Wir sind umgezogen.«

»Umgezogen! Willst du damit sagen, daß wir nicht mehr in dem Haus in der Coolidge Avenue wohnen? Dann werde ich ja gar nicht mehr in Midnights Nähe sein.«

»Nein. Aber für dich ist das sowieso besser. Du mußt in Zukunft nur noch hundert Meter bis zur Bushaltestelle gehen.«

»Zu welcher Bushaltestelle?«

»Wie meinst du das? Zu welcher Bushaltestelle?«

»Werde ich weiter mit dem Q 44 zur Schule fahren – oder mit einer anderen Linie?«

George kicherte. »Keine Sorge. Du wirst weiter mit dem Q 44 fahren und kannst also auch deinen Freund – wie hieß er doch gleich? – weiter sehen.«

»Sal.«

»Was findest du an dem eigentlich so besonderes?«

»Er ist eben nett zu mir. Er redet mit mir und so. Vielleicht lernst du ihn eines Tages ja auch mal kennen. Du wirst ihn bestimmt auch sympathisch finden.«

»Na, ich weiß nicht.«

»Woher willst du das wissen?«

»Übrigens, in der neuen Wohnung gibt es wieder mal nur drei Zimmer. Du wirst dir also dein Zimmer mit Larry und Gene teilen müssen. Im anderen schlafen Walter und ich.«

»Und wo schläft Mama?«

»Im Wohnzimmer.«

»Klingt ja nicht gerade geräumig.«

»Tja«, seufzte George. »Eine größere Wohnung konnte ich mir eben nicht leisten.«

»Wie geht's Mama?« fragte ich.

»Gut.«

»Warum wird Mama eigentlich immer wieder krank, George?«

»Ich weiß auch nicht. Vielleicht bildet sie sich das alles nur ein.«

»Das verstehe ich nicht. Wie meinst du das?«

»Ach, das habe ich nur so gesagt.«

»Nein, jetzt sag schon. Wie hast du das gemeint?«

»Na, vielleicht bildet sie sich eben nur ein, krank zu sein, und in Wirklichkeit fehlt ihr gar nichts. Vielleicht glaubt sie nur, sie wäre krank.«

Darauf fuhren wir schweigend weiter. Ich begriff nicht, wie jemand nur glauben konnte, er wäre krank, und dann auch tatsächlich krank wurde. Das hatte ich doch auch schon des öfteren versucht, wenn ich keine Lust gehabt hatte, in die Schule zu gehen. Bei mir jedenfalls hatte es nie funktioniert.

An der 77th Road stiegen wir aus und gingen das kurze Stück zu unserer neuen Wohnung. Sie lag im Erdgeschoß eines zweistöckigen Hauses. George schloß die Tür auf, und ich trat hinter ihm ein. Mama lag neben dem Fenster im Bett.

»Mama«, rief ich leise.

Sie wandte mir ihr Gesicht zu und lächelte. Ich beugte mich zu ihr herab und umarmte sie.

»Ach, Mama«, schluchzte ich, »du hast mir so gefehlt.«

»Du mir auch, mein Liebling. Es tut mir leid, daß ich dich schon wieder wegschicken mußte.«

»Schon gut, Mama. Die Fraziers waren sehr nett zu mir.«

»Ich werde Ihnen einen Brief schreiben, um mich zu bedanken.« Sie schloß die Augen.

»Bist du müde, Mama?«

»Ein bißchen«, flüsterte sie. »Aber erzähl doch mal – wie geht es dir?«

»Gut«, antwortete ich. »Meine Verletzung ist schon ganz verheilt.«

»Welche Verletzung, mein Liebling?«

»Ich habe mir das Handgelenk aufgerissen.« Dabei hielt ich meine Hand hoch, damit sie die Narbe sehen konnte. »Ich mußte genäht werden«, fügte ich stolz hinzu.

Mamas Augen füllten sich mit Tränen, und ihre Unterlippe begann zu zittern.

»Nicht weinen, Mama. Jetzt ist doch alles wieder gut.«

Sie griff nach meiner Hand und drückte mir einen Kuß auf die Narbe. Dann begann sie zu weinen und wandte sich zum Fenster zu.

»Nicht weinen, Mama. Es ist doch alles wieder gut.«

»Laß Mama jetzt in Ruhe«, fuhr mich George an.

Ich blieb noch kurz auf der Bettkante sitzen und strich ihr sanft übers Haar.

»Geh jetzt auf dein Zimmer«, befahl George.

Ich stand auf und verließ den Raum, um mich in mein neues Zimmer zu begeben.

Es war sehr klein. Auf der einen Seite stand ein Etagenbett, auf der anderen ein gewöhnliches Bett. Mit der Kommode unter dem Fenster war der Raum praktisch bis auf den letzten Zentimeter ausgenützt. Ich stellte meine Einkaufstüte auf das Einzelbett.

»Ich habe dich schon reinkommen gehört.« Larry streckte seinen Kopf über den Rand des oberen Etagenbetts.

»Larry!«

»Hallo. Willkommen in unserer Telefonzelle.«

»Wirklich ganz schön eng hier«, nickte ich, nachdem ich mich einmal voll um meine Achse gedreht hatte.

»Was willst du schon anderes erwarten, wenn George und Walter sich um alles kümmern müssen?«

»George hat gesagt, eine bessere Wohnung hätte er sich nicht leisten können.«

»Wenn er nicht so viel trinken würde, könnte er sich schon eine bessere Wohnung leisten.« Larry ließ sich aufs Bett zurücksinken und starrte an die Decke.

»Welches ist mein Bett?«

»Das da.« Seine Hand zuckte über den Rand seines Betts und zeigte auf das Einzelbett.

Ich nahm Doggie aus der Einkaufstüte und legte ihn neben das Kopfkissen. Die restlichen Sachen leerte ich einfach auf das Bett. »Ich habe ein paar neue Kleider bekommen.«

»Tatsächlich?« Larry setzte sich abrupt auf und stieß sich dabei den Kopf an der Decke an. »Au!«

Er rieb sich kurz den Kopf, um dann auf den Boden herunterzuspringen. Ich zeigte ihm die Sachen, die Mr. Frazier mir gekauft hatte. Er hielt sich ein paar Kleidungsstücke an, ob sie ihm passen würden. Sie würden.

Dann unterhielten wir uns über die Familien, bei denen wir untergebracht worden waren. Larry war bei Leuten gewesen, die Frank hießen. Er meinte, sie wären ganz in Ordnung gewesen, aber bleiben hätte er dort nicht gewollt. Ich erzählte ihm, daß ich nichts dagegen gehabt hätte, bei den Fraziers zu bleiben.

»Du meinst, auf immer?«

»Hm …«

»Weißt du noch, wie ich dir mal erzählt habe, daß ich nichts dagegen gehabt hätte, bei Mrs. Keys zu bleiben? Damals konntest du das nicht vestehen. Aber seit du selbst mal bei netten Leuten warst, ist das etwas anderes, nicht wahr? So etwas Besonderes ist es gar nicht, bei anderen Leuten bleiben zu wollen – vor allem, wenn man dort anständig zu essen bekommt und nicht wie ein Stück Dreck behandelt wird.«

»Ich bekomme hier zwar nicht immer genügend zu essen«,

entgegnete ich. »Aber wie ein Stück Dreck werde ich noch lange nicht behandelt.«

»Na, du vielleicht nicht. Aber ...«

»Larry!« Er wurde durch Mamas Stimme unterbrochen.

»Verstehst du, was ich meine? ›Larry. Larry. Larry.‹« Er äffte Mamas Stimme nach, während er das Zimmer verließ.

Ich legte meine Sachen in eine Schublade der Kommode. Aus Sicherheitsgründen stopfte ich Doggie seitlich zwischen Bett und Wand.

Larry kehrte wutschnaubend zurück.

»Was hast du denn?« fragte ich ihn.

»Ich soll einkaufen gehen. Was hast du gedacht?« Er begann, vor sich hin zu murmeln. »Jetzt reicht's mir aber endgültig. Ich habe es satt, mich ständig herumkommandieren zu lassen. Ich haue ab – und damit basta!«

»Was grummelst du da herum?«

»Ach nichts. Ich habe es nur gründlich satt hier.«

»Aber wir sind doch erst hier eingezogen. Wie kannst du es dann schon satt haben?«

»Ich habe doch nicht die Wohnung gemeint.« Er deutete auf den Fußboden. »Ich habe diesen Ort gemeint, an dem ich mich befinde.« Dabei deutete er auf sich selbst.

»Das verstehe ich nicht.«

Statt einer Antwort griff Larry nur nach seinem Mantel und stürmte aus dem Zimmer.

Abends gab es Suppe. Larry, Mama und ich waren die einzigen, die etwas aßen. George war aus, Walter war in der Schule, und Gene war noch bei anderen Leuten. Mama aß im Bett. Larry und ich löffelten unsere Suppe in der Küche.

Die Küche war genauso winzig wie die restliche Wohnung. Nicht einmal ein Tisch hatte Platz. Deshalb aßen Larry und ich von einem Stuhl, den wir zwischen uns stellten.

»Hey!« kam Larry plötzlich eine Idee. »Wenn wir uns beeilen, können wir noch *Captain Video* ansehen.«

»*Captain Video?* Wo?«

»Im Fernsehen. Wo sonst?«

»Aber wir kennen doch niemanden, der einen Fernseher hat.«

Larry grinste über beide Ohren. »George hat einen Fernseher gekauft.«

»Tatsächlich?«

Larry schoß aus der Küche ins Wohnzimmer und deutete auf den Fernseher. Er war zwar nicht besonders groß, aber immerhin war es ein Fernseher.

»Wann hat er den gekauft?«

»Ich weiß nicht. Irgendwann, als wir weg waren. Er hat gesagt, wir sollten vorsichtig damit umgehen. Er hat ihn nämlich noch nicht abbezahlt.«

»Das ist ja toll! Ein Fernseher.«

»Mama?« rief Larry leise.

»Ja, mein Liebling.«

»Dürfen Jennings und ich *Captain Video* anschauen?«

»Wenn ihr den Fernseher nicht zu laut stellt«, antwortete sie. »Ich möchte ein wenig schlafen.«

In Windeseile wuschen Larry und ich das Geschirr. Als wir fertig waren, schalteten wir den Fernseher an. Ich hatte *Captain Video* schon ewig nicht mehr gesehen. Nach *Captain Video* sahen wir uns noch einen anderen Film an.

»Wirklich toll«, strahlte ich, »einen Fernseher zu Hause zu haben.«

»Mr. Frank hatte auch einen Fernseher«, erzählte Larry, »aber er hat uns nie schauen lassen. Nur am Sonntag hat er immer *Toast of the Town* und die *Fred Waring Show* angesehen«. Dazu schnitt Larry eine Grimasse.

»Waren das keine guten Sendungen?«

»Ach, nur Musik und Tanzen und solcher Blödsinn.«

»Wer hat euch erlaubt, den Fernseher anzumachen?« knurrte George. Gleichzeitig fiel die Tür krachend hinter ihm ins Schloß.

»Mama.«

»Das ist mein Fernseher. Merkt euch das gefälligst! Wenn

ihr also einen Film ansehen wollt, dann fragt in Zukunft mich.«

Er lallte ziemlich und schien Mühe zu haben, gerade zu stehen. Er war betrunken.

»Dürfen wir noch weiter schauen?« fragte Larry.

»Nein«, knurrte George. Er schaltete den Fernseher aus und torkelte in sein Zimmer.

Larry und ich sahen uns nur kurz an und verzogen uns dann in unser Zimmer.

»Was nutzt einem schon ein Fernseher, wenn man ihn nicht einschalten darf?« klagte Larry, als er in sein Bett kletterte. »Mir stinkt es hier.«

In den darauffolgenden Tagen und Wochen erlebte ich unsere Familie sehr verändert. Niemand sprach mit niemandem. Jeder schien auf jeden böse zu sein. Ich begriff nicht, wie es dazu hatte kommen können. Ständig kam es wegen der nichtigsten Anlässe zu Streitigkeiten, die sich dann auch noch endlos hinzogen. George war jeden Abend mehr oder weniger betrunken. Dann stritt er mit Walter oder Mutter und beschimpfte sie schrecklich. Walter schrie ihn immer und immer wieder an, daß er ihn haßte und daß er auch nicht besser wäre als der Alte. Ich mußte an die Geschichte denken, die Sal mir über diesen Alten erzählt hatte, und wunderte mich, woher Walter davon wußte. Nach jedem Krach zwischen Walter und George brach Mama in Tränen aus. Auch Gene und ich waren wie Hund und Katze. Wenn ich mit irgend etwas spielte, wollte er es auch haben. Wenn ich irgend etwas machen wollte, wollte er immer etwas anderes machen. Ständig heulte er Mama was vor. Sogar mit Larry verstand ich mich nicht mehr so gut. Er war entweder außer Haus, oder er jammerte ständig, daß er alles tun mußte. Ich ging von Abend zu Abend früher schlafen. Es war besser, sich unter der Decke zu verkriechen, als sich ständig dieses Gezanke anzuhören.

Obwohl ich Sal immer noch regelmäßig zweimal täglich

sah, erzählte ich ihm nicht von der angespannten Atmosphäre in unserer Familie. Ich schämte mich ein wenig und dachte, es wäre besser, das Ganze für mich zu behalten. Sal fragte mich oft, warum ich so still wäre. Ich erzählte ihm, ich hätte in der Schule so viel zu tun.

An einem Mittwoch, dem 25. April, zwei Tage vor meinem zehnten Geburtstag, bestieg ich wieder einmal Sals Bus, um von der Schule nach Hause zu fahren. Sal war diesmal stiller als sonst.

»Was haben Sie denn?« fragte ich ihn.

»Ich weiß nicht, wie ich es dir sagen soll«, begann er darauf zögernd.

»Was?«

»Na ja«, seufzte er. »Ich bin versetzt worden – in die Bronx.«

»Versetzt? In die Bronx? Heißt das, daß Sie diesen Bus künftig nicht mehr fahren werden?«

»Ja, mein Junge, so ist es. Es ist wirklich ein Jammer, aber ein anderer Fahrer, der schon länger für die Busgesellschaft arbeitet, wollte diese Strecke fahren.«

Ich war schockiert. Daß Sal mich auch einmal verlassen könnte, hätte ich mir nicht einmal im Traum einfallen lassen. Ich war wie betäubt.

»Mein Junge.«

»Äh, ja.«

»Ich werde alle Hebel in Bewegung setzen, daß ich wieder diese Strecke fahren kann. Schließlich fahre ich diese Strecke sehr gern. Ich habe eine Menge guter Freunde hier.«

»Ach ja, natürlich«, murmelte ich. »Sicher.«

»Alles in Ordnung, mein Junge?«

»Äh, ja.« Ich glaube, ich wäre auf der Stelle in Tränen ausgebrochen, wenn ich nicht wie gelähmt gewesen wäre.

Ich wußte nicht, was ich noch hätte sagen sollen. Sal ging es offensichtlich genauso. Wir näherten uns der Haltestelle, an der ich aussteigen mußte.

»Willst du mich noch ein letztesmal umarmen?« fragte er.

»Natürlich«, antwortete ich. »Natürlich.«

Ich nahm ihn über die Sperrstange hinweg in die Arme, und er kniff mir in die Backe.

»Von all den Freunden, die ich in diesem Bus kennengelernt habe«, sagte er dann, »bist du der beste. Du wirst mir sehr fehlen.«

»Sie mir auch.« Und damit stieg ich aus dem Bus.

Ich stand noch eine Weile da und starrte dem Bus hinterher, bis mir plötzlich zu Bewußtsein kam, daß ich Sal nie wieder sehen würde.

»*Sal!*« begann ich zu schluchzen. »Sal!« Mein Gesicht war von Tränen überströmt. Er war weg. Ich stand auf der Straße und starrte ins Nichts. Sals Bus war längst verschwunden, und ich war allein.

Ich überquerte die Straße und ging nach Hause. Außer Larry war niemand zu Hause. Er lag in seinem Stockbett und las ein Comic. Ich ließ mich auf mein Bett fallen und weinte.

»Was hast du denn?« fragte Larry.

Ich drückte Doggie an mich und weinte mich bei ihm aus, als mir ein dumpfes Krachen sagte, daß Larry aus seinem Bett gesprungen war. Er setzte sich neben mich.

»Was ist denn passiert?«

»Sal … Sal ist …« Ich brachte kaum ein Wort hervor. »Weg!«

»Weg? Wo ist er denn hin?«

Ich holte ein paarmal tief Atem und wischte mir mit dem Ärmel die Tränen aus dem Gesicht. »Er muß jetzt in der Bronx arbeiten.«

»Ist das alles? Ich dachte, etwas ganz Schreckliches wäre passiert.«

»Das ist schrecklich. Sal ist mein Freund.« Ich begann erneut zu weinen. »Ich mag ihn sehr gern.«

»Es ist nicht gut, wenn man andere Leute zu sehr mag.« Damit kletterte Larry wieder in sein Bett zurück. »Hast du das immer noch nicht kapiert?«

»Aber …«

»Nichts aber. Du hast jemanden gern, und zack! Schon ist er wieder weg. Es ist wirklich nicht gut, wenn man jemanden mag.«

Dann wandte er sich wieder seinem Comic-Heft zu. Ich vergrub mein Gesicht in Doggies Fell. Er hat recht, dachte ich, es ist nicht gut, jemanden zu sehr liebzugewinnen. Sal ist weg, Midnight ist weg, Jerome ist weg, Stevie ist weg, und Mark ist weg.

»Bitte, verlaß wenigstens du mich nie, Doggie«, flüsterte ich.

»Was hast du gesagt?« rief Larry von seinem Bett herunter.

»Nichts«, murmelte ich. Dann schloß ich die Augen und schlief ein.

Mein Geburtstag kam und verstrich unbemerkt. Ich erzählte niemandem davon, und niemand dachte daran.

Eines Freitagabends, als ich von der Schule nach Hause kam, packte Larry seine Sachen in eine Einkaufstüte.

»Ist Mama wieder krank geworden?«

»Nein«, erwiderte er.

»Wieso packst du dann deine Sachen?«

»Ich gehe weg von hier.«

»Wo willst du hin?«

»Ich gehe jedenfalls weg von hier. Mir reicht's. Ich lasse mir diese Behandlung nicht mehr gefallen. Ich habe es satt, den Sklaven zu spielen.«

»Wieso? Was ist passiert?«

»Nicht mehr und nicht weniger als sonst.« Er streckte mir einen Zettel entgegen.

Es war eine Nachricht von Mama. Sie wollte, daß Larry das Bad und die Küche putzte, bevor er das Haus verließ.

»Geh nicht weg, Larry«, flehte ich ihn an. »Ich helfe dir beim Putzen.«

»Ach, es ist doch nicht nur wegen der ständigen Schufterei; es ist wegen allem. Irgendwie ist alles anders geworden, seit wir nicht mehr in der Bronx wohnen. Ich haue jedenfalls ab.«

»Aber, Larry, du bist doch mein einziger Freund. Bitte geh nicht«, bettelte ich. »Bleib doch.«

»Ich habe dir doch gesagt«, erwiderte er darauf. »Es ist nicht gut, andere Leute zu gern zu mögen.« Damit sprang er auf das Fenstersims, und im nächsten Augenblick war er auch schon verschwunden.

»Nein! Nein! Nein!« Ich warf mich schluchzend aufs Bett. Das durfte einfach nicht wahr sein. Ich zog Doggie an mich. »Doggie«, schluchzte ich. »Wie soll das nur weitergehen? Ich halte das nicht mehr aus.«

Mama war keine zwei Minuten zu Hause, als sie nach Larry rief. Ich verkroch mich einfach unter der Decke. Sie rief noch einmal nach ihm, und dann kam sie nach längerem Schweigen in unser Zimmer.

»Wo ist Larry?« fuhr sie mich an. »Er hat nichts von den Sachen getan, die ich ihm aufgetragen habe.«

»Er ist weggelaufen«, murmelte ich in mein Kopfkissen.

»Was hast du gesagt? Rede gefälligst deutlicher!«

»Er ist weggelaufen!« schrie ich nun, während ich meinen Kopf vom Kopfkissen hob.

»Was! Oh, mein Gott, nein!« Sie rannte weinend aus dem Zimmer.

Ich vergrub meinen Kopf wieder unter dem Kissen.

»Wo zum Teufel steckt Larry?« bellte mich George von der Tür aus an.

»Ich weiß nicht«, antwortete ich unter meinem Kissen hervor.

Plötzlich ließ mich ein schmerzhafter Schlag in den Rükken zusammenzucken.

»Au!« schrie ich auf. »Warum schlägst du mich?«

»Ich habe dich was gefragt! Wo ist Larry?«

»Das habe ich dir doch schon gesagt«, schrie ich zurück. »Ich weiß es nicht!«

Alle gaben mir die Schuld, daß Larry weggelaufen war. Sie

meinten, ich hätte ihn zurückhalten sollen. So hatten sie noch nie auf mir herumgehackt. Ich war mir sicher, daß eigentlich niemand Notiz davon nahm, daß Larry weg war, aber trotzdem machten sie mir ständig Vorwürfe. Ich verkroch mich in meinem Bett.

Ich hatte keine Ahnung, wie spät es war. Gene schlief jedenfalls schon längst, und auch aus dem anderen Schlafzimmer war nicht das leiseste Geräusch zu hören. Ich steckte Doggie in eine Tüte, die Larry zurückgelassen hatte, und kletterte auf das Fenstersims. Dann ließ ich die Tüte draußen zu Boden gleiten und kletterte aus dem Fenster. Da stand ich nun. Den ersten Schritt hatte ich getan. Doch was nun? Ich hatte keine Ahnung, was ich als nächstes tun sollte. Da ich kein Geld hatte, mußte ich erst einmal nachdenken. Genau! Ich würde in die Bronx gehen und nach Sal suchen. Ich ging zur Bushaltestelle und wartete auf den nächsten Bus.

»Entschuldigen Sie, Sir«, fragte ich den Fahrer, »kennen Sie Sal?«

»Welchen Sal?«

»Sal eben. Seinen Nachnamen weiß ich nicht.«

»Ist er ein Busfahrer?«

»Ja. Er hat früher immer diesen Bus gefahren. Aber jetzt ist er in der Bronx. Wissen Sie, wen ich meine?«

»Ich glaube schon. Ist er klein, aber ziemlich kräftig?«

»Ja, das ist er.«

»Und was ist mit ihm?«

»Könnten Sie mir sagen, wo er arbeitet?«

Er holte unter dem Armaturenbrett einen Zettel hervor und schrieb mir die Nummer von Sals Bus auf und wie ich dorthin kam.

»Vielen Dank.«

»Du wirst doch jetzt nicht diesen Bus nehmen, oder?«

»Nein, nein«, lächelte ich.

Damit schloß er die Tür und fuhr los.

Bis zum späten Nachmittag war ich dann unterwegs in die Bronx und zu Sal. Ob er mich wohl bei sich aufnahm? Wenn nicht, mußte ich eben so lange herumwandern, bis ich älter wurde. Und dann würde ich einen Job bekommen …

Gegen fünf Uhr stieg ich in der Tremont, Ecke Castle Hill Avenue, aus dem Bus. Ich hielt mich genau an die Angaben auf meinem Zettel und wartete auf den Bus mit Sal. Aber Sal tauchte nicht auf.

»Sir?« wandte ich mich schließlich an einen der Fahrer. »Könnten Sie mir sagen, wo Sal ist?«

»Sal? Welcher Sal?«

»Äh … Sal eben. Er ist klein und ziemlich stämmig. Früher hat er den Q 44 in der Main Street in Queens gefahren, aber jetzt …«

»Ach, Sal. Natürlich weiß ich, wen du meinst. Aber Sal hat bis Montag frei.«

»Bis Montag? Und bis wann am Montag?«

»Mal sehen.« Er holte einen Plan aus seiner Tasche und studierte ihn kurz. »Montag, fünf Uhr früh, mein Junge.«

»Fünf Uhr«, seufzte ich. »Na ja, jedenfalls vielen Dank.«

Ich setzte mich auf die Bank an der Haltestelle, um nachzudenken. Es war erst Freitagabend. Das hieß, daß ich noch lange warten mußte. Während ich nachdenklich auf der Bank saß, stach mir plötzlich ein Plakat in die Augen. »Besuchen Sie den Bronx Zoo.«

»Der Zoo! Ist das keine gute Idee? Sollen wir in den Zoo gehen, Doggie?«

Doggie war sofort Feuer und Flamme.

Ich fragte eine Dame, die auf den Bus wartete, nach dem Weg zum Zoo. Sie zeigte die Straße hinunter, worauf ich mich bei ihr bedankte und mich auf den Weg machte.

Wir gingen die Tremont Avenue bis zur Boston Road hinunter, und dann bogen wir nach rechts ab. Ein paar Blocks weiter war der Eingang zum Zoo. Er war geschlossen.

Ein Schild am Eingang sagte, daß er erst samstags ein Uhr wieder geöffnet wurde. Deshalb beschloß ich, einfach am Zaun entlang zu gehen, ob es nicht irgendwo eine Stelle gab, an der ich unbemerkt durchschlüpfen konnte. Und ich hatte

Glück. Nach kurzer Zeit entdeckte ich eine Stelle, wo der Zaun ziemlich niedrig war. Ich sah mich vorsichtig um, ob mich auch niemand beobachtete. Dann schob ich meine Tüte unter dem Zaun hindurch und kroch hinterher. Geschafft!

Ich nahm Doggie aus der Tüte.

»Was sagst du dazu? Wir haben den ganzen Zoo für uns allein.«

Wir gingen herum und sahen uns die Tiere an. Es war sehr friedlich und still. Gelegentlich hörte ich einen Löwen oder Tiger brüllen. Ich war ganz aufgeregt.

Als die Sonne langsam unterging, setzte ich mich mit Doggie auf eine Bank, um mich etwas auszuruhen.

»Da ist nur ein kleines Problem, Doggie. Wir haben nichts zu essen.«

Das fand auch Doggie nicht ganz unproblematisch.

Plötzlich sah ich ein Licht. Wir waren also doch nicht allein. Ich sprang über die Bank, auf der ich saß, und verkroch mich im Gebüsch dahinter. Auf einem Motorroller fuhr ein Polizist vorbei. Ich mußte in Zukunft vorsichtiger sein. Deshalb beschloß ich auch gleich, bis zum Morgen zu bleiben, wo ich gerade war. Nachdem ich mir die Tüte mit meinen Habseligkeiten als Kopfkissen zurechtgelegt hatte, kuschelte ich mich an Doggie und sah zu dem dunkler werdenden Himmel hoch. Ich vermißte Mama sehr.

»Bisher finde ich es nicht besonders toll, von zu Hause wegzulaufen«, gestand ich Doggie. »Ich fühle mich fürchterlich einsam.«

Der nächste Morgen dämmerte. Überall zwitscherten die Vögel, und die Sonne schien warm vom Himmel. Ich streckte meinen Kopf unter den Büschen hervor und sah mich um. Dabei entdeckte ich ganz in der Nähe eine Gruppe von Arbeitern. Sofort duckte ich mich wieder unter die Büsche.

»Wir sollten besser hierbleiben, bis der Zoo öffnet«, flüsterte ich Doggie ins Ohr. »Da draußen sind eine Menge Leute.«

Ich holte ein paar Comic-Hefte aus meiner Tüte und las sie. Ich versuchte, nicht ans Essen zu denken – allerdings vergeblich. Ich las gerade ein Archie-Heft, wo Jughead Unmassen von Hamburgern verdrückte. Deshalb beschloß ich, mir lieber meine Baseballbilder anzusehen. Ich würde mir mal wieder ein paar neue besorgen müssen. Die 1951er Spielzeit hatte bereits begonnen.

Ich lag also, die Einkaufstüte als Kopfkissen, unter den Sträuchern und träumte davon, eines Tages zu einem Baseballmatch zu gehen, als ich eine Kinderstimme hörte. Ich lugte vorsichtig nach draußen und entdeckte ein paar Kinder mit ihren Eltern.

»Sehr gut!«

Ich kroch wieder ins Gebüsch zurück und begann, meine Sachen zusammenzupacken.

»Komm, Doggie … jetzt gibt's endlich was zu essen!«

Ich verstaute die Tüte im Gebüsch und ging, Doggie unterm Arm, in Richtung auf das Restaurant los. Dann setzte ich Doggie auf einen Tisch in der Nähe der Abfallkörbe. Hier glaubte ich nämlich, am ehesten ohne Geld an irgend etwas Eßbares heranzukommen. Wir warteten ziemlich lange, bis eine Dame endlich eine halbe Tüte Popcorn wegwarf. Ich fischte sie aus dem Abfallkorb.

Als ich das Popcorn gegessen hatte, war ich immer noch hungrig.

»Na, Kleiner, auf wen wartest du denn?« sprach mich ein Mann mit einer weißen Papiermütze an. Er fegte den Boden zwischen den Tischen.

»Äh … ich warte auf meinen Freund Sal.«

»Ach so. Der Boß mag es nämlich nicht, wenn die Leute hier herumsitzen, ohne was zu essen.«

»Ach so.«

»Wann kommt denn dein Freund?«

»So gegen fünf.«

»Wir schließen um fünf. Aber du kannst auf keinen Fall so

lange hier bleiben, ohne etwas zu essen.« Er sah sich in allen Richtungen um. »Warte mal.«

Er ging in Richtung Restaurant davon und verschwand. Ich fragte mich schon, ob ich nicht lieber gehen sollte. Ich wollte schon aufstehen, um mich aus dem Staub zu machen, als ich den Mann mit dem Rücken die Tür des Restaurants aufdrücken sah. Als er sich umdrehte, um auf mich zuzugehen, konnte ich erkennen, daß er einen Teller mit Frankfurter Würstchen, einen Becher Limonade und eine Tüte Pommes frites trug. Als er sich mir näherte, sah er sich vorsichtig nach allen Seiten um.

»Da, mein Junge. Aber iß schön langsam. Du hast drei Stunden Zeit.«

»Danke«, sagte ich. »Aber warum haben Sie das getan?«

»Mein Boß ist ein richtiges Ekel. Ich hasse es, andere Leute von hier zu verjagen und mich dumm anreden zu lassen.« Dann lächelte er mich an und ging.

Ich teilte das Essen mit Doggie.

»Der Mann war aber sehr nett, was?«

Doggie war ganz meiner Meinung.

Ich ließ mir beim Essen Zeit. Ich mußte nämlich noch wesentlich länger als drei Stunden warten. Aber das konnte der Mann natürlich nicht wissen. Er hatte gedacht, ich hätte heute abend fünf Uhr gemeint. Als ich mit dem Essen fertig war, verließ ich das Restaurant.

Doggie und ich sahen uns alle möglichen Tiere an. Am besten gefielen uns die Löwen, die Seehunde und die Affen. Als wir gerade bei den Bären waren, verkündete ein Wärter, daß der Zoo geschlossen würde.

Doggie und ich begaben uns zurück zu unserem Busch und krochen darunter.

»Das hat doch Spaß gemacht?«

Doggie war auch ganz begeistert. Er wunderte sich nur, weshalb es im Zoo keine Doggies gab.

»Ich weiß auch nicht«, erwiderte ich. »Vielleicht gibt es in manchen Zoos nur Tiere, die man nicht als Haustiere halten kann – wie zum Beispiel Giraffen oder Löwen.«

Das fand er durchaus einleuchtend. Aber trotzdem hätte er zumindest einen Doggie im Zoo treffen wollen.

»Na, aber du bist doch hier«, meinte ich dazu.

Darauf wußte er dann nichts mehr zu erwidern.

Ich holte wieder meine Comic-Hefte und Baseballbilder heraus. Nachdem ich Doggie eine Weile vorgelesen hatte, was auf der Rückseite der Bilder stand, schliefen wir ein.

Den Sonntag brachten wir auf ähnliche Weise wie den Samstag hinter uns. Wir blieben in unserem Versteck, bis die ersten Besucher auftauchten. Dann krochen wir unter dem Busch hervor und sahen uns wieder die Tiere an. Um das Restaurant schlugen wir allerdings einen weiten Bogen. Ich wollte nicht, daß uns der Mann wieder sah. Sonst hätte er vielleicht Verdacht geschöpft. Deshalb trieb ich mich diesmal in der Nähe einer Imbißstube herum. Am späten Nachmittag begannen die Leute dann, alles mögliche wegzuwerfen. Auf diese Weise ergatterte ich ein halbes Würstchen und etwas Popcorn. Als ich einen leeren Limonadenbecher fand, füllte ich ihn mit Wasser. Nicht daß ich davon satt geworden wäre, aber es mußte eben reichen. Bevor der Zoo schloß fand ich noch einmal ein halbes Keks und ein Stück Frankfurter Würstchen, das ich abwusch und in eine Papierserviette wikkelte, um es für später aufzuheben.

Die Sonne war längst untergegangen, und der Nachthimmel war von funkelnden Sternen übersät. Ich hatte mir die Tüte mit meinen Sachen wieder unter den Kopf geklemmt und Doggie an mich gedrückt.

Im Einschlafen dachte ich an die Zeit zurück, als ich noch Freunde gehabt hatte, als meine Brüder noch miteinander sprachen und als Mama noch nicht krank war. Wie lange war es nun schon her, daß ich nur geweint hatte, wenn ich mir das Knie aufgeschlagen hatte oder nicht ins Bett wollte. Ich wünschte mir, es würde wieder werden wie damals.

11

»Jennings!« entfuhr es Sal überrascht. »Was machst du denn hier?«

»Ich bin von zu Hause weggelaufen«, murmelte ich. Ich stand auf der obersten Stufe seines Busses. Er breitete seine Arme aus, und ich stürzte auf ihn zu und begann zu weinen. Eigentlich wollte ich das nicht, aber ich konnte nicht anders.

»Was ist denn, mein Junge?«

Ich weinte mich an seiner Brust aus, während er mir sanft auf den Rücken klopfte und mich auf den Kopf küßte.

»Nicht weinen«, tröstete er mich. »Du bist ja bei mir. Nicht weinen.«

Er zog sein Taschentuch heraus und wischte mir die Tränen aus dem Gesicht.

»So, und jetzt wird mal ordentlich geschneuzt!« Damit hielt er mir das Taschentuch unter die Nase.

Als er mir dann die Nase abgewischt hatte, steckte er mir das Taschentuch in die Brusttasche meines Hemds.

»Und jetzt setz dich mal schön und erzähl mir alles der Reihe nach.«

Ich setzte mich auf den Platz hinter ihm und lehnte mich weit zu ihm vor. Und dann erzählte ich ihm, daß nicht die Schule der Grund gewesen war, weshalb ich damals so still gewesen war. Es wäre vielmehr die gespannte Atmosphäre zu Hause gewesen. Ich erzählte ihm, daß George ständig trank und Larry weggelaufen war. Und dann fragte ich ihn, ob ich bei ihm wohnen könnte.

»Aber was würde deine Mutter dazu sagen? Glaubst du nicht, du würdest ihr fehlen? Glaubst du nicht, daß du ihr jetzt schon sehr fehlst?«

Da ich wußte, daß er recht hatte, gab ich ihm keine Antwort.

»Hast du Hunger?«

»Ja, und wie!«

»Gut!« schlug er vor. »Dann lege ich nach dieser Tour eine Pause ein, damit wir mal ordentlich essen gehen können.«

Ich beobachtete die Leute, die ein- und ausstiegen. Dabei fuhr ich mit meinem Knie von der einen Seite der Griffstange an der Rückseite seines Sitzes zur anderen und wieder zurück.

An der Endstation gingen wir frühstücken. Für mich bestellte Sal Pfannkuchen und Eier mit Speck. Doggie setzte ich gegen die Salz- und Pfefferstreuer und fütterte ihn mit etwas Speck.

Nach dem Essen bestellte sich Sal noch eine Tasse Kaffee.

»Was willst du als nächstes tun?« fragte er mich.

»Hm … wahrscheinlich gehe ich wieder zurück in den Zoo.«

»In diesem Fall habe ich eine bessere Idee«, lachte er. »Ich werde dich nach Hause zu deiner Mutter bringen.«

»Muß das sein?«

»Ja, mein Junge.« Er sprach plötzlich ganz ernst zu mir. »Das muß sein.«

»Also ich weiß nicht, ob das wirklich so eine gute Idee ist.«

»Was hältst du davon? Ich bringe dich nach Hause und frage deine Mutter, ob ich dich ab und zu besuchen kommen darf. Ist das keine gute Idee?«

Ich dachte eine Weile über sein Angebot nach, »Nein, das ist vermutlich wirklich keine schlechte Idee.«

Lachend beugte er sich zu mir herüber und kniff mich in die Backe.

»Sal …« setzte ich zögernd an.

»Ja?«

»Was nützt es einem, andere Leute gern zu haben?«

»Was?«

»Was nützt es einem …«

»Ich habe dich durchaus verstanden. Ich wollte nur wissen, auf welchem Mist das nur wieder gewachsen ist.«

»Larry hat gesagt, es würde nichts bringen, wenn man andere Menschen gern hat, weil sie sowieso wieder weggehen – und vor allem die, die man besonders gern hat.«

»Wie ich zum Beispiel?«

»Äh …«

»Jetzt hör mal gut zu, mein Junge. Larry hat keineswegs recht. Es nützt einem sehr viel, andere Leute gern zu haben – auch wenn sie wieder weggehen.«

»Wieso?«

»Weil es doch zumindest schön ist, diese Menschen gern zu haben, sie näher kennenzulernen und mit ihnen zu reden, solange man bei ihnen ist. Findest du nicht auch?«

»Aber es tut doch so schrecklich weh, wenn sie dann plötzlich weg sind.«

»Natürlich tut das weh. Und je mehr du unter der Trennung leidest, desto mehr hat dir die betreffende Person bedeutet. Wenn du nie jemanden lieb gewonnen hättest, weil du immer schon Angst gehabt hättest, der Betreffende könnte dich wieder verlassen, würdest du auch nicht wissen, wie schön es ist, einen Freund zu haben. Dann wärst du nämlich immer allein.«

»Wie der alte Mann auf der Bank?«

»Genau wie der alte Mann auf der Bank. Weißt du, mein Junge, Freundschaft ist, wenn dein Pfad den eines anderen Menschen kreuzt. Wie kurz oder lange dies auch immer der Fall sein mag, ist es doch etwas Wunderschönes, wenn du dich in der Gesellschaft dieses Menschen wohl fühlst und seine Gegenwart genießt. Und wenn es dann zur Trennung kommt, dann wird der Schmerz darüber nie größer sein als die Freude über das Zusammensein.«

Dann brachte mich Sal nach Hause.

Mama schloß mich in die Arme und überschüttete mich mit Küssen. Sie weinte und machte mir Vorhaltungen.

»Wo warst du denn die ganze Zeit? Ich habe mir solche Sorgen gemacht.«

»Ich war im Zoo.«

»Drei Tage lang!«

»Äh … es gefällt mir eben im Zoo.«

Sie drückte mich erneut an sich. »Tu so etwas bitte nicht wieder!« schluchzte sie. »Und vielen Dank, Sal, daß Sie Jennings nach Hause gebracht haben.«

Sal kratzte sich am Kopf. »Könnte ich vielleicht mal mit Ihnen reden, Mrs. Burch?«

»Ich heiße Rita. Nennen Sie mich doch einfach Rita. Es ist, als würde ich Sie schon seit längerer Zeit kennen. Jennings hat mir so viel von Ihnen erzählt.«

»Das ist aber nett. Vielen Dank.«

»Möchten Sie eine Tasse Kaffee?« fragte sie.

»O ja, danke gern.«

Mama machte Sal also Kaffee. Dann setzten sie sich an den kleinen Tisch im Wohnzimmer. Mich schickte Mama auf mein Zimmer, damit sie ungestört sprechen konnten.

»Was die beiden sich erzählen«, flüsterte ich Doggie ins Ohr, »ist viel zu wichtig, als daß wir sie nicht belauschen dürften.«

Doggie erklärte sich einverstanden, auch wenn er fand, es gehörte sich nicht, an der Tür zu lauschen.

»Wenn es sich nicht um eine besonders wichtige Sache handeln würde, wäre ich durchaus deiner Meinung. Aber hier geht es darum, ob Sal mich in Zukunft hier besuchen kann.«

Wir lauschten. Ich preßte mein Ohr, so fest es ging, gegen einen Spalt in der Türfüllung. Obwohl ich nicht alles hören konnte, bekam ich doch so viel mit, daß Mama Sal zusagte, er könnte mich hin und wieder am Wochenende besuchen.

»Wieso wollen Sie das machen?« fragte Mama.

»Nun ja, wenn ein Junge von zu Hause wegläuft und drei Tage wartet, um mich sehen zu können, dann heißt das doch eindeutig, daß er ein starkes Bedürfnis in dieser Richtung haben muß. Und deshalb würde ich ihm gern behilflich sein, dieses Bedürfnis, so weit dies möglich ist, zu befriedigen.«

»Das ist sehr nett von Ihnen.«

»Es geht mir aber nicht darum, nett zu sein«, erwiderte Sal. »Ich fühle mich einfach nur etwas verantwortlich für den Jungen.«

»Aber Sie sind ihm gegenüber doch durch nichts verpflichtet.«

»Ich weiß nicht. Ist nicht jeder, der etwas zu geben hat, so wenig dies auch sein mag, in gewisser Weise für diejenigen verantwortlich, die in irgendeiner Hinsicht bedürftig sind? Er braucht nur jemanden, der ihm etwas Zeit widmet, und ich habe genügend Zeit.«

»Ich verstehe zwar kaum etwas von dem, was die beiden reden, Doggie«, jubelte ich, »aber eines ist mir klar – Sal darf uns besuchen kommen. Hurra!« Ich schleuderte Doggie in die Luft und fing ihn in einem gewaltigen Hechtsprung auf meinem Bett auf.

Schade, daß Larry nicht mehr da war. Er hätte sicher eingesehen, daß es keineswegs schadet, wenn man jemanden gern mochte. Bestimmt hätte er Sal auch nett gefunden.

Von nun an kam Sal an den Wochenenden regelmäßig zu Besuch.

Er machte mit Mama, Gene und mir verschiedene Ausflüge. Wir machten ein Picknick im Alley Pond Park, fuhren aufs Land und gingen am Jones Beach schwimmen. Hin und wieder kam auch Walter mit. Sal brachte ihm das Autofahren bei. Es war wirklich schön, wenn Sal zu Besuch kam. Durch ihn trat in unserer Familie eine deutliche Veränderung ein. Manchmal besuchte er uns auch unter der Woche und brachte eine Menge Lebensmittel mit. Er kochte Abendessen oder lud uns zum Essen ein. Hin und wieder ging er auch mit Mama allein aus.

Durch Sal vergaß Mama mehr und mehr ihre Probleme. Sie lachte mehr und weinte weniger. Sie hatte einen Freund. Walter fuhr besonders gern mit Sals Wagen; außerdem spielte er öfter mit Sal und Mama Scrabble oder andere Spiele. Und insgesamt genoß er es auch, daß zu Hause wieder bessere Stimmung herrschte. Gene war sogar regelrecht verrückt nach Sal. Kaum hatte er sich gesetzt, kletterte Gene schon an ihm herum.

Der einzige, der Sal nicht mochte, war George. Jedesmal, wenn Sal uns besuchen kam, verließ er das Haus. Er schloß sich uns kein einziges Mal an. Das konnte ich nicht verstehen. Und wenn George betrunken war, was er sehr häufig war, dann sagte er häßliche und gemeine Dinge über Sal. Es machte mir nichts aus, daß er Sal nicht mochte, aber wenn er schlecht über ihn redete, stieg mir die Galle hoch.

Einmal fragte ich Mama, warum George Sal nicht mochte. Darauf erklärte sie mir, er wäre alkoholkrank und könnte nichts dafür. Das fand ich allerdings nicht. Er hatte nie versucht, ihn gern zu mögen. Nicht einmal ihn kennenzulernen, hatte er sich die Mühe gemacht.

Eines Samstagmorgens wollten wir mit Sal zum Strand fahren. Ich suchte nach meiner Badehose, als George aus seinem Zimmer kam. Er hatte noch einen Kater und ging in die Küche, um Kaffee zu kochen. Ich folgte ihm.

»Wir fahren zum Strand raus«, erzählte ich ihm. »Willst du nicht mitkommen?«

»Nein.«

»Du kommst nie mit, wenn wir was unternehmen. Warum?«

»Ach, laß mich in Ruhe, Kleiner.« Er steckte sich eine Zigarette an.

»Warum magst du Sal eigentlich nicht, George?«

»Ich hab dir doch gesagt, du sollst mich in Ruhe lassen. Und dann kommst du mit so einer Frage daher!«

»Ich möchte einfach nur den Grund dafür wissen. Nichts weiter.«

Er schenkte sich eine Tasse Kaffee ein und nippte vorsichtig daran.

»Ich verstehe es einfach nicht«, ließ ich nicht locker.

»Ich mag es einfach nicht, wenn jemand hier ankommt und plötzlich bestimmt, was wir zu tun und zu lassen haben.«

»Das bestimmt Sal doch gar nicht.«

»Ach was! Ich arbeite mir für euch den Rücken krumm, und was ist der Dank dafür? Da kommt plötzlich dieser Sal an, und jeder mag ihn. Hat er sich vielleicht um euch kümmern müssen, als Mama krank war? Er mußte nicht eure hungrigen Mäuler stopfen und die ganzen Rechnungen bezahlen. Er kommt nur einfach hier an und lenkt die ganze Aufmerksamkeit auf sich. Aber ohne mich! Mir kann der Kerl gestohlen bleiben. Bist du jetzt froh, daß du mich gefragt hast?« Damit schüttete er den restlichen Kaffee in den Ausguß und stapfte aus der Küche.

Ganz unrecht hatte George sicher nicht. Er tat viel für die Familie, aber er zehrte auch viel an uns. Ich glaube, seine Bitterkeit und Unzufriedenheit ließ alle vergessen, daß er auch viel Gutes für uns tat – oder war es umgekehrt? War er verbittert und unzufrieden, weil niemand anerkannte, was er für die Familie tat? Ich wußte nicht recht, was ich davon halten sollte.

Das Wasser am Jones Beach war zwar warm, aber die Wellen waren zu hoch. Mama ließ Gene und mich nicht ins Wasser, so daß wir nur im Sand spielten. Mama und Walter wagten sich bis zur Hüfte ins Wasser und riefen Sal, er sollte auch ins Wasser kommen. Aber er hatte keine Lust. Er lag lieber in der Sonne.

»Ich bin gleich wieder zurück«, sagte ich Gene und rannte zu Sal. »Kann ich dich mal was fragen?« Ich kauerte mich neben ihm in den Sand.

»Aber natürlich, mein Junge. Was gibt's denn?« Er stützte sich auf die Ellbogen auf und beschattete seine Augen.

»Weißt du eigentlich, warum George dich nicht mag?«

»Ich glaube schon.« Er lachte. »Woher du nur all diese Fragen hast?«

»Ist es, weil er viel für die Familie getan hat und niemand ihm dafür gedankt hat? Und dann bist du ...«

»Das ist nur zum Teil der Grund.«

»Und was noch?«

»Na ja, George hat da ein Problem, das sonst keiner von euch Jungen hat.«

»Er trinkt.«

»Noch etwas anderes. George wird ständig zwischen zwei Extremen hin- und hergerissen. Wenn sein Gefühl ihm etwas sagt, dann drängt ihn sein Verstand in genau die entgegengesetzte Richtung.«

Ich sah Sal verständnislos an und kratzte mich am Kopf.

»Das ist ein Problem, das George erst noch lösen lernen muß. Aber irgendwann wird er es schon schaffen. Möchtest du eine Limonade?«

»Äh ... nein, danke. Weißt du, Sal, sich mit Erwachsenen zu unterhalten, ist manchmal ganz schön schwierig.«

Wir verbrachten einen wundervollen Sommer. Das heißt natürlich – alle bis auf George. Ich konnte mich nicht erinnern, daß wir je so viel gemeinsam unternommen hatten. Wenn doch Larry nicht weggelaufen wäre. Ich bin sicher, daß er sich auch wohl gefühlt hätte. Was er wohl trieb und wo er wohl steckte?

Im Herbst fuhren wir mit Sal aufs Land, um das bunte Laub der Bäume zu bewundern. Wir waren alle begeistert – vor allem Walter. Zum erstenmal durfte er eine längere Strecke fahren.

Er folgte Sals Anweisungen, und bald hatten wir die Stadt hinter uns gelassen. Die Bäume entlang der Straße leuchteten in allen Farben – Rot, Gelb, Braun und Orange.

Dann bogen wir zwischen zwei Steinsäulen in eine schmale Straße ein und fuhren unter dem Blätterdach der Bäume dahin. Die Bäume links und rechts der Straße standen so dicht, daß wir wie durch ein Tunnel aus Blättern glitten. Und am Ende des Tunnels stand ein großer, roter Backsteinbau mit zwei mächtigen, weißen Säulen, die einen Balkon stützten.

»Wo sind wir hier?« fragte ich.

»Ich dachte, eine kleine Pause könnte nicht schaden«, erklärte Sal.

»Ich will einen Hamburger«, meldete sich Gene zu Wort.

»Steigen wir erst mal aus und vertreten uns die Beine«, schlug Sal vor.

Als wir ausstiegen, sah ich hinter dem Gebäude ein paar Leute.

»Wo sind wir hier?« fragte ich noch einmal.

Kaum hatte ich das gesagt, fiel mir ein Junge auf, der auf uns zurannte. Er rief: »Mama!«

Es war Jerome. Ich traute meinen Augen nicht. Es war tatsächlich Jerome. Er umarmte Mama und begann zu weinen. Walter, Gene und ich umringten die beiden, um Jerome zu begrüßen. Als ich an die Reihe kam, umarmte ich Jerome ebenfalls.

»Na, wie geht's?« fragte er mich.

»Ich hatte keine Ahnung, daß wir dich besuchen würden.«

»Du siehst auch ganz durcheinander aus.«

»Ja, das bin ich auch.«

Darauf gingen wir eine Weile auf dem Gelände herum. Sal erzählte uns nun, daß er diesen Ausflug schon seit längerer Zeit mit Mama geplant hatte. Nur Jerome hatte gewußt, daß wir ihn besuchen kommen würden. Im Speisesaal aßen wir zu Mittag. Außer uns waren noch eine Menge anderer Eltern und Geschwister zu Besuch.

»Hier sieht es gar nicht wie in einem Krankenhaus aus«, meinte ich.

»Das ist ja auch kein Krankenhaus«, klärte mich Jerome auf, »sondern ein Erholungsheim.«

»Ach so.«

»Willst du mein Bett und meine neuen Flugzeugmodelle sehen?« fragte Jerome dann.

»Natürlich.«

»Darf ich auch mitkommen?« fragte Gene.

»Nein, Liebling. Du bleibst hier«, hielt ihn Mama zurück.

Wir gingen also in den Schlafsaal. Er erinnerte mich an die Heime, in denen ich gewesen war. Nur die Fenster waren nicht vergittert.

Jerome zeigte mir seine Flugzeug- und Schiffsmodelle. Sie

konnten sich wirklich sehen lassen. Und dann gab er mir ein Baseballbild.

»Yogi Berra?«

»Ja«, lachte Jerome. »Wenn er den MVP gewinnt, mußt du ihn an die Wand hängen.«

»Natürlich!«

»George ist also nicht mitgekommen.« Jerome klang etwas enttäuscht.

»Na ja …«

»Ich habe auch nicht wirklich mit ihm gerechnet. Ich habe zwar gehofft, er würde kommen, aber gerechnet habe ich damit eigentlich nicht.«

»Weißt du, Jerome, er kommt mit Sal nicht sonderlich gut zurecht.«

»Was sollte man schon anderes erwarten, nachdem ihn der Alte dermaßen verkorkst hat. Er hat doch gar keine andere Wahl, als Sal zu hassen.«

»Von was für einem Alten redest du da?«

»Von deinem Vater natürlich. Von wem sonst?«

»Von meinem Vater!«

»Jetzt erzähl mir bloß nicht, du wüßtest nichts über deinen Alten.«

»Meinst du den Alten auf der Bank?«

»Auf welcher Bank?«

»Vergiß es. Erzähl mir einfach von meinem Vater.«

»Uff«, stöhnte Jerome und setzte sich. »Was habe ich mir da wieder eingebrockt.«

»Lebt mein Vater denn noch?« fragte ich. Mein Herz klopftc plötzlich wie wild.

»Hat dir denn wirklich niemand von ihm erzählt?«

Ich setzte mich auf das Bett neben seinem. Mir schossen Hunderttausende von Fragen durch den Kopf, aber ich brachte nicht ein Wort heraus.

»Er ist ein Säufer«, begann Jerome zögernd. »Er lebt mit seiner Mutter in der Bronx. Er ist bei deiner Großmutter.«

»Ich habe auch eine Großmutter?«

»Wenn das nur gut geht«, murmelte Jerome. »Wenn Mama das erfährt.«

»Jerome, erzähl doch weiter.«

»Ich weiß nicht, was ich dir sonst noch erzählen soll.«

»Äh ... äh ...« Ich rang mühsam nach Worten. »Äh ... wissen das denn alle?«

»Ich weiß nicht. Jedenfalls dachte ich, du wüßtest davon!«

»Nein, ich habe nichts gewußt.«

»Das sehe ich. Aber sag bloß Mama nicht, daß ich es dir erzählt habe.«

»Warum nicht?«

»Weil sie mich umbringen würde – deshalb.«

Ich saß eine Weile schweigend da und dachte nach.

»Und wieso mag George deswegen Sal nicht?« fragte ich schließlich.

»Na, weil er eben sehr an unserem Alten hängt. Sie besaufen sich gemeinsam, und dann erzählt ihm der Alte allen möglichen Quatsch über Mama ...«

»Was erzählt er über Mama?«

»Er behauptet, sie wäre verrückt und ähnlichen solchen Blödsinn. Und George glaubt ihm.«

»Woher weißt du das alles?«

»Zum Teil hat es mir Mama erzählt, zum Teil weiß ich es von Walter. Walter haßt den Alten richtig.«

»Ist das auch der Grund, warum sich George und Walter nicht ausstehen können?«

Jerome nickte.

»Das ist ja irre!« platzte ich heraus. »Jetzt fange ich an, eine Menge Dinge zu begreifen, die mir vorher vollkommen schleierhaft waren.«

»Das mag schon sein, aber jetzt vergiß das Ganze mal lieber wieder.«

»Hast du ihn schon mal kennengelernt?«

»Nein, und ich habe auch keine Lust, ihn kennenzulernen. Er hat nie auch nur einen Finger für mich oder sonst jemanden von uns gerührt. Er ist nichts weiter als ein Säufer und ein Penner.«

»Warum mag ihn dann George?«

»Weil er auch ein Säufer ist. Alle Säufer mögen sich. Sie helfen sich gegenseitig, besoffen zu bleiben.«

»Wenn George zu trinken aufhören würde – würde er dann auch begreifen, daß unser Vater nie etwas für uns getan hat? Würde er ihn dann auch nicht mehr mögen?«

»Kann schon sein.«

»Es wird mir sicher schwerfallen, so zu tun, als ob ich nichts davon wüßte.«

»Dann versuche es zumindest.«

»Natürlich. Allerdings macht mir das einen ganz gehörigen Strich durch die Rechnung.«

»Durch welche Rechnung?«

»Ach, ich weiß auch nicht. Vermutlich habe ich mir gewünscht, daß Sal Mama heiratet und eines Tages mein Vater wird. Das war's wahrscheinlich.«

»Das kannst du vergessen. Solange unser Alter nicht tot ist, kann Mama Sal nicht heiraten.«

»Ich weiß. Ist das nicht verrückt? Ich habe erst vor zehn Minuten herausgefunden, daß mein Vater noch lebt, und schon wünsche ich ihm den Tod.«

»Da bist du nicht der einzige.«

Darauf zeigte mir Jerome seine Briefmarkensammlung. Ich versuchte mich auf das zu konzentrieren, was er mir zu den einzelnen Marken erzählte, aber meine Gedanken gingen immer wieder mit mir durch. Mir gingen einfach zu viele Dinge durch den Kopf.

Die Fahrt nach Hause verlief relativ schweigsam. Gene war auf Mamas Schoß eingeschlafen.

»Ich gebe meine Stelle als Busfahrer auf«, brach Sal unvermittelt das Schweigen.

»Was!« entfuhr es Mama überrascht. »Wieso?«

»Ich habe eine bessere Stellung gefunden.«

»Als was?«

»Ich werde einen Sattelschlepper von einem Staat zum anderen fahren.«

»Wirst du dann immer lange wegbleiben müssen?« wollte Mama wissen.

Diese Frage ließ mich die Ohren spitzen.

»Ja. Eine Tour wird zwischen drei und vier Wochen dauern.«

»So lange?« fragte ich.

»Keine Sorge, mein Junge. Du wirst in der Schule ausreichend beschäftigt sein. Und wenn ich wieder nach New York zurückkomme, werde ich dich jedesmal besuchen.«

Schmollend ließ ich mich in den Sitz zurücksinken. Ich wollte nicht, daß Sal mich allein ließ. Er sollte immer bei mir bleiben! Doch er streckte seine Hand nach mir aus und kitzelte mich.

»Nicht!« lachte ich.

»Ich höre erst auf, wenn du nicht mehr ein so griesgrämiges Gesicht machst.«

Er kitzelte mich weiter, und ich mußte immer weiter lachen.

»Und nächsten Sommer«, fuhr er fort, »werde ich dich auf eine Tour mitnehmen«.

»Mit dem Lastwagen?«

»Ja.«

»Toll!« Plötzlich fand ich Sals Plan gar nicht mehr so übel. Ich stellte es mir herrlich vor, mit Sal unterwegs zu sein. »Also gut«, erklärte ich mich einverstanden.

»Was ist gut?« wollte Sal nun genau wissen.

»Du kannst den neuen Job annehmen.«

Darauf lachte Sal schallend los.

Doch als er dann die neue Stelle antrat, vermißte ich ihn vom ersten Tag an sehr.

Jerome gegenüber hielt ich Wort. Obwohl er mir kein Versprechen abgenommen hatte, verriet ich niemandem, daß ich wußte, daß mein Vater noch am Leben war. Jedenfalls konnte ich Georges Verhalten nun besser verstehen, und ich begriff auch, was Walter meinte, wenn er George vorwarf, er wäre um keinen Deut besser als der Alte. Was mich wohl am meisten beschäftigte, war die Frage, weshalb mir Mama nichts von ihm erzählt hatte.

Eines Samstagabends sahen Mama, Gene und ich einen Abenteuerfilm an, der in Indien spielte. Draußen gewitterte es füchterlich, so daß das Fernsehbild ganz verschwommen wurde und ständig wanderte. Walter war nicht zu Hause, und George machte sich gerade fertig, um auszugehen. Das Bild wurde immer schlechter, so daß wir schließlich gar nichts mehr erkennen konnten. Mama drehte an verschiedenen Knöpfen herum, aber es nutzte nichts.

»George«, rief sie, »kannst du schnell den Fernseher reparieren?«

Mürrisch kam George aus seinem Zimmer. »Was ist?«

»Könntest du den Fernseher reparieren? Das Bild wandert ständig.«

»Das liegt an der Antenne«, brummte George. »Sie muß neu eingestellt werden.«

»Könntest du das nicht noch schnell machen?«

»Ich habe keine Zeit mehr, um noch lange auf dem Dach herumzufuhrwerken. Ich muß weg.«

»Ich habe doch nur gefragt. Deswegen brauchst du doch nicht gleich so aufzubrausen.«

»Warum bittest du nicht Sal, daß er die Antenne repariert? Er scheint doch alles wieder hinzukriegen.«

»Wenn er nicht unterwegs wäre, würde er das wahrscheinlich tatsächlich«, konterte Mama.

Darauf stürmte George aus der Wohnung.

»Ich werde die Antenne richten«, schlug ich vor.

»Nein, das wirst du nicht. Dazu bist du noch zu klein.«

»Ich bin nicht zu klein«, quakte Gene dazwischen. »Ich werde sie reparieren.«

Darauf ging Mama lachend an den Kleiderschrank und schlüpfte in ihren Mantel. Ich war wütend auf George, weil er wieder einmal auf Sal herumgehackt hatte. Ich fragte mich, wie lange es wohl noch dauern würde, bis ich einmal etwas sagen würde.

»Ich bin gleich wieder zurück«, sagte Mama, als sie aus dem Zimmer ging, um aufs Dach zu steigen.

Gene und ich blieben vor dem Fernseher sitzen und starrten auf das Chaos auf dem Bildschirm. Ein paar Minuten später kam das Bild plötzlich wieder zurück.

»Jetzt ist es wieder in Ordnung«, meinte Gene.

»Ja, jetzt kann man wieder was sehen.«

Im Fernseher fütterte gerade ein Junge einen Papagei, als ich ein lautes Krachen hörte.

»Das klang, als käme es vom Treppenhaus.«

Ich öffnete die Wohnungstür und lauschte ins Treppenhaus hinaus. Offensichtlich hatten das Geräusch auch unsere Wohnungsnachbarn gehört, da einige von ihnen aus ihren Wohnungen stürzten. Dann ertönte ein Schrei. Ich rannte die Treppe zum zweiten Stock hoch, wo bereits mehrere Leute herumstanden. Andere strömten noch aus ihren Wohnungen. Und als ich dann das letzte Stück Treppe zum Dach hochrannte, sah ich Mama. Sie lag mit dem Gesicht nach oben auf der Treppe und blutete aus Nase und Mund. Ihre Augen waren geschlossen.

»Mama!« schrie ich.

Ich bückte mich, um mich an ihr festzuhalten, als mich von hinten ein Mann packte.

»Rühr sie nicht an!« hielt er mich zurück. »Ich glaube, sie hat sich das Genick gebrochen.«

»Nein!« schrie ich auf.

»Ich glaube, sie ist tot«, sagte jemand.

»Nein! Nein! Sie darf nicht tot sein. Ich will nicht, daß sie tot ist.«

Ich versuchte, mich loszureißen; aber ich schaffte es nicht. »Lassen Sie mich los!« brüllte ich in meiner Verzweiflung.

»Nein, mein Junge, das kann ich nicht.«

Dann drängten sich zwei Polizisten an mir vorbei.

»Gehen Sie bitte wieder in Ihre Wohnungen zurück!« forderte der eine Polizist die Umstehenden auf.

»Lassen Sie mich los!« brüllte ich neuerlich.

»Wer ist der Junge?« wandte sich der andere Polizist an den Mann, der mich festhielt.

»Ich glaube, es ist der Sohn der Frau.«

»Jetzt beruhige dich erst mal, mein Junge«, redete mir der Polizist gut zu. »Wir wollen doch deiner Mutter nur helfen.«

»Ist sie tot?«

»Nein, mein Junge. Sie ist nicht tot.«

Zwei weitere Polizisten drängten sich an uns vorbei. Sie hatten mehrere Decken bei sich. Meine Knie wurden plötzlich weich, und mir war ganz eigenartig zumute.

»Wo ist mein Bruder?« fragte ich dann.

»Er ist in meiner Wohnung«, hörte ich jemanden antworten.

Dann hoben die Polizisten Mama vorsichtig hoch und trugen sie die Treppe hinunter. Als sie an mir vorbeikamen, wollte ich Mama anfassen.

»Bitte, lassen Sie mich los«, flehte ich den Mann hinter mir an.

Das tat er dann auch tatsächlich, so daß ich auf Mama zustolperte und sie an der Hand faßte.

»Ich hab dich schrecklich gern, Mama«, schluchzte ich und küßte sie auf die Hand.

Dann trugen die Polizisten sie weg.

12

Die Dame von der Wohlfahrt stieg aus, ging um den Wagen herum und öffnete mir die Tür.

»Da wären wir«, verkündete sie gut gelaunt.

Ich ließ meine Blicke über den kalten, grauen Steinbau

wandern. Die Fenster waren zum Teil vergittert, zum Teil war ein Drahtgeflecht vor ihnen angebracht. Wir befanden uns irgendwo in Brooklyn.

Die Dame öffnete die Eingangstür und gab mir durch eine kurze Geste zu verstehen, ich sollte vor ihr eintreten. Um mich zu vergewissern, daß ich auch wirklich alles dabei hatte, berührte ich kurz die braune Papiertüte, die ich mir unter den Arm geklemmt hatte. Ich trat durch die Tür, und die Dame folgte mir.

Der Boden des Eingangsflurs war widerlich grün gekachelt, und in der Mitte war er von Millionen Füßen zu einem bläßlichen Gelb abgetreten. Die Dame öffnete eine zweite Tür und ließ mich erneut zuerst eintreten. In dem dahinter liegenden Raum saß hinter einem Schreibtisch eine dicke Frau in einem gepunkteten Kleid. Auf der Kante ihres Schreibtisches stand ein Schild mit der Aufschrift »Hier stehen bleiben«. Das Haar der dicken Frau war streng zurückgekämmt und mit Klammern festgehalten.

»Guten Tag«, sagte die Dame, mit der ich im Auto gekommen war.

»Name?« sagte die dicke Frau, ohne aufzublicken.

»Sag der Dame schön deinen Namen.«

»Jennings.«

»Vorname?«

»Das ist mein Vorname.«

»Nachname?«

»Burch.«

Sie kritzelte meine Angaben auf ein Blatt Papier.

»Alter?«

»Zehneinhalb.«

»Wohnsitz?«

Ich zögerte, um kurz nachzudenken.

»Wo wohnst du?« wiederholte sie ihre Frage ungeduldig.

»Nirgendwo.«

»Irgendwelche Kleidungsstücke?«

Ich berührte die Tüte unter meinem Arm. »Ein Hemd.«

»Einen Augenblick«, unterbrach nun die Dame, die mich gebracht hatte. »Er wohnt in …«

»Das ist jetzt nicht von Interesse«, schnitt ihr die dicke Frau das Wort ab. »Seine Unterlagen werden noch früh genug hier eintreffen. Warte dort drinnen!« Dabei sah sie mich zum erstenmal an, deutete dabei aber auf eine Tür auf der anderen Seite des Raums.

Ich ging auf die grüne Metalltür zu.

»Wiedersehen, mein Junge«, rief mir die Dame, die mich hierher gebracht hatte, hinterher. »Und alles Gute.«

Ich machte mir nicht die Mühe, etwas zu erwidern oder mich umzudrehen. Entweder machte sie diese Arbeit noch nicht lange, oder sie war blind. Ich drückte die schwere Eisentür auf und trat in den Raum dahinter.

Er war geräumig und kahl. An einer Wand standen eine Metallbank und ein kleiner Holztisch, auf dem ein paar Kinderbücher verstreut lagen. Eines lag auch auf dem Fußboden. Ich hob das Buch vom Fußboden auf. Es hatte Eselsohren und war halb zerfetzt. Ich legte es auf den Tisch. Jemand hatte etwas über eine der Seiten geschmiert. Ich drehte das Buch herum, um besser lesen zu können. »Gottverdammte Lügner« war mit Wachsmalkreide über die Gesichter eines Mannes, einer Frau, eines Jungen und eines Mädchens geschrieben. Die Seite stand für den Buchstaben F und »Familie«.

Ich setzte mich auf die Bank und nahm Doggie aus meiner Tüte heraus.

»Da wären wir also.«

Ich sah mich im Raum um. Das Milchglasfenster war noch zusätzlich durch ein verrostetes, altes Drahtgeflecht gesichert. Der Heizkörper darunter gab in kleinen Stößen Dampf und schmutzig braunes Wasser von sich. An den feuchten Stellen hatte sich die Wand verfärbt. Von der Decke waren im Lauf der Jahre Putz- und Farbteilchen abgebröckelt, die wegzufegen sich niemand die Mühe gemacht hatte. Von den zwei Kugellampen, die von der Decke hingen, brannte nur eine. Der Raum wirkte insgesamt dunkel und düster.

»Es tut mir leid, daß ich dich hierher mitgenommen habe«, entschuldigte ich mich bei Doggie. »Aber ohne dich halte ich es in diesen Heimen einfach nicht aus.« Ich vergrub mein Gesicht in seinem Fell und begann zu weinen. Aber es schien ihm nichts auszumachen.

Nachdem ich lange gewartet hatte und ein paar weitere Zentimeter Farbe von der Lehne der Bank gekratzt hatte, steckte ich Doggie in die Tüte zurück und legte mich auf die Bank. Als Kopfkissen diente mir die Tüte. Ich schloß die Augen und lauschte dem Zischen und Spucken des Heizkörpers, der beharrlich seine Innereien von sich gab. Er klang irgendwie wütend.

»Na, mein Junge«, weckte mich eine sanfte Stimme.

Gleichzeitig tippte mir jemand auf die Schulter.

»Ja«, antwortete ich und drehte mich um, um zu sehen, wer nach mir rief.

»Was machst du denn hier, mein Junge?« fragte mich eine Dame.

Zum Schutz gegen das blendende Licht der Deckenlampe legte ich meine Hand an die Stirn, so daß ich ihr Gesicht erkennen konnte. Es war eine ältere Dame mit grauem Haar. Sie hatte sich etwas um den Kopf gebunden und trug ein schäbiges, geblümtes Kleid.

»Na, mein Junge, was ist?« fragte sie.

»Die Dame am Schreibtisch hat mir gesagt, ich soll hier warten.«

»Dieses verdammte Mist …« Doch sie schluckte das letzte Wort hinunter. »Na gut, dann komm jetzt.«

Sie ergriff meine Hand und führte mich eine Reihe von dunklen Korridoren entlang. Es war offensichtlich schon spät. Alle schienen zu schlafen. Sie öffnete die Tür eines Schlafsaals. Der überwältigende Uringeruch, der mir hier in die Nase stach, verursachte mir ein Würgen. Dann führte sie mich auf eine Reihe von Schränken zu. Sie öffnete ihre Türen, bis sie einen leeren fand. Dann reichte sie mir einen Schlafanzug.

»Deine Nummer ist einundfünfzig, mein Junge«, flüsterte sie mir zu. »Vergiß sie nicht.«

»Nein, ich werde sie mir bestimmt merken.«

»Dann zieh dich jetzt um und such dir dein Bett.« Als sie mich dann allein zurückließ und ging, murmelte sie etwas vor sich hin, daß sie immer alles tun müßte. Sie erinnerte mich an Larry.

Ich schlüpfte in den Schlafanzug. Er war mir mindestens zehn Nummern zu groß. Ich klemmte mir Doggie unter den Arm und hielt mir mit der freien Hand die Schlafanzughose.

»Jetzt heißt es, mein Bett finden«, sagte ich laut zu mir selbst.

Der Schlafsaal war riesig. Die Wände wiesen an drei Seiten Fenster auf. Ich ging den Mittelgang hinunter, bis ich Bett Nummer einundfünfzig erreichte. Es stand neben einem Fenster an der rechten Wand. Die Schatten der Gitterstäbe fielen über die Bettdecke. Es war, als kletterte ich in einen Käfig.

Das Bett fühlte sich klamm und feucht an, und es roch nach Insektenvertilgungsmittel. Ich hätte nicht sagen können, ob das Pipi oder das Insektenmittel mehr stank. Ich schloß die Augen, drückte Doggie an mich und lauschte. In der Ferne hörte ich ein Auto vorbeifahren. Hin und wieder schniefte oder hustete jemand. Ich hörte auch, wie Mama die Treppe hinunterfiel. Schließlich schlief ich ein.

Ich wachte auf, als jemand gegen mein Bett stieß. Ich setzte mich auf und sah zwei Jungen, dic miteinander rauften. Ich kroch wieder unter die Decke zurück und tastete nach Doggie. Er lag unter meinem Kopfkissen.

Als die beiden Streithähne sich allmählich wieder beruhigten, wagte ich mich wieder unter der Decke hervor. Doggie stopfte ich in meine Schlafanzugjacke, die so groß war, daß sie ein hervorragendes Versteck darstellte. Dann ging ich auf Schrank Nummer einundfünfzig zu und versteckte Doggie darin. Ich zog den Schlafanzug aus und schlüpfte in meine Sachen.

»Bis dann«, verabschiedete ich mich flüsternd von Doggie, bevor ich die Schranktür schloß.

Doggie war unter dem Schlafanzug und meinem Wäschesack bestens versteckt. Ich folgte ein paar anderen Jungen in den Waschraum.

Dort sah es genauso aus wie in den anderen Heimen. Nur fehlten die numerierten Haken. Ich wusch mir das Gesicht und trocknete mich am Hemdsärmel ab. Ein paar Jungen putzten sich auch die Zähne, aber ich hatte keine Lust, sie zu fragen, woher sie die Zahnbürsten hatten. Bevor ich nicht genauestens über die Regeln Bescheid weiß, werde ich hier niemanden irgend etwas fragen.

Als ich neben Bett Nummer einundfünfzig stand und wartete, sah ich mir den Jungen mit der Nummer fünfzig genau an.

»Aufstellen!« rief eine Dame in einem grauen Kleid, die in den Schlafsaal trat.

Die Jungen rannten auf ihre Plätze.

»Los!« kam das nächste Kommando und sie begann, rhythmisch in die Hände zu klatschen.

Die Reihe setzte sich in Bewegung. Erst hörte sich das Ganze ziemlich durcheinander an, aber draußen auf dem Gang verfiel die Reihe dann in Gleichschritt. Wir marschierten in den Speisesaal. Die Mädchen kamen von der anderen Seite herein. Auf das Kommando »Halt!« blieben wir alle stehen. Ich stand vor Stuhl Nummer einundfünfzig.

Das Frühstück bestand aus einem lauwarmen klebrigen Zeug, das wir in einer massiven, weißen Schale, um deren Außenseite ein schmaler, grüner Strich lief, serviert bekamen. Unseren Kakao bekamen wir in denselben verbeulten Blechtassen wie in St. Teresa's. Als mir die Dame Kakao einschenkte, sah ich zu Boden. Als ich feststellte, daß er gefliest war und man sich dort keine Splitter einziehen konnte, war mir gleich wohler zumute.

Die Damen im Speisesaal trugen dasselbe graue Kleid, das auch die Dame im Schlafsaal angehabt hatte. Nonnen waren nirgendwo zu sehen.

Vom Speisesaal wurden wir dann in den Spielsaal geführt. Eigentlich waren es zwei Spielsäle, die durch eine große Tür verbunden waren. In der einen Hälfte spielten die Jungen, in der anderen die Mädchen. Von beiden Räumen öffneten sich jeweils zwei Glastüren auf einen Hof.

Ich ging auf eine der Türen zu und sah hinaus. Der Hof, wo bereits ein paar Kinder spielten, war aus demselben grauen Stein wie das Gebäude, und er war mit demselben Drahtgeflecht eingezäunt. Am oberen Rand des Zauns verlief allerdings eine Reihe Stacheldraht. Das machte mir Angst. Zum erstenmal kam ich mir wie ein Gefangener vor. Ich konnte meinen Blick nicht von dem Stacheldraht abwenden.

»Jennings!« hörte ich plötzlich jemanden rufen.

Keine drei Meter von mir entfernt, stand Mark. Ich bekam an Armen und Beinen eine Gänsehaut.

»Mark«, brachte ich mühsam hervor.

Ich traute meinen Augen nicht. Wir schüttelten uns die Hand.

»Mark.«

Ich war den Tränen nahe. Mark ging es vermutlich ähnlich. Über seine durch die Brille eulenhaft vergrößerten Augen legte sich ein feuchter Schimmer. Wir standen nur da und sahen uns an.

»Du bist größer geworden«, sagte Mark schließlich.

»Und du dicker.«

Wir mußten beide lachen. Langsam fiel uns das Reden leichter.

»Was machst du denn hier?« fragte ich.

»Das gleiche könnte ich dich fragen«, erwiderte Mark. »Warten.«

Wir mußten erneut lachen.

»Ich bin im Heim der guten Engel krank geworden, und deshalb haben sie mich ins Krankenhaus geschickt.«

»Wieso? Was fehlt dir denn?«

»Keine Ahnung. Uns Kleinen erzählt doch niemand was. Als ich dann aus dem Krankenhaus kam, haben sie mich hierher gesteckt.«

»Wie ist es denn hier?«

Er zuckte mit den Achseln. »Es geht so. Jedenfalls paßt nie jemand auf uns auf.«

»Das ist hier ja auch nicht nötig.« Ich schaute zu der Umzäunung mit dem Stacheldraht hinüber.

Marks Blicke folgten den meinen. »Ach, du meinst den Zaun?«

Ich nickte. »Ich komme mir richtig eingesperrt vor.«

»Das bist du auch – das heißt, das sind wir hier alle.«

»Ich weiß«, murmelte ich. »Nur ist es mir bisher nicht bewußt geworden.«

»Seit wann bist du denn schon hier?«

»Äh ... seit gestern abend.«

»Was für eine Nummer hast du?«

»Einundfünfzig.«

»Und du?«

»Zweiundsiebzig.«

»Hier gibt's ja wirklich eine Menge Kinder.«

»Allerdings.«

»Wo sind wir hier eigentlich?« fragte ich.

Mark lachte. »Jedesmal, wenn ich dich treffe, hast du keine Ahnung, wo du bist. Sagt dir eigentlich niemand was?«

»Wer redet schon mit uns Kleinen? Das hast du doch eben selbst gesagt.«

Wir lachten beide.

»Du bist hier im Brooklyn-Heim. Wie der Name sagt, liegt es in Brooklyn.«

Wir mußten neuerlich lachen.

»Hey, Mark! Ich muß dir was zeigen.«

»Was?«

»Das kann ich dir jetzt nicht sagen. Ich muß es dir zeigen.«

»Na gut, dann zeig's mir wenigstens.«

»Geht das? Ich meine, jetzt gleich?«

»Natürlich.«

Wir gingen in den Schlafsaal. Ich öffnete Schrank Nummer einundfünfzig und schob meinen Schlafanzug beiseite. Dann nahm ich Doggie heraus und legte ihn Mark in die Arme.

»Ach, Doggie«, flüsterte er. Er hielt Doggie an seine Wange und schloß die Augen. Eine Träne bahnte sich einen Weg über sein Gesicht.

»Sie haben mir Brownie weggenommen«, sagte er mehr zu sich selbst. »Ich bin krank geworden und habe mich im Bett übergeben. Dann sind sie richtig böse auf mich geworden und haben mir Brownie weggenommen.«

Ich stand stumm neben ihm und sah ihm zu, wie er Doggie wieder in den Schrank zurücklegte und zudeckte. Wir wollten eben den Schlafsaal wieder verlassen, als ihm plötzlich etwas einfiel.

»Warte mal!« Damit trat er auf seinen Schrank zu, öffnete ihn und deutete hinein.

Ich folgte ihm und sah auf die Stelle, auf die sein Finger deutete. Und da hing der Engel, den ich für ihn gemacht hatte, an der Tür.

»Ich habe ihn immer noch«, erklärte er dazu. »Als ich im Krankenhaus lag, kam mich Schwester Frances besuchen und brachte mir den Engel mit.«

»Schwester Frances?«

»Ja, das hat mich auch überrascht.«

Auf dem Weg zurück in den Spielsaal erzählte mir Mark, daß er inzwischen drei Monate in diesem Heim war. Das Essen war erbärmlich und das Wasser in der Dusche zu kalt. Wir gingen auf den Hof.

»Ist deine Mutter schon wieder krank?« fragte er.

Ich nickte. »Sie ist die Treppe runtergefallen und hat sich das Genick gebrochen.«

»Das ist ja ein Ding«, hauchte Mark beeindruckt.

Ich schloß die Augen, um ihr Bild aus meinem Kopf zu

vertreiben, wie sie damals völlig verzerrt auf der Treppe gelegen war.

»Schön, dich wiederzusehen, Jennings«, fügte Mark dann hinzu. »Du hast mir sehr gefehlt. Zwar hätte ich mir nie träumen lassen, daß ich das jemals zu jemandem sagen würde, aber es stimmt: Du hast mir sehr gefehlt.«

»Ich habe dich auch vermißt. Und ich habe auch viel an dich gedacht – vor allem, nachdem ich Jerome kennengelernt hatte.«

»Jerome?«

»Das ist mein Bruder, der die ganze Zeit im Krankenhaus ist.«

»Ach, jetzt erinnere ich mich wieder. Hast du ihn inzwischen kennengelernt?«

»Ja, er kam für etwa zwei Monate nach Hause. Laß mich mal überlegen ... ja, das war vor etwa einem Jahr. Er war wirklich nett. Und vor allem hat er mich sehr stark an dich erinnert.«

»Wieso? Ist er denn auch so dick?«

»Nein«, lachte ich. »Er ist nicht dick. Er ist einfach nur schwer in Ordnung – so wie du.«

»Ich habe übrigens so getan, als wärst du mein Bruder, nachdem du wieder wegkamst«, gestand mir Mark darauf.

»Tatsächlich?« Ich lächelte.

Er nickte, um dann jedoch seinen Blick zu senken. Er war sichtlich verlegen.

»Ich fände es wirklich toll, wenn wir Brüder wären«, erklärte ich daraufhin.

»Aber das geht doch nicht. Wir könnten höchstens so tun.«

»Wieso? Wieso könnten wir höchstens so tun?«

»Weil wir nun mal keine Brüder sind. Ganz einfach.«

»Genau das ist der Punkt, in dem du dich täuschst.« Ich schüttelte meinen Finger verneinend hin und her. »Jerome hat mir mal gesagt, nur die Tatsache, daß zwei Menschen den gleichen Nachnamen haben, macht sie noch lange nicht zu Brüdern.«

»Andrerseits ist es nun mal eine günstige Ausgangsbasis«, lachte Mark.

»Warte doch erst mal ab, was ich sagen will! Er hat gesagt, nicht der gemeinsame Name macht einen zu Brüdern, sondern das, was man füreinander empfindet.«

Darauf wußte Mark nichts zu erwidern. Er schob nur seine Brille hoch und starrte in die Ferne.

»Was denkst du jetzt?« fragte ich ihn.

»Falls das wahr ist – und irgendwie klingt es ganz einleuchtend –, dann könnten wir ja doch Brüder sein.«

»Klar! Warum nicht?«

»Ja«, erwiderte er. »Warum nicht!« Er streckte mir seine Hand entgegen.

Ich ergriff sie, und wir schüttelten uns die Hände.

»Wie heißt du mit Nachnamen?« fragte mich Mark dann.

Äh … Burch.« Mit dieser Frage hatte ich nicht gerechnet. »Und du?«

»Burch!« kam es wie aus der Pistole geschossen zurück. »Was hättest du denn gedacht?«

Da mußten wir beide lachen.

»Ehrlich gestanden«, fuhr Mark dann plötzlich in ernstem Ton fort, »weiß ich gar nicht, ob ich überhaupt einen Nachnamen habe. Zumindest weiß ich ihn nicht.«

»Da! Siehst du? Demnach könntest du doch tatsächlich Burch heißen.«

Er lachte. »Ja, ausgeschlossen ist es zumindest nicht.«

»Dann könnten wir ja sogar denselben Nachnamen haben, oder nicht?«

»Natürlich.«

»Dann sagen wir doch einfach, daß es so ist. Einverstanden?«

Doch plötzlich wurde Mark ganz still. Seine Augen füllten sich mit Tränen, und seine Unterlippe begann zu zittern.

»Was hast du denn plötzlich?«

Er schüttelte den Kopf. Mir war klar, daß er im Augenblick nicht sprechen konnte. Deshalb wartete ich.

»Bis jetzt«, begann er schließlich stockend, »war der Engel, den du mir gegeben hast, das einzige Geschenk, das ich je gekriegt habe.« Er seufzte schwer. »Und jetzt ich habe ich plötzlich einen Bruder und einen Nachnamen.«

Eine Glocke klingelte.

Ich sprang erschreckt auf. »Was ist das denn?«

»Keine Sorge«, beruhigte mich Mark. »Das ist nur das Zeichen fürs Mittagessen.«

»Jetzt schon?«

»Was heißt hier, jetzt schon? Ich sterbe vor Hunger.«

Zum Mittagessen gab es Würstchen und Bohnen. Sie schmeckten gar nicht mal so schlecht.

Nach dem Essen gingen die Lebenslänglichen zum Unterricht, während die anderen im Aufenthaltsraum oder auf dem Hof spielten. Ich saß an einem der Tische im Spielsaal und spielte gegen mich selbst Dame.

»Burch Jennings«, rief von der Tür eine Dame nach mir.

»Ja.« Ich stand auf.

Sie winkte mir, ihr zu folgen. Sie führte mich zum Klassenzimmer, vor dessen Tür sie stehenblieb und sich zu mir umwandte.

»Du wirst jetzt auch jeden Tag den Unterricht besuchen.«

»Aber ...«

»Was aber?«

»Ich dachte, äh ... ich dachte, nur die Lebenslänglichen müßten in die Schule ... ich meine, die Waisen.«

»Normalerweise ist das durchaus richtig«, erklärte sie mir. »Aber in deinem Fall läßt sich nicht vorhersagen, wie lange du bei uns bleiben wirst. Unseren Unterlagen zufolge«, sie hielt einen Aktenordner hoch, »hat deine Mutter schwere Verletzungen erlitten.«

»Heißt das, daß ich sehr lange hierbleiben werde?«

»Ich fürchte, ja.«

»Ach, du liebes Bißchen«, seufzte ich. »Äh ... darf ich Sie noch was fragen?«

»Wenn du dich kurz faßt.«

»Wissen Sie, ich war mal bei einer Familie, die hießen Frazier …«

»Frazier?« Sie klappte ihren Ordner auf und blätterte darin. »Hier stehen keine Fraziers. Wurde das privat vermittelt?«

»Schwester Regina hat mich zu ihnen geschickt.«

»Wer ist Schwester Regina?«

»Die Direktorin von St. Michael's, meiner Schule.«

»Das wurde wohl auf privater Ebene abgewickelt. Ich fürchte, daß ich deshalb in diesem Punkt nichts für dich unternehmen kann.«

»Meinen Sie damit, daß ich nicht wieder bei ihnen bleiben kann?«

»Ich fürchte, nein.«

»Schade. Und warum nicht?«

»Nun ja, wenn die Fraziers – oder sonst irgend jemand – dich haben wollten, würden sie dich anfordern.«

»Mich anfordern?«

»Ja, sie würden fragen, ob sie dich haben könnten, wenn sie dich wollten.«

»Aber sie wollen mich doch.« Ich lächelte. »Martha will mich ganz bestimmt bei sich haben.«

»Jetzt hör mal, mein Junge.« Sie kauerte vor mir nieder. »Ich glaube, es wäre besser, wenn du dir die Fraziers aus dem Kopf schlägst.«

»Wieso?«

»Du mußt mir glauben. Ich habe so etwas schon viele Jahre mitgemacht, mein Junge. Es ist das beste für dich, wenn du dich damit abfindest, hier zu sein, und nicht ständig hoffst, daß jemand dich abholen kommt. Wenn deine Mutter wieder so weit gesund ist …«

»Und was ist mit Sal?« fragte ich.

»Sal? Wer ist Sal?«

»Mein Freund. Er hat den Bus gefahren, mit dem ich immer zur Schule bin. Aber jetzt fährt er einen Lastwagen. Ich habe ihm eine Nachricht hinterlassen, daß er mich abhholt.

Ich soll doch nicht auch vergessen, daß Sal mich abhholen kommt, oder?«

Sie wandte kurz ihren Blick ab. »Ich weiß nicht, wie ich es dir anders erklären soll, mein Junge. Aber wenn jemand – wie dieser Sal oder die Fraziers – dich wirklich haben wollte, dann wärst du nicht hier. Begreifst du das?«

»Wollen Sie damit sagen, daß sie mich doch nicht haben wollen?«

»Ich weiß, es ist hart für dich, aber du mußt versuchen, das beste aus deinem Aufenthalt hier im Heim zu machen. Deine Mutter …«

Ich wollte nicht weiter hören, was sie mir zu sagen hatte. Ich öffnete die Tür zum Klassenzimmer und trat ein. Dann setzte ich mich an den ersten freien Platz, den ich sah. Sie konnte unmöglich recht haben. Sal wollte mich doch haben. Ich gab mir Mühe, den Gedanken, er könnte mich nicht haben wollen, aus meinem Kopf zu vertreiben. Doch obwohl ich mir Mühe gab, dem Unterricht zu folgen, gelang es mir nicht.

»Hey, was soll das denn? Was machst du denn hier?« riß mich Marks Stimme aus meinen Gedanken.

Der Unterricht war zu Ende gegangen, ohne daß ich es bemerkt hatte.

»Äh … ich bin …«

Mark setzte sich mir gegenüber. »Was hast du denn, Jennings? Ist irgend etwas mit deiner Mutter?«

»Nein, nein. Nicht, was du denkst.«

»Na gut. Als ich dich nämlich hier reinkommen sah, dachte ich …«

»Nein, es hat nichts mit meiner Mutter zu tun. Sie glauben nur, daß ich länger hierbleiben werde. Und …« Allein der Gedanke an das, was nun kommen würde, trieb mir die Tränen in die Augen.

Mark tätschelte mich vorsichtig am Arm. »Ich weiß, es ist nicht leicht, plötzlich zu merken, daß man sehr lange hierbleiben wird.«

»Nein, das ist es nicht.« Und dann begann ich, Mark von Sal und den Fraziers zu erzählen. Ich erzählte ihm von Martha und dem Brief, den ich Sal geschrieben hatte. Mark hörte mir aufmerksam zu. Schließlich erzählte ich ihm noch, was die Dame draußen auf dem Flur gesagt hatte – daß niemand mich haben wollte.

»Weißt du, Jennings«, versuchte mich Mark zu trösten, »vielleicht ist Sal immer noch mit seinem Lastwagen unterwegs und hat deshalb deinen Brief noch gar nicht zu Hause vorgefunden.«

»Richtig! Auf die Idee bin ich noch gar nicht gekommen.«

»Weil die Dame dich ganz durcheinandergebracht hat.«

»Du hast sicher recht. Sal ist bestimmt noch unterwegs.« Lächelnd drückte ich Marks Arm. »Und die Fraziers haben vermutlich keine Ahnung, daß ich wieder ausgeliehen worden bin.«

»Na, siehst du«, redete mir Mark gut zu. »Genauso wird es sein.« Er wischte sich mit dem Handrücken den Schweiß von der Oberlippe.

»Wieso schwitzt du so?« fragte ich. »Hier drinnen ist es doch gar nicht so heiß.«

»Das findest du vielleicht. Ich schon.«

»Red keinen Quatsch. Hier ist es nicht heiß.« Ich hielt meine Hand hoch, um die Temperatur zu fühlen. Dann legte ich sie erst auf meine Stirn und dann auf die von Mark. »Du glühst ja wie ein Kanonenofen. Bist du krank?«

»Ach was, es ist einfach nur heiß hier drinnen.« Beim Aufstehen geriet er leicht ins Wanken und mußte sich an der Schulbank festhalten.

»Was hast du denn?«

»Ach, nichts.«

»Findest du nicht, du solltest lieber mal zur Krankenschwester gehen?«

»Nein!« fuhr er mich an. »Mir fehlt nichts.«

Wir verließen das Klassenzimmer und gingen in den Spielsaal.

»Kommst du mit auf den Hof?«

»Äh ... lieber nicht. Ich würde lieber hier drinnen bleiben.«

»Du brauchst keine Rücksicht auf mich zu nehmen. Mir fehlt nichts.«

»Meinst du wirklich?«

Er schnitt ein Gesicht, als wollte er sagen: »Jetzt stell dich mal nicht so an.« Dann öffnete er die Tür und trat auf den Hof hinaus. Ich folgte ihm.

Wir setzten uns auf der anderen Seite des Hofs an den Zaun.

»Klingt ja ganz so, als wäre dieser Sal ein prima Kerl.«

»Das kann man wohl sagen«, nickte ich. »Warte nur, bis du ihn erst mal kennenlernst. Du wirst ihn bestimmt auch mögen.«

»Wie soll ich ihn kennenlernen?«

»Na, wenn er hierher kommt. Ich werde ihn bitten, dich auch mit zu uns nach Hause zu nehmen.«

»Also schlag dir das mal lieber aus dem Kopf.«

»Wieso?«

»Weil du es dir aus dem Kopf schlagen sollst.«

»Ich werde ihn aber trotzdem fragen.«

»Bitte, Jennings, schlag dir das ein für allemal aus dem Kopf. Bitte, tu mir den Gefallen!«

»Aber wieso, Mark? Willst du denn nicht mit zu uns?«

Er fuhr mit dem Finger über einen Riß in dem grauen Pflasterstein zu seinen Füßen. »Ich bin nun schon lange – eine Ewigkeit – in Heimen. Und du brauchst mir nicht zu erzählen, daß mich hier jemals jemand rausholen wird.«

»Doch! Sal wird dich schon herausholen. Wenn er mich abholen kommt, wird er auch dich mitnehmen.«

»Wer will schon so einen Fettsack haben!« Mark kämpfte mit den Tränen und wandte sich mit verstärkter Aufmerksamkeit dem Riß im Pflaster zu.

»Ich dachte, du wärst mein Bruder«, sagte ich.

»Das gilt nur für hier – nicht für wirklich.«

»Ich dachte, es gilt auch für wirklich. Jedenfalls werde ich Sal sagen, daß es für wirklich gilt. Und ich werde ihm auch sagen, daß er dich mit zu uns nach Hause nehmen soll.« Ich stand auf und ging ein paar Schritte am Zaun entlang. Ich wollte Mark keine weitere Gelegenheit zu seinen Einwänden bieten.

Nach dem Abendessen besorgte mir Mark ein Handtuch und eine Zahnbürste. Danach machten wir uns bettfertig. Da der Schlafsaal noch so gut wie leer war, konnte ich Doggie ganz offen zu meinem Bett tragen. Nachdem ich ihn unter das Kopfkissen gesteckt hatte, setzten Mark und ich uns auf mein Bett. Er wollte mehr über draußen hören. Also erzählte ich ihm Stück für Stück alles, was ich erlebt hatte, seit ich ihn zum letztenmal gesehen hatte. Ich erzählte ihm von der Schule, und daß ich sitzengeblieben war. Allerdings mußte ich ihm erst erklären, was »sitzenbleiben« bedeutete. Als ich gerade auf St. Teresa's und Stevie zu sprechen kam, begann Mark zu gähnen.

»Langweile ich dich?«

Er lachte. »Nein, keineswegs. Ich finde deine Geschichten furchtbar spannend. Nur werde ich langsam schrecklich müde.«

Er stand auf. »Dann also bis morgen«, verabschiedete er sich. »Dann mußt du mir den Rest erzählen.«

»Bist du auch sicher?«

Er lachte und schickte sich zum Gehen an.

»Warte noch! Wo ist dein Bett?«

»Nicht weit von hier.«

Er hatte recht, sein Bett stand tatsächlich nicht allzu weit von meinem entfernt.

Nachdem wir uns noch einmal zugewinkt hatten, schlüpfte ich unter die Decke und zog Doggie unter dem Kissen hervor.

»Findest du es nicht auch schön, wieder bei Mark zu sein?« flüsterte ich ihm ins Ohr.

Er war ganz meiner Meinung.

»Sicher wird ihn Sal mit zu uns nach Hause nehmen, findest du nicht auch?«

Auch das fand Doggie.

Nachdem das Licht ausgegangen war und es im Schlafsaal langsam still geworden war, glitt ich vorsichtig aus dem Bett. Es war sehr dunkel. Ich legte mich bäuchlings auf den Boden und kroch unter den Betten hindurch.

»Hey, Mark«, flüsterte ich, als ich sein Bett erreicht hatte.

»Was? Wer ist da?« Er klang leicht benommen.

»Ich bin's«, flüsterte ich. »Ich habe was für dich.«

»Was?«

Ich legte ihm Doggie in den Arm. »Ich will ihn mit dir teilen. Eine Nacht kriegst du ihn, und die nächste kann ich ihn dann wieder haben. Was hältst du davon?«

Ich faßte sein Schweigen als ein Ja auf und kroch wieder zurück.

Sicher brauchte Mark Doggie genausosehr wie ich. Vielleicht sogar mehr.

Nach dem Frühstück traf ich mich mit Mark im Aufenthaltsraum. Da es draußen regnete, hielten sich alle Kinder drinnen auf und wollten mit denselben Spielen spielen. Mark und ich saßen etwas abseits an einer der Glastüren. Ich erzählte ihm von Jerome.

»Kannst du eigentlich Schach spielen?« fragte mich Mark.

»Nicht besonders gut.«

»Dann werde ich es dir beibringen.«

»Ich wußte gar nicht, daß du Schach spielen kannst.«

»Natürlich kann ich das. Und ich werde es dir auch beibringen. Holen wir mal das Brett und die Figuren.«

»Jetzt? In diesem Chaos?« Ich deutete mit einer vielsagenden Kopfbewegung auf das hektische Treiben ringsum.

»Klar. Zumindest wird uns keiner das Schachbrett streitig machen.«

»Das ist allerdings richtig.«

Wir hatten auch tatsächlich keinerlei Probleme, uns das

Brett und die Figuren zu beschaffen. Einen Platz zu finden, wo wir uns in Ruhe niederlassen konnten, war allerdings schon eine andere Sache. Deshalb gingen wir ins Klassenzimmer und stellten das Schachbrett auf eine Bank.

»Du siehst blaß aus«, sagte ich. »Fehlt dir auch wirklich nichts?«

»Ich bin nur ein bißchen müde. Los, fangen wir an.«

Mark zeigte mir, wie man die einzelnen Figuren bewegte. Ich hatte das nämlich wieder völlig vergessen. Je länger wir spielten, desto schlechter sah Mark aus.

»Ich finde, du solltest jetzt wirklich mal zur Krankenschwester gehen.«

»Jetzt laß mich endlich in Ruhe, Jennings! Ich will nicht wieder ins Krankenhaus.«

»Wenn du meinst. Ich dachte nur ...«

»Wenn ich zur Krankenschwester gehe, steckt sie mich gleich wieder ins Krankenhaus, und dann werde ich dich nie wieder sehen.«

Darauf spielten wir eine Weile schweigend weiter.

»Wieso sollten sie dich gleich ins Krankenhaus stekken?«

»Einfach so. Letztes Mal haben sie es doch auch so gemacht.«

»Ist es wieder dasselbe wie damals?«

Er nickte. »Es ist nur eine Erkältung oder so was. Nicht weiter schlimm.«

An diesem Tag gingen wir gleich nach dem Abendessen in den Schlafsaal und setzten uns auf sein Bett.

»Ich habe mir noch einmal durch den Kopf gehen lassen, was du gestern gesagt hast. Du weißt schon, wegen Sal.«

»Was soll mit ihm sein?«

»Meinst du wirklich, daß er mich auch hier herausholen wird?«

»Natürlich wird er das. Wenn ich es dir sage ...!«

Mark wirkte plötzlich etwas abwesend. »Weißt du«, sagte er schließlich, »ich habe das noch niemandem erzählt, aber …« Sein Gesicht lief rot an. »Ich erzähle es dir nur, weil wir doch jetzt Brüder sind.«

»Also gut, ich werde es bestimmt nicht weitererzählen.«

»Versprichst du das?«

»Ja.«

»Na ja, weißt du, ich träume manchmal davon, zu jemandem zu gehören. Einfach so, daß mich jemand ins Bett bringt und mir vielleicht sogar einen Gutenachtkuß gibt. Ich weiß, das ist blöd, aber trotzdem träume ich manchmal davon.«

»Hat dich denn noch nie jemand ins Bett gebracht oder dir einen Gutenachtkuß gegeben?«

Er schüttelte den Kopf. »Als du mir von Martha erzählt hast, habe ich auch davon geträumt.«

»Ach, Martha ist wundervoll. Sie würde dir sogar was vorsingen.«

Dann hingen wir eine Weile schweigend unseren Gedanken nach. Ich bin sicher, daß wir an das gleiche dachten – an Martha.

Als das Licht aus war, schlich ich wieder zu Marks Bett.

»Hey«, flüsterte ich. »Ich bringe dir Doggie.«

»Aber heute bin ich doch gar nicht dran. Ich habe ihn doch gestern nacht erst gehabt.«

»Ich weiß. Aber was soll ich machen? Doggie hat gesagt, er will bei dir schlafen.« Ich legte Doggie neben ihn.

»Danke«, flüsterte Mark so leise, daß ich ihn kaum hören konnte.

Ich zog die Decke zu seinem Kinn hoch und strich sie behutsam glatt. Das lose Ende steckte ich unter die Matratze.

Während der darauffolgenden Tage hielten wir uns ausschließlich im Spielsaal auf und spielten Schach. Mark fühlte sich fast ständig müde und hatte keine Lust, nach draußen zu gehen. Mir machte das nichts aus. Ich war gern mit ihm zusammen, so daß es mir egal war, wo wir uns aufhielten oder was wir machten. Wir sprachen nie darüber, wie es ihm ging, da ich wußte, daß er das nicht wollte. Statt dessen sprachen wir über all das, was wir noch gemeinsam unternehmen würden, sobald wir das Heim verlassen durften. Ich glaube, das war das erste Mal, daß Mark sich wirklich auf etwas freute. Und mir ging es ähnlich.

Eines Mittags waren wir im Speisesaal und aßen Spaghetti mit Fleischbällchen. Das war Marks Lieblingsgericht. Ich sah zu ihm hinüber, wie es ihm ging. Er wirkte blaß und kränklich. Ich wollte mich eben wieder meinem Teller zuwenden, als er unvermittelt von seinem Stuhl rutschte und zu Boden sackte.

»Mark!« schrie ich auf.

Ich sprang auf und stürzte an Marks Tisch. Inzwischen hatten sich bereits ein paar Jungen um ihn geschart. Ein paar liefen zum Ausgang, um Hilfe zu holen. Ich drängte mich zu Mark durch. Er fühlte sich am ganzen Körper feucht und kalt an. Seine Augen waren halb geschlossen. Ich nahm seinen Kopf in meinen Schoß und wiegte ihn sanft.

»Gleich kommt jemand und hilft dir, Mark«, schluchzte ich.

»Ich habe auszuhalten versucht, bis Sal kommt«, flüsterte er schwach. »Aber ich hab's nicht geschafft.«

»Keine Sorge, Mark. Wir werden dich schon rausholen – ganz gleich, wohin sie dich bringen.«

»Bestimmt?« hauchte er.

»Natürlich. Ehrenwort! Wir werden dich holen kommen.«

Ich beugte mich vor und küßte ihn auf die Stirn.

»Los, macht Platz hier!» verscheuchte eine Dame die herumstehenden Jungen.

Sie drängte sich durch die Menge.

»Macht endlich Platz!« schrie sie noch einmal. Sie stieß mich beiseite und hob Mark hoch. Ich wollte nach seinem schlaff herabbaumelnden Arm greifen, aber er entglitt mir.

»Mark!« weinte ich.

Sie trug ihn durch die Menge davon, so daß ich nur noch einen letzten Blick auf Marks Hinterkopf erhaschen konnte, bevor mir die anderen Jungen die Sicht versperrten.

»Mark!« schrie ich verzweifelt. Die Tränen flossen mir übers Gesicht und in den Mund. Ich spuckte die salzige Flüssigkeit aus. Ich versuchte, mich hochzurappeln. Aber es gelang mir nicht. Die anderen drückten mich nach unten. Plötzlich ließ mich ein heftiger Schlag gegen meinen Hinterkopf vollends zu Boden gehen. Ich schlug mit dem Gesicht gegen die harten Fliesen.

»Steh auf!« brüllte eine der Damen.

Während ich noch aufzustehen versuchte, riß sie mich hinten an meinem Hemd.

»Was geht hier eigentlich vor? Ein Junge wird ohnmächtig, und du machst so ein Theater!«

Sie zog mich am Kragen hoch, schleifte mich durch den Speisesaal und wirbelte mich in eine Ecke.

»So, und jetzt bleibst du hier stehen, bis du gelernt hast, dich zu benehmen!«

»Aber ...« Ich drehte mich um, um ihr zu erklären, daß Mark mein Bruder war.

Doch sie schlug mir hart ins Gesicht, so daß ich mit dem Kopf gegen die Wand krachte.

»Halt den Mund!« fuhr sie mich an.

Ich verkroch mich in die Ecke und weinte. Sie klatschte zweimal kurz in die Hände, woraufhin sich blitzartig Totenstille über den Raum legte. Es war, als hätte ihr Klatschen alle Kinder verschwinden lassen.

Ich stand den ganzen Nachmittag und in den Abend hinein in meiner Ecke. Ich hörte, wie die Damen, die für den Speisesaal zuständig waren, die Tische fürs Abendessen deckten. Sie unterhielten sich leise flüsternd. Bestimmt sprachen sie über mich. Doch ich starrte weiter auf die Wand vor mir und dachte an Mark.

Während ich nun in die Betrachtung der Pünktchen an der Wand versunken war und der geflüsterten Unterhaltung der Damen lauschte, nahm ich das langsam anschwellende Geräusch der marschierenden Kinder wahr. Es näherte sich wie Donnergrollen. Es wurde lauter und lauter, bis die vibrierende Wand und das Geräusch eins waren. Und dann plötzlich Stille. Ein letztes explosives Klatschen, gefolgt von dem Kommando »Setzen«. Dann begann das Klimpern und Klappern von Besteck und Geschirr, das im Lauf des Essens stetig anschwoll, um langsam wieder abzuebben und schließlich in völlige Stille überzugehen. Als sich das Donnergrollen dann wieder langsam entfernte, begann ich mir einen Plan zurechtzulegen, wie ich Mark wiedersehen könnte.

Es schien mir eine Ewigkeit, bis schließlich die Lichter im Speisesaal ausgingen. Ich wollte meine Ecke verlassen, wagte es aber nicht.

Erschreckt zuckte ich zusammen, als die Lichter plötzlich wieder angingen.

»Was machst du denn noch hier, mein Junge?« fragte eine Dame erstaunt.

»Ich muß zur Strafe hier stehen«, antwortete ich.

»Komm nur«, redete sie mir gut zu. »Geh jetzt ins Bett.«

Ich ging jedoch schnurstracks in die Krankenabteilung und nahm auf dem dunklen Flur davor Platz, um nachzudenken. Durch das Glasfenster in der Tür fiel das Licht in einem leicht verzerrten Viereck auf die gegenüberliegende Wand. Und auf dieses Viereck aus Licht starrte ich.

»Kann ich dir irgend etwas helfen?« hörte ich plötzlich die Stimme der Krankenschwester.

Mir blieb vor Schreck das Herz stehen. Ich hatte nicht damit gerechnet, daß sie sich auf dem Flur aufhalten würde.

»Hast du gehört, mein Junge?«

»Ja.«

»Was hast du denn?«

»Ich wollte nach Mark sehen«, entgegnete ich.

»Nach welchem Mark?«

»Der Junge, dem heute im Speisesaal schlecht geworden ist.«

»Dann komm doch herein.« Sie öffnete die Tür zur Krankenabteilung. »Seid ihr befreundet?«

»Eigentlich etwas mehr als befreundet.«

»Ihr seid also ganz spezielle Freunde!« Sie lächelte. »Tja, leider muß ich dir sagen, daß Mark sehr krank ist.«

»Was fehlt ihm denn?«

»Das wissen wir noch nicht so genau.«

»Wird er sterben?«

»Nein.« Sie faßte mich an den Schultern. »Sie behalten ihn nur so lange im Krankenhaus, bis sie herausgefunden haben, was ihm fehlt. Er wird bestimmt wieder gesund werden. Mach dir seinetwegen mal keine Sorgen.« Dann gab sie mir einen Lutscher.

Ich nahm den Lutscher mit in den Schlafsaal und ließ auch Doggie daran lecken.

»Doggie«, flüsterte ich dann, »ich habe einen Plan. Morgen werden wir etwas Essen beiseitebringen. Und dann hauen wir hier ab. Sobald sie morgen abend die Lichter ausgeschaltet haben, klettern wir über den Zaun.«

Doggie machte sich wegen des Stacheldrahts Sorgen.

»Ich weiß«, flüsterte ich. »Das wird nicht einfach werden. Aber wir müssen hier raus und nach Mark suchen.«

Nachdem ich den Lutscher zu Ende gegessen hatte, legte ich den Stiel aufs Fensterbrett und schlüpfte wieder unter die Decke.

»Weißt du, Doggie«, flüsterte ich. »Ich vermisse Mark sehr. Und ich mag ihn schrecklich gern.«

Doggie ging es genauso. Er wollte wissen, warum ich das Mark nicht gesagt hatte.

»Ich hätte ihm sagen sollen, daß ich ihn schrecklich gern mag? Das könnte ich nicht. Das habe ich bisher nur dir gesagt – und …« Ich überlegte kurz. »… Und vielleicht manchmal Mama. Sal habe ich es auch einmal gesagt, aber so leise, daß er es nicht hören konnte.«

Doggie wollte den Grund dafür wissen.

»Warum? Ich weiß auch nicht, warum. Vermutlich will eben niemand so etwas hören. Jedenfalls habe ich es noch nie jemanden sagen gehört. Die einzigen, die es mal zu mir gesagt haben – außer dir und manchmal Mama – waren Schwester Ann Charles und Martha. Aber jetzt schlaf doch lieber, Doggie.«

Am nächsten Tag legte ich bei jedem Essen ein Brötchen oder eine Scheibe Brot beiseite. Ich schmuggelte sie unter meinem Hemd aus dem Speisesaal und versteckte sie in meinem Schrank. Abends zog ich mich dann nicht aus, sondern streifte einfach meinen Schlafanzug über. Da mein Schlafanzug viel zu groß war, merkte niemand, daß ich darunter noch meine gewöhnlichen Sachen trug. Dann lag ich im Bett und wartete. Es begann zu regnen, und ich hörte dicke Tropfen gegen das vergitterte Fenster klatschen.

Schließlich glitt ich aus dem Bett und schlüpfte aus meinem Schlafanzug. Ich zog meine Schuhe an, und dann machten Doggie und ich uns auf den Weg.

Ich duckte mich zu Boden. Die Nachtgeräusche ringsum erschienen mir lauter denn je zuvor – ein ständiges Husten und Schniefen, Knarzen und Quietschen. Sicher waren alle wach und konnten mich sehen, wie ich mit klopfendem Herzen auf die Tür des Schlafsaals zukroch. Endlich hatte ich die Tür erreicht. So weit, so gut.

Dann kroch ich über den dunklen Flur zum Spielsaal weiter. Als ich gerade dessen Tür erreichte, hörte ich jemanden singen.

»So was Blödes«, flüsterte ich. »Wie sollen wir jetzt aus dem Haus kommen.«

Ich beschloß, mich in eine dunkle Ecke zu verkriechen und zu warten. Es dauerte unendlich lange, bis schließlich die irische Dame die Tür des Spielsaals öffnete. Ich drückte mich noch fester gegen die Wand und hielt den Atem an. Sie war keinen Meter von mir entfernt. Als sie ihren Eimer absetzte, hätte sie ihn um ein Haar auf meine Finger gestellt. Nachdem sie die Tür zum Spielsaal geschlossen hatte, ergriff sie mit einem Seufzer wieder den Eimer und ging zur nächsten Tür weiter. Sie tastete im Dunkeln erst eine Weile nach dem Türknopf, bis sie die Tür schließlich öffnete und verschwand.

Jetzt erst begann ich wieder zu atmen. Ich glitt leise in den Spielsaal.

An der Glastür blieb ich noch einmal stehen und beobachtete, wie der Regen gegen die Glasscheiben klatschte. Ich starrte über den Hof auf den hohen Zaun mit dem Stacheldraht.

»Also gut.« Ich holte tief Luft. »Dann mal los.«

Ich öffnete meinen Wäschesack und steckte Doggie hinein.

»Daß du nicht alles aufißt«, ermahnte ich ihn. »Wir brauchen das Brot für Mark und für uns.«

Er versprach mir, nichts anzurühren.

Ich schob den Riegel zurück und öffnete die Tür. Der Wind peitschte mir den Regen ins Gesicht. Es war kalt und naß. Ich schloß die Tür hinter mir und preßte mich mit dem Rücken gegen die Glastür.

Der Hof erschien mir plötzlich um Millionen Kilometer länger und breiter als noch am selben Nachmittag. Schwer klatschte der Regen gegen das graue Pflaster und bildete bereits große Pfützen. Ich rannte, so schnell ich konnte, los. Der Regen prasselte auf mich nieder. Als ich mich dem Zaun näherte, setzte ich zu einem gewaltigen Sprung an. Meine Finger fanden etwa auf einem Drittel der Höhe des Zauns zwischen den Drahtmaschen Halt. Mit einem Arm preßte ich mir meinen Wäschesack gegen meinen Körper, während ich mühsam weiter nach oben zu klettern versuchte. So gut es ging, preßte ich meine Fußspitzen in die engen Zwischenräume des Drahtmaschengeflechts. Doch ich rutschte trotz all meiner Bemühungen ab.

Plötzlich war der ganze Hof in grelles Licht getaucht.

»Was zum Teufel treibst du denn da draußen?« brüllte ein Mann.

Vor Schreck wußte ich nicht mehr ein noch aus, so daß ich losließ und zu Boden stürzte. Und dann stand der Mann schon über mir, bevor ich mich noch nach ihm hätte umwenden können.

»Hab ich dich«, knurrte er böse.

Und ob er mich hatte. Er hatte mich so hart am Kragen meines Hemds gepackt, daß ich kaum noch Luft bekam.

»Halt!« stieß ich würgend hervor. »Ich ersticke!«

»Wer ist da?« hörte ich eine Dame rufen.

»Ein Junge hat versucht auszubrechen«, rief der Mann über den Hof.

»Lassen Sie mich los!« stieß ich verzweifelt hervor und riß mich los.

»Bringen Sie ihn hier rüber«, befahl die Dame.

Er packte mich erneut am Kragen und zog mich hoch. Nur mühsam konnte ich mich auf den Beinen halten. Ich klammerte mich an meinen Wäschesack, als er mich auf die Dame zuschleppte.

»Bringen Sie ihn zu Mrs. Garrison, John«, forderte sie den Mann auf.

»Komm schon«, fuhr er mich an und zerrte mich in den Spielsaal.

Erst als wir dann über den Flur gingen, wurde mir bewußt, daß ich völlig durchnäßt war. Meine Schuhe gaben ein schmatzendes Geräusch von sich. Schließlich erreichten wir Mrs. Garrisons Büro. Ich hatte Angst. Der Mann klopfte leise gegen die Tür. Bis dahin hatte ich mir nicht vorstellen können, daß er irgend etwas behutsam machen könnte.

»Herein«, rief sie nach draußen.

Er öffnete die Tür. Mrs. Garrison saß hinter einem Stapel von Papieren an ihrem Schreibtisch.

»Was gibt's, John?« wollte sie wissen.

»Ich habe diesen Jungen erwischt, als er gerade ausbrechen wollte«, erklärte er nicht ohne gewissen Stolz.

»›Weglaufen‹ heißt das, John, nicht ›ausbrechen‹. Trotzdem vielen Dank. Sie können jetzt wieder zurück an die Arbeit.«

Er nickte und bewegte sich rückwärts auf die Tür zu, durch die gerade die Dame aus dem Schlafsaal kam, so daß sie um ein Haar zusammengestoßen wären.

»Vorsicht!« schrie sie entsetzt auf.

Doch er war ihr bereits auf den Fuß getreten. Ich mußte unwillkürlich kichern, um jedoch schon im nächsten Augenblick wieder zu verstummen. In meiner gegenwärtigen Lage schien es mir keineswegs angeraten, mich lachend erwischen zu lassen.

»Entschuldigung, Rose«, stotterte der Mann, um dann durch die Tür zu verschwinden.

»Und?« wandte sich Mrs. Garrison darauf an mich.

»Was und?«

»Komm mir hier nicht mit ›Was und?‹«, fuhr sie mich an. »Wo wolltest du hin?«

»Äh ... « Ich wischte mir die Regentropfen aus dem Gesicht. »Ich wollte Mark suchen«, murmelte ich.

»Mark? Wer ist Mark?«

Rose kam mir mit ihrer Antwort zuvor. »Das ist der Junge, der gestern im Speisesaal zusammengebrochen ist.«

»Ach so.« Mrs. Garrison schob verschiedene Papiere auf ihrem Schreibtisch herum. »Holen Sie doch bitte mal Margaret, Rose.«

Rose nickte und verschwand.

Ich fragte mich, wer wohl diese Margaret war. Würde ihr die Aufgabe zufallen, mich zu bestrafen?

»Setz dich!« Mrs. Garrison deutete auf einen Stuhl neben ihrem Schreibtisch.

Ich kam ihrer Aufforderung nach und drückte meinen Wäschesack enger an mich.

»Ach, da sind Sie ja, Margaret«, sagte Mrs. Garrison plötzlich.

Und als ich mich umdrehte, stand die Krankenschwester vor mir, die mir den Lutscher geschenkt hatte.

»Dieser Junge wollte sich davonschleichen, um nach diesem anderen Jungen ...«

»Ich weiß, Mrs. Garrison. Rose hat es mir bereits erzählt.«

»Ich dachte, es wäre vielleicht besser, wenn Sie mit ihm reden.«

»Du bist ja tropfnaß«, stellte sie fest, als sie vor mir niederkauerte.

Sie wollte mir den Wäschesack abnehmen, aber ich klammerte mich krampfhaft daran fest.

»Hab keine Angst«, beruhigte sie mich. »Ich wollte dir deine Sachen nicht wegnehmen. Ich dachte nur, du solltest sie vielleicht nicht so eng am Körper tragen, wenn sie so naß sind.«

»Kann ich die Sachen selbst auf den Boden legen?« fragte ich darauf.

»Natürlich. Wenn du meinst. Ich wollte dir deine Sachen nicht wegnehmen. Ich war nur um deine Bequemlichkeit besorgt.«

Ich ließ also den Wäschesack zu Boden sinken. Währenddessen überlegte ich fieberhaft, wie wohl meine Bestrafung ausfallen würde. Ich hoffte nur, sie würden mir Doggie nicht wegnehmen. Ich mußte Gewißheit haben.

»Werden Sie mir Doggie wegnehmen?« fragte ich deshalb.

»Doggie? Wer ist Doggie?«

»Ach, du liebes Bißchen«, seufzte ich. Hoffentlich hatte ich sie jetzt nicht erst unnötigerweise auf Doggie aufmerksam gemacht. »Ach, niemand.«

»Ist er dein Kuscheltier?«

»Mhm.«

»Ist er in deinem Wäschesack?«

Vielleicht war es das beste, so zu tun, als hätte ich sie nicht verstanden.

»Ist er in deinem Wäschesack?« Sie lächelte.

Ich nickte.

»Hab keine Angst. Wir werden dir Doggie nicht wegnehmen. Kann ich ihn mal sehen?«

»Versprechen Sie mir, daß Sie ihn mir nicht wegnehmen?«

»Das verspreche ich dir.« Dabei legte sie ihre Finger auf ihr Herz.

»Also gut.« Ich öffnete meinen Wäschesack und holte Doggie heraus.

»Ach, ist der süß«, schwärmte sie. »Aber er ist ja pitschnaß.«

»Er ist in eine Pfütze gefallen.«

Da ich nun immer noch nicht wußte, wie meine Strafe aussehen würde, fragte ich: »Werden Sie mich schlagen?«

»Dich schlagen? Wie kommst du darauf? Ich möchte doch nur mit dir reden.«

»Sie wollen mit mir reden? Nichts weiter?«

»Jetzt hör mal zu, mein Junge. Dein Freund ist sehr krank. Er hat einen Herzfehler.«

»Wird er sehr lange wegbleiben – ich meine, viele Jahre?«

»Ich fürchte, dein Freund ist gestorben. Er ...«

Irgendwie wußte ich, daß sie immer noch mit mir sprach, aber ich konnte sie nicht hören. Ich war wie betäubt. Mein Mund und meine Hände fühlten sich ganz komisch an. Und dann schoß der Fußboden plötzlich auf mich zu.

»Er fällt in Ohnmacht«, dröhnte eine laute Stimme in meinen Ohren.

»Ist alles in Ordnung?« Diesen einen Satz hörte ich dann immer und immer wieder wie ein Echo in einem langen Tunnel widerhallen.

Ich wollte der Stimme antworten, aber es gelang mir nicht. Ich brachte kein einziges Wort hervor. Ich versuchte herauszufinden, wer mit mir sprach, aber der Raum war vollkommen dunkel.

Plötzlich ließ mich ein stechender Schmerz irgendwo tief hinter meiner Nase und meinen Augen hochzucken.

»Mark!« schrie ich los. Endlich brachte ich wieder ein Wort über die Lippen. Ich schlug blinzelnd die Augen auf und versuchte, mich aus den Armen, die mich umschlangen, zu befreien.

»Beruhige dich doch, mein Junge«, redete Schwester Margaret auf mich ein. »Ist ja schon gut. Und jetzt bleib mal schön liegen.«

Ich lag auf dem Boden von Mrs. Garrisons Büro. Miß Margaret betupfte mir mit einem Lappen die Stirn. Doggie lag in meinem Arm. Dann hielt mir Miß Margaret etwas Weißes unter die Nase, das mich zurückzucken ließ und das Brennen hinter meinen Augen hervorrief.

»Bringen wir ihn lieber in die Krankenabteilung«, schlug Miß Margaret dann vor.

Ich wurde hochgehoben, als wöge ich gar nichts. Ich schwebte aus dem Büro und den Flur hinunter.

»Mark«, flüsterte ich immer und immer wieder. Ich hoffte verzweifelt, daß es nicht stimmte, was sie gesagt hatte.

Dann wurde ich auf ein weiches Bett mit einem weißen Kopfkissen gelegt. Ich sah Miß Margaret über mir.

»Ist Mark wirklich tot?« fragte ich sie.

»Versuche jetzt lieber zu schlafen«, flüsterte sie.

Dann kamen mir die Tränen. Ich drückte Doggie an mein Gesicht und weinte in sein Fell. Darauf schob ihn Miß Margaret beiseite und hob mich hoch. Ich preßte mein Gesicht gegen ihre Brust und weinte. Während mich Miß Margaret nun in den Armen hielt, schossen mir unzählige Gedanken durch den Kopf. Mark war tot. Für immer. Er würde nie wieder zurückkommen. Wie Midnight würde er irgendwo in der Erde vergraben werden, wo es kalt war und einsam.

»Ich werde dir jetzt etwas geben, damit du besser schlafen kannst«, sagte Miß Margaret.

Wenn Mark tot war, überlegte ich, würde er dann bei Midnight sein? Wenn nur Sal hier gewesen wäre. Er hätte sicher eine Antwort auf meine Fragen gewußt. Dabei fiel mir wieder ein, was er mir nach Midnights Tod gesagt hatte: »Das einzige, worauf es ankommt, ist, daß deine Katze gewußt hat, daß du sie gern gemocht hast; und sie hat doch gespürt, daß du ihr Freund warst.«

Na, hoffentlich, dachte ich. Wenn ich Mark doch nur gesagt hätte, wie schrecklich gern ich ihn mochte, obwohl die anderen Menschen so etwas nicht taten. Mark hatte nicht gewußt, wie gern ich ihn mochte.

Dann stach mich Miß Margaret mit einer Nadel in den Arm. Obwohl es etwas weh tat, weinte ich nicht. In mir war nicht eine einzige Träne mehr übrig. Ich wollte weiter an Mark denken, aber das ging plötzlich nicht mehr. Ich begann, kopfüber in einen dunklen, endlos tiefen Brunnen zu fallen.

Die folgenden Tage verstrichen in Einsamkeit. Ich zog mich von den anderen zurück. Marks Engel nahm ich von seiner Schranktür ab und heftete ihn an meine. Ich saß an derselben Stelle auf dem Hof, wo ich auch mit Mark immer gesessen war. Und ich mußte ständig an ihn denken, wie glücklich er für kurze Zeit gewesen war.

Die Tage wurden zu Wochen und diese wiederum zu Monaten. Ich freundete mich mit keinem anderen Jungen mehr an, weil ich keinen Freund mehr haben wollte. Die anderen Kinder nannten mich »Blödmann« und »Doofkopf«, weil ich nicht mit ihnen sprach. Es gab nichts, was ich zu sagen gehabt hätte, und niemanden, dem ich etwas hätte sagen wollen. Ich hatte nur Doggie. Er mochte mich, und er wollte mich haben. Die Dame, die mich damals in die Klasse gebracht hatte, hatte recht. Wenn mich jemand hätte haben wollen, würde ich nicht hier sein.

Eines Nachmittags saß ich gerade im Speisesaal. Es gab Spaghetti. Mir fiel ein, daß das Marks Lieblingsgericht gewesen war, und ich warf einen Blick zu Stuhl Nummer zweiundsiebzig hinüber. Zwar saß auf Marks altem Platz längst ein anderer Junge, aber das machte nichts. Ich sah nur Mark, wie er mir zugrinste und seine Brille die Nase hochschob.

»Jennings Burch«, rief plötzlich vom Eingang eine Frauenstimme meinen Namen.

Ich stand auf und hob die Hand. Sie winkte mich zu sich. Als ich auf sie zuging, wurde es im Speisesaal so still, daß nur noch meine Schritte zu hören waren.

»Pack deine Sachen zusammen«, forderte sie mich auf. »Du darfst nach Hause.«

Ihre Worte durchbrachen die Stille im Raum wie das Knallen einer Peitsche. Ich bekam am ganzen Körper eine Gänsehaut. Im Nacken stellten sich mir die Haare auf.

»Ist Sal gekommen?«

»Nein. Ich glaube, er heißt Walter. Er ist dein Bruder.«

»Ach so.«

An der Tür drehte ich mich noch einmal um und ließ meine Blicke zu Stuhl Nummer zweiundsiebzig wandern. Diesmal sah ich jedoch nicht Mark, sondern den Jungen, der nun diese Nummer hatte. Er starrte mich an. Auch alle anderen blickten mich unverwandt an. Ihre Mienen waren ohne jeden Ausdruck, aber ich konnte trotzdem ihre Gedanken lesen. Ich wußte, daß keiner unter ihnen war, der sich nicht gewünscht hätte, an meiner Stelle zu sein.

13

»Und? War es schlimm?« fragte Walter.

»Wie im Gefängnis.«

Bei dem Wort »Gefängnis« legte seine Hand sich unwillkürlich fester um die meine. Walter konnte wirklich von Glück reden, daß er nie in einem von diesen Heimen gewesen war.

Über die Schulter sah ich zu dem grauen Gebäude zurück, das für mich auf immer mit der Erinnerung an Mark behaftet sein wird. Verschiedene Leute kamen uns entgegen. Ein Mann führte seinen Hund an der Leine. Eine Frau hetzte, mit Paketen vollgepackt, an uns vorbei. Ob sie wohl wußten, was in diesem Gebäude vor sich ging. Und wenn – ob es ihnen nicht vielleicht völlig gleichgültig war.

Sobald wir in der U-Bahn saßen, nahm ich Doggie aus dem Wäschesack und ließ ihn aus dem Fenster schauen.

»Hast du diesen elenden Köter immer noch?« fragte Walter.

»Er ist alles, was ich habe.«

Ich schaute über Doggies Kopf hinweg nach draußen, während die U-Bahn durch den dunklen Tunnel schoß.

»Du redest ja kaum mehr was«, bemerkte Walter nach einer Weile.

Das war meiner Meinung nach eine wesentlich nettere Art, als mich »Blödmann« oder »Doofkopf« zu schimpfen. Eigentlich hatte ich Lust, mit Walter zu sprechen, aber ich hatte Mühe, die richtigen Worte zu finden. Ich hatte so lange geschwiegen, daß ich mich an diesen Zustand gewöhnt hatte.

»Jennings? Bist du überhaupt noch da?« fragte mich Walter mit einem amüsierten Grinsen.

»Ja«, lachte ich. »Natürlich bin ich noch da.«

»Einen Augenblick lang habe ich wirklich gedacht, du wärst gar nicht mehr da.«

»Nein. Wie geht's Mama?« fragte ich schließlich. Eigentlich hätte ich auch gern gewußt, was mit Sal war, aber ich hatte Angst vor der Antwort. Ich fürchtete, er könnte uns nicht mehr besuchen kommen.

»Nicht sehr gut. Sie liegt im Streckverband.«

»In einem Streckverband? Was ist das?«

»Hm, das ist schwer zu beschreiben.« Er überlegte kurz. »Ich kann's ja trotzdem mal versuchen. Es klingt schrecklich, und es ist auch schrecklich. Aber es ist notwendig. Und zwar deswegen, damit ihr Hals und ihr Kopf immer an der gleichen Stelle bleiben, bis alles wieder verheilt ist. Verstehst du?«

Ich nickte.

»Sie hat eine Klammer aus Metall um ihr Kinn, und die ist mit zwei Seilen befestigt, damit ihr Kopf immer am Kopfende des Betts bleibt. Hast du so weit verstanden?«

Ich nickte erneut.

»Dann hat sie noch solche Gürtel um die Taille, die Hüften, die Oberschenkel und die Füße, die ebenfalls an Seilen befestigt sind, die sie aber in Richtung Fußende ziehen. Und an diesen Seilen sind Gewichte befestigt.«

»Gewichte? Wozu sind die Gewichte gut?«

»Das ist eben der Streckverband. Die Gewichte ziehen ihren Hals und ihren Rücken gerade, damit er besser heilt.«

»Das klingt ja schrecklich«, wußte ich dazu nur zu bemerken. »Wie lange muß sie denn so liegen?«

»Lange«, erklärte mir Walter. »Sehr lange sogar.«

»Aber wird sie denn jetzt zu Hause bleiben?« erkundigte ich mich.

»Ja.«

Ich gab einen erleichterten Seufzer von mir. Wenn er nein gesagt hätte, wäre ich ein Lebenslänglicher gewesen.

»Larry ist wieder zurückgekommen.«

»Ja?« Ich war sofort ganz Ohr.

»Meinetwegen hätte er ruhig fortbleiben können«, bemerkte Walter jedoch trocken.

»Wieso?«

»Er säuft – wie George und der Alte.«

»Tatsächlich?«

»Ja, er hat sich ziemlich verändert.«

So was, dachte ich, aber vielleicht täuscht sich Walter nur.

»Walter?«

»Ja.«

»Ist der Alte, von dem du hin und wieder sprichst, mein Vater?«

»Äh …« Er zögerte.

»Ich weiß, daß er noch am Leben ist. Erzähl mir doch von ihm.«

Er dachte eine Weile nach, bis er schließlich herausplatzte: »Er ist ein besoffenes Schwein!«

Darauf fuhren wir eine Weile schweigend weiter.

»Ist das alles?« brach ich schließlich das Schweigen.

»Was willst du denn noch wissen?«

»Ach, ich weiß auch nicht. Ich dachte nur, es gäbe mehr über ihn zu erzählen.«

»Nein, das ist leider alles, was es über ihn zu erzählen gibt. Das einzige, was ihn interessiert, ist, ob er was zu saufen hat. Ob wir was zu essen oder anzuziehen oder eine Wohnung haben, ist ihm völlig egal.«

»Hast du ihn schon mal kennengelernt?«

»Ihn kennengelernt? Ich habe schon mal mit ihm gelebt – genau wie du übrigens; nur kannst du dich nicht mehr daran erinnern. Und das ist etwas, worüber du nur froh sein kannst.«

»Wieso?«

»Er hat uns alle ständig verprügelt. Er hat nichts gelernt, und wenn er mal einen Job hatte, flog er schnellstens wieder raus. Er ist ein richtiger Säufer. George und Larry treten jetzt schon in seine Fußstapfen. Sie werden genauso enden wie er.«

»Aber George arbeitet doch«, hielt ich dem entgegen. »Er gibt Mama Geld. Das ist doch etwas anderes.«

»Trotzdem ist er ein versoffenes Loch. Es bestand nicht der geringste Anlaß, mit der Schule aufzuhören. Wir hätten problemlos in der Bronx bleiben können. Irgendwie wäre es schon weitergegangen – und vielleicht sogar besser.«

»Aber das konnte doch damals niemand vorhersehen«, warf ich ein.

»Ach, reden wir nicht mehr darüber«, erklärte Walter darauf ärgerlich.

Wieder fuhren wir schweigend dahin. Ich lehnte meinen Kopf gegen Doggie und schloß die Augen.

»Eine ordentliche Ausbildung ist das allerwichtigste«, erklärte Walter nach einer Weile.

Ich setzte mich auf.

»Was du im Kopf hast, kann dir keiner nehmen. Du kannst dich dann immer an einen Ort zurückziehen, an dem dir keiner etwas anhaben kann.«

Als ich zu ihm aufblickte, starrte er geradeaus vor sich hin. Offensichtlich redete er mit sich selbst. Ich lehnte mich wieder mit dem Kopf gegen Doggie und schloß die Augen.

In der Elmhurst Avenue verließen wir die U-Bahn. Ich konnte mich schwach erinnern, daß ich diesen Straßennamen schon einmal gehört oder gesehen hatte, aber ich wußte nicht mehr, in welchem Zusammenhang das gewesen war.

»Wo sind wir hier?« fragte ich deshalb Walter.

»Ach ja!« Er schlug sich mit der flachen Hand gegen die Stirn. »Ich habe ganz vergessen, dir zu sagen, daß wir wieder mal umgezogen sind.«

»Umgezogen? Wohin?«

»Hierher. In die Elmhurst Avenue.«

»Liegt das in der Nähe von St. Michael's?«

»Leider nicht. Ich habe dich für St. Bartholomew's angemeldet.«

»Für welche Schule?«

»Für St. Bartholomew's. Das ist nur ein paar Blocks von hier. Es wird dir dort bestimmt gefallen.«

»Ich würde aber lieber in St. Michael's bleiben.«

»Das geht nicht. St. Michael's wäre zu weit von hier.«

»So was Blödes. In St. Michael's hat es mir so gut gefallen.«

»Da wären wir.« Walter deutete auf den Eingang eines riesigen Wohnblocks.

»Hier?«

»Ja, wir wohnen in Wohnung 5 G im fünften Stock.«

Das Haus war sehr schön. Über dem Eingang stand in goldenen Buchstaben »Wingate Apartments«. Walter mußte die Eingangstür mit einem Schlüssel aufsperren. Dann wandte er sich nach rechts. Ich folgte ihm. Nachdem er ein paar Stufen hinaufgestiegen war, blieb er plötzlich stehen.

»Wieso bleibst du hier stehen?« wollte ich wissen.

»Um auf den Lift zu warten«, antwortete er mir.

»Auf den Lift? Gibt es hier auch so einen Lift wie im Kaufhaus?«

»Ja, nur ist er nicht ganz so groß wie der im Kaufhaus.«

»Darf ich dem Mann das Stockwerk sagen?«

»Hier gibt es keinen Liftführer. Der Lift funktioniert automatisch.«

»Was heißt automatisch?«

»Du drückst einfach auf einen Knopf, und dann fährt der Lift von selbst.«

»Ohne einen Mann?«

»Ja.«

»Woher weiß der Lift, wohin er fahren soll?«

»Er ist eben automatisch.«

»Na, so was. Jetzt wären wir wieder genausoweit wie vorher. Darf ich dann wenigstens auf den Knopf drücken?«

Die Lifttür ging auf und wir stiegen ein.

»Drück auf fünf«, wies mich Walter an.

Der Lift fuhr tatsächlich ganz von selbst und hielt auch im fünften Stock. Wir stiegen aus.

Die Wohnung war sehr groß. Aber vielleicht lag das auch nur daran, daß sie fast leer war. Vom Flur gingen eine Küche und ein Wohnzimmer ab. In letzterem standen nur eine Couch und ein Fernseher, die in dem großen Raum ziemlich verloren wirkten.

Auf dem Weg zum hinteren Schlafzimmer kamen wir an einem Bad, einem Wandschrank und einem weiteren Schlafzimmer vorbei.

»Ist Mama da drinnen?« flüsterte ich.

»Ja«, erwiderte Walter leise.

Wir gingen weiter und betraten das hintere Schlafzimmer. Der Raum erinnerte mich an einen Schlafsaal. Er enthielt zwei Einzelbetten, ein Etagenbett und ein Feldbett.

»Wer schläft hier?« Ich deutete auf das Feldbett.

»Du.«

»Oh, prima!«

»Warte erst mal, bis du auf dem Ding geschlafen hast«, bremste Walter meine Begeisterung. »Und laß dich nicht ...«

Ich ließ mich auf das Feldbett plumpsen, so daß es zusammenkrachte.

»... darauf plumpsen«, fügte Walter überflüssigerweise noch hinzu.

Wir mußten beide lachen. Walter half mir, das Feldbett wieder aufzustellen.

»Wann kann ich Mama sehen?«

»Wenn sie wach ist. Außerdem muß ich dir noch verschiedene Dinge einschärfen.«

Darauf erklärte er mir, daß dreimal die Woche eine Krankenschwester zu uns kommen würde, um Mama zu baden. Ich sollte zu den entsprechenden Zeiten zu Hause sein, um sie hereinzulassen. Außerdem sollte ich auf keinen Fall das Bett anfassen oder Mama irgendwelche schlimmen Sachen erzählen oder ihr irgend etwas vorjammern. Und ich sollte nie das Licht löschen.

»Hast du kapiert?«

»Warum darf ich das Licht nie löschen?« wollte ich wissen.

»Weil sie im Dunkeln Angst bekommt.«

Ich nahm Doggie aus meinem Wäschesack und legte ihn auf das Feldbett. »Wo sind die anderen, Walter?«

»Gene ist noch nicht zu Hause. Ich werde ihn am Freitag abholen. George ist in der Arbeit, und Larry ist ausgegangen. Ich muß jetzt wieder lernen. Sei also bitte ruhig.«

Ich hätte ihn noch gern wegen Sal gefragt, aber ich hatte Angst vor der Antwort. Statt dessen setzte ich mich vorsichtig auf das Feldbett und hob Doggie hoch.

»Na, was sagst du dazu?« flüsterte ich. »Da gäbe es ja wieder mal eine Menge neuer Dinge, an die wir uns erst mal gewöhnen müssen.«

»Laß das Flüstern!« fuhr mich Walter an.

»Walter?« hörte ich plötzlich Mama rufen. Ihre Stimme klang leise und gedämpft.

Walter sprang auf. Ich stand ebenfalls auf.

»Kann ich mitkommen?«

»Nein, bleib hier.«

Ich setzte mich wieder und drückte Doggie an mich. »Hoffentlich darf ich Mama bald sehen.«

»Jennings«, hörte ich dann Mama rufen.

Ich lugte erst um den Türstock in Mamas Zimmer, um mich zu vergewissern, daß es in Ordnung war, wenn ich eintrat. Walter winkte mir aufmunternd zu.

Bis auf ihren Kopf war Mama ganz zugedeckt. Walter hatte recht gehabt, als er sie mir beschrieben hatte. Sie sah schrecklich aus. Ich kämpfte mit den Tränen, als ich nähertrat. Sie starrte zur Decke hoch.

»Jennings«, rief sie noch einmal. Die Spange um ihr Kinn hinderte sie daran, den Mund ganz zu öffnen. Deshalb also klang ihre Stimme so gedämpft.

»Hier bin ich doch«, sagte ich.

»Es tut mir leid, mein Liebling, aber ich kann dich nicht sehen. Ich kann den Kopf nicht bewegen.«

»Darf ich näherkommen?«

»Aber sieh zu, daß du das Bett nicht berührst«, warnte mich Walter.

Ich trat so nahe wie möglich heran.

»So ist es besser«, sagte Mama dann. »Wie geht es dir, mein Liebling?«

Ich brachte kein Wort hervor. Sicher wäre ich in Tränen ausgebrochen, wenn ich zu sprechen begonnen hätte. Aber ich wollte nicht gegen die Regeln verstoßen und sie unnötig beunruhigen.

»Nicht weinen, mein Liebling«, tröstete sie mich. »Ich weiß, daß ich fürchterlich aussehe. Aber ich werde schon wieder gesund.«

»Ich weine doch gar nicht«, antwortete ich, während ich etwas zurücktrat und mir mit Doggies Fell die Tränen aus dem Gesicht wischte. Dann näherte ich mich Mama wieder.

»Wirst du in Zukunft wohl mein kleiner Helfer werden?« fragte sie.

»Ja.«

»Das ist gut. Ich werde jemanden brauchen, auf den ich mich verlassen kann. Walter wird dir beibringen, wie du mich füttern kannst. Wirst du mir auch wirklich helfen?«

»Aber natürlich, Mama.«

Darauf schloß sie die Augen. Es war ganz still im Raum. Ich wußte nicht, ob sie eingeschlafen war und zog mich deshalb vorsichtig zurück.

»Bist du noch da?« fragte sie plötzlich.

»Ja.« Ich trat wieder auf sie zu. »Ich bin noch da.«

»Bitte, sei ein guter Junge, Jennings. Fang nicht zu trinken an wie George, und lauf auch nicht weg wie Larry.« Sie begann zu weinen.

»Nein, Mama, das werde ich nicht tun.«

Dann tippte mir Walter auf die Schulter und deutete in Richtung Tür. Er wollte, daß ich ging. Also begab ich mich zurück in unser Zimmer und setzte mich wieder auf mein Bett. Walter kam mir wenig später nach.

»Ich wollte sie nicht zum Weinen bringen«, entschuldigte ich mich.

»Das war nicht deine Schuld«, tröstete mich Walter. »Manchmal fängt sie einfach so zu weinen an.«

Ich legte mich auf das Feldbett und schloß die Augen. Irgendwann wurde ich von Walter geweckt.

»Willst du einen Teller Suppe?« fragte er mich.

»Ja.« Ich setzte mich auf und streckte mich.

Walter hatte mir bereits einen Teller mit Suppe gefüllt, als ich in die Küche kam. Ich hatte mich kaum gesetzt, als ich die Wohnungstür schlagen hörte.

»Wer ist das?« fragte ich.

»Ich nehme an, George oder Larry.«

Es waren beide. Larry schoß an der Küchentür vorbei auf unser Schlafzimmer zu. George steckte seinen Kopf zur Tür herein.

»Hallo«, sagte er.

»Hallo, George. Wie geht's dir?« erwiderte ich.

»Gut. Sehr gut.« Seine Augen wirkten leicht glasig.

»Wo ist Larry hin?« fragte ich.

»Er ist ziemlich blau«, meinte George. »Dann also bis später. Ich werde mir noch gleich Onkel Milty ansehen.«

»Wen?«

»Milton Berle, im *Texaco Star Theater.* Wenn du willst, kannst du die Sendung auch ansehen.« Damit war er verschwunden.

»Na, was hältst du jetzt von Larry?« fragte Walter.

»Wie soll ich das jetzt schon sagen können? Ich habe ihn doch noch gar nicht zu Gesicht bekommen.«

»Er ist betrunken.«

»Ist es das, was ›blau‹ bedeutet?«

Er nickte. Darauf aßen wir schweigend unsere Suppe. Das einzige Geräusch im Raum war das Klappern unserer Löffel gegen die Teller. Es tat mir leid, daß Larry blau war. Ich hatte mich so gefreut, ihn wiederzusehen.

Nach dem Essen ging ich zu George ins Wohnzimmer.

»Der Bauchredner ist Jimmy Nelson, und sein Partner ist Danny O'Day.« George erklärte mir, wer gerade auf dem Bildschirm zu sehen war.

»Ach, ich dachte du siehst dir einen Film über einen Onkel an.«

»Das tue ich doch auch. Onkel Milty ist Milton Berles Spitzname. Und das ist seine Show.«

»Ach, jetzt verstehe ich.«

Als die Werbung begann, ging George in die Küche, um sich ein Bier zu holen.

»Willst du auch was, Mike?« rief er aus der Küche.

»Nein, danke.«

George war der einzige, der mich Mike nannte. Obwohl alle wußten, daß ich mir in St. Michael's einen anderen Namen zugelegt hatte, nannten sie mich weiterhin Jennings.

George kam mit seinem Bier zurück und steckte sich eine Zigarette an. »Ich kann nichts dafür.«

»Wofür?«

»Na, daß Mama die Treppe runtergefallen ist und sich verletzt hat«, erklärte er. »Meine Schuld ist das nicht.«

»Das hat doch auch niemand gesagt. Ich war zwar ganz schön sauer, als es passiert ist. Aber das ging vorüber.«

»Warst du sauer auf mich?«

»Natürlich.«

»Wieso? Ich habe sie doch nicht die Treppe runtergeworfen.«

»Natürlich nicht. Aber sie hat dich gebeten, die Antenne zu reparieren. Außerdem ist das inzwischen doch völlig egal«, fügte ich hinzu. »Ich bin nicht mehr sauer.«

»Das ist überhaupt nicht egal«, beharrte George. »Du sollst wissen, daß es nicht meine Schuld war.«

»Das weiß ich doch. Es war nur ein Unfall – das ist alles.«

»Na gut. Wie war's übrigens im Heim? Schlimm?«

»Ja, das kann man wohl sagen.«

»Ich habe übrigens versucht, dich rauszuholen, als sie dich dort eingeliefert haben.«

»Tatsächlich?«

»Aber sie wollten dich nicht herausgeben. Sie meinten, mit siebzehn wäre ich noch zu jung, um für dich zu sorgen. Dazu muß man mindestens einundzwanzig sein.«

»Einundzwanzig! So was. Außer Mama und ... ist doch niemand einundzwanzig. Keiner von uns ist einundzwanzig.«

»Na, deshalb hoffen wir mal lieber, daß du nicht wieder ins Heim mußt.«

Ich nickte zustimmend. »Wie geht es Larry? Seit wann ist er wieder zu Hause?«

»Ach, Larry geht es gut. Er hat heute abend nur etwas zu viel getrunken. Und wann er nach Hause gekommen ist? Mal überlegen ... ich würde sagen, vor ungefähr einem Monat.«

»Walter macht sich Sorgen, weil er so viel trinkt.«

»Ach was, die paar Bier, die Larry sich genehmigt, kann man doch nicht Trinken nennen. Walter ist ein alter Quengler.«

»Walter meint, er wird noch enden wie ...« So was Blödes, dachte ich. Jetzt bin ich doch darauf zu sprechen gekommen.

»Wie wer?« schnaubte George. »Ich?«

»Äh …«

»Verdammte Sauerei! Ich schufte mich hier dumm und dämlich, um euch über die Runden zu bringen, und was ist der Dank dafür?« Wütend drückte er seine Zigarette aus. »Was anderes seht ihr wohl nicht an mir, außer daß ich trinke? Vielleicht sollte ich es machen wie Larry und einfach abhauen, wenn es ein bißchen mulmig wird. Oder wie Walter, der immer nur die Hand aufhält und sonst nichts. Vielleicht sollte ich mich auch einen Dreck um die anderen scheren und lieber zusehen, daß ich meine Schäfchen ins Trockene bringe. Jedenfalls habe ich es endgültig satt.« Er stand auf und stürmte aus dem Raum. »Das ist einfach nicht gerecht.«

Für ein paar Minuten blieb ich allein sitzen. Schließlich schaltete ich den Fernseher aus und ging ins Schlafzimmer. George saß auf seinem Bett. Larry lag in voller Kleidung auf dem Bett und schnarchte. Walter saß am Schreibtisch und las. Ich setzte mich zu George auf sein Bett.

»Ich sehe auch andere Seiten an dir«, versuchte ich, ihn zu trösten. »Zum Beispiel hast du mir mal Doggie gebracht, als ich ihn gebraucht habe. Du hast versucht, mich aus dem Heim zu holen, und dann bist du auch der einzige, der mich Mike nennt.«

»Das ist nett von dir.« Er kratzte sich am Kopf. »Außerdem brauchst du das alles nicht so ernst zu nehmen. Ich muß eben manchmal etwas Dampf ablassen.«

Darauf legte ich mich auf mein Feldbett. Ich kuschelte mich an Doggie und schlief ein. Irgendwann in meinen Träumen spürte ich, wie mir jemand meine Kleidung auszog. Ich war zu müde, um ihm dabei behilflich zu sein. Dann wurde ich zugedeckt, und jemand legte mir Doggie in den Arm.

»Gute Nacht, Mike«, flüsterte George.

Am nächsten Morgen wurde ich von Walter geweckt. Ich zog mich an und sah ihm zu, wie er Mama fütterte.

Dann fuhr ich erst einmal mindestens eine halbe Stunde im Lift auf und ab. Das machte Spaß. Ich hielt auf sämtlichen

Stockwerken, und als ich vielleicht zum fünften Mal wieder im Erdgeschoß ankam, stieg Larry in den Lift.

»Jennings! Was machst du denn hier?«

»Ich wohne hier.«

»Das weiß ich auch«, lachte Larry. »Ich habe gemeint, wann du nach Hause gekommen bist?« Er drückte auf den Knopf zum fünften Stock.

»Gestern nachmittag.«

»Du bist schon gestern nach Hause gekommen? Ich habe dich gar nicht gesehen.«

»Aber ich habe dich gesehen. Du warst betrunken.«

Er lachte. »Ach was, ich hatte vielleicht einen über den Durst getrunken, aber besoffen war ich nicht.«

»Larry, was soll das Ganze eigentlich?«

»Wie meinst du das?«

»Na, ich weiß auch nicht. Ich kann mich noch gut daran erinnern, wie du dich früher immer darüber beklagt hast, daß George so viel trinkt.«

»Na gut, ich denke darüber jetzt anders. Das wird es wohl sein.«

»Na, ich weiß nicht«, murmelte ich mehr zu mir selbst.

Als der Lift im fünften Stock hielt, stiegen wir aus.

»Wir haben uns ein Jahr nicht mehr gesehen, und du weißt mir nichts anderes zu erzählen, als daß ich gestern abend vielleicht etwas zuviel getrunken habe. Wie es mir geht und wo ich gewesen bin, interessiert dich wohl gar nicht?«

»Ich war doch gerade dabei, dich danach zu fragen.«

»Die Mühe kannst du dir jedenfalls sparen.« Larry öffnete die Tür zu unserer Wohnung, um sie mir jedoch vor der Nase zuzuknallen.

Für den Rest des Tages weigerte Larry sich, mit mir zu sprechen. Vermutlich hatte er recht. Ich hätte ihn wirklich erst fragen sollen, wie es ihm ging, und ihn dann erst auf sein Trinken ansprechen sollen. Auf diese Weise hätte ich gewußt, was er die ganze Zeit getrieben hatte.

Ich gab Mama etwas Suppe und Tee. Um sie zu füttern,

füllte ich das, was sie gerade wollte, in ein Glas und hielt es an ihre Wange. Und dann saugte sie den Inhalt mit einem komisch gekrümmten Strohhalm heraus. Als ich sie fragte, ob ich einen von ihren Strohhalmen haben könnte, um Kakao oder sonst etwas damit zu trinken, erlaubte sie mir das nicht. Sie hatte Angst, daß ich den Halm brechen könnte. Als sie mit dem Essen fertig war, begann ich, ihr und Doggie aus einem Comic-Heft vorzulesen. Doch sie schlief schon vor dem Schluß der ersten Geschichte ein. Bevor ich ging, gab ich ihr ganz vorsichtig einen Kuß auf die Hand. Als ich ihr Zimmer verließ, achtete ich darauf, das Licht brennen zu lassen.

Nach dem Abendessen sah ich mir mit Doggie im Fernsehen *Captain Video* an. Larry war ausgegangen, so daß wir allein waren. Doggie wurde langsam müde.

»Ich auch«, stimmte ich ihm zu, um über den Flur ins Schlafzimmer zu stolpern, wo ich mich ganz vorsichtig auf mein Feldbett fallen ließ, damit es nicht zusammenkrachte.

Als ich am nächsten Morgen in die Küche ging, saß Sal am Tisch und las Zeitung.

»Sal!« rief ich und warf mich so heftig in seine Arme, daß ich die Zeitung zu Boden riß.

»Hey! Nicht so stürmisch«, lachte Sal.

Er küßte mich auf den Scheitel, als ich ihn umarmte.

Doch plötzlich wich ich von ihm zurück.

»Warum hast du mich nicht aus dem Heim geholt? Hast du meine Nachricht bekommen?«

Ich habe deinen Brief bekommen, aber ich konnte dich nicht aus dem Heim holen.«

»Aber du bist doch über einundzwanzig.«

Er lachte. »Natürlich bin ich über einundzwanzig. Aber das allein hätte in diesem Fall nicht ausgereicht.«

»Wieso?«

»Ich war einfach noch nicht an dem Punkt, daß ich die volle Verantwortung für dich hätte übernehmen können.«

»Das verstehe ich nicht.«

»Ich war noch nicht in der Lage, mich ganz und gar um dich zu kümmern.«

»Aber ist dir denn nichts an mir gelegen?« wollte ich wissen.

»Natürlich ist mir etwas an dir gelegen, mein Junge. Aber es gibt auch andere Möglichkeiten, jemandem zu zeigen, daß man für ihn da sein will.«

»Wie zum Beispiel?«

»Indem man ihn zum Beispiel nicht belügt. Hätte ich dich etwa aus dem Heim holen und sagen sollen, daß ich mich immer um dich kümmern will, um dich dann doch wieder abzuschieben? Hättest du das besser gefunden?«

Ich schmollte ein bißchen und sagte schließlich: »Jedenfalls hast du mir sehr gefehlt. Ich war sieben Monate weg, und du hast mir sehr gefehlt.«

»Auch ich habe dich sehr vermißt, mein Junge.« Er drückte mich fester an sich.

»Findest du es außerdem nicht besser, zu wissen, daß ich dich nie belügen werde, mein Junge? Und wenn ich mich einmal deiner annehmen werde, dann wirst du ganz sicher wissen, daß es für immer sein wird.«

Das mußte ich mir erst eine Weile durch den Kopf gehen lassen. »Kann schon sein«, murmelte ich schließlich. »Aber manchmal ist es trotzdem besser, belogen zu werden. Das tut nicht so weh.«

»Aber das hält meistens nur kurz vor. Denn letzten Endes tut es dann doppelt so weh, wenn man einsehen muß, daß man nur wieder einmal belogen worden ist.« Er hob die Augenbrauen, als wollte er mich fragen: Findest du nicht auch?

»Kann schon sein«, murmelte ich erneut.

Darauf kitzelte mich Sal, um meine düstere Stimmung zu vertreiben, und drückte mich wieder an sich.

»Und jetzt erzähl mal«, forderte er mich auf. »Wie war's?«

Und dann erzählte ich ihm alles – und vor allem von Mark. Sal freute sich, daß ich mir zu Herzen genommen hatte, was er mir über Midnight gesagt hatte. Allerdings erzählte ich Sal nicht, daß ich ein schlechtes Gewissen hatte, weil ich Mark nicht gesagt hatte, wie gern ich ihn mochte. Der Grund hierfür war, daß ich Sal ebenfalls sehr gern mochte. Und ich dachte mir, daß man so etwas eben nicht in der Gegend herumposaunte.

Ich erzählte Sal, daß ich viel an Jerome dachte. »Glaubst du, es läßt sich machen, daß wir ihn wieder einmal besuchen?«

»Ich denke schon, daß sich das machen läßt«, lachte er. »Aber das kann ich erst in Angriff nehmen, wenn ich wieder zurück bin.«

»Von wo zurück? Gehst du schon wieder fort?«

»Ja, morgen abend fahre ich wieder los.«

»So was Blödes. Wie lange?«

»Ein paar Wochen. Aber wenn ich wieder zurück bin, sehe ich zu, daß wir Jerome wieder besuchen können. Einverstanden?«

»Einverstanden.« Ich drückte mich fest an Sal, und dann ging er.

Ich brachte Mama etwas Suppe.

»Soll ich dir was vorlesen?« fragte ich.

»Oh, das wäre nett, mein Liebling.«

Ich holte meine Baseballbilder und las ihr den Text auf der Rückseite vor. Als ich bei Yogi Berra ankam, sagte ich: »Hoppla!«

»Was ist denn, Liebling?«

Ich erzählte ihr darauf von meiner Abmachung mit Jerome, falls Yogi Berra den MVP gewinnen sollte. Da mußte ich ihr jedoch erst erklären, was der MVP war.

»Du solltest mehr in die Welt hinauskommen, Mama«, sagte ich.

Sie lachte. »Du darfst mich nicht zum Lachen bringen, mein Liebling. Das tut weh.«

»Entschuldigung.«

»Ich glaube, jetzt möchte ich ein bißchen schlafen.«

Während der darauffolgenden Wochen verstrich ein Tag wie der andere. Ich versorgte Mama und fütterte sie. Wenn es irgendwie ging, unterhielt ich mich auch mit ihr. Aber das war gar nicht so einfach, da sie entweder zu weinen begann oder einschlief.

Da von den anderen nie jemand zu Hause war, fühlte ich mich ziemlich einsam. Gene hatte sich mit ein paar anderen Jungen angefreundet, die im selben Haus wohnten, so daß ich ihn nur beim Abendessen zu Gesicht bekam. Danach stritten wir uns wegen des Fernsehprogramms, bis er irgendwann einschlief, so daß ich ansehen konnte, wozu ich Lust hatte.

Eines Nachmittags überraschte ich Larry, wie er seinen Koffer packte.

»Wo willst du hin?« fragte ich ihn.

»Weg.«

»Wohin weg?«

»Einfach irgendwohin.« Er packte seine Comic-Hefte zusammen, warf sie aber dann auf den Boden. »Wenn du willst, kannst du sie haben.«

Darauf sagte ich nichts mehr weiter, sondern setzte mich nur auf mein Bett und sah ihm zu. Ich dachte an das erste Mal zurück, als er weggelaufen war, und wie ich mich damals gefühlt hatte. Das hatte sich inzwischen geändert, wie sich auch Larry verändert hatte. Der Larry, der vor langer Zeit einmal weggelaufen war, war nie mehr zurückgekommen.

»Du solltest auch abhauen«, meinte er schließlich.

»Ja? Warum?«

»Du bist doch hier nur der Sklave«, brummte er. »Mir ist es früher genauso gegangen, aber irgendwann habe ich mir diese Behandlung einfach nicht mehr bieten lassen. Aber wenn du so blöd bist ...«

»Wieso soll ich blöd sein? Weil ich mich um Mama kümmere, soll ich blöd sein?«

»Ganz richtig!«

»Und wer wird sich um sie kümmern, wenn ich es nicht tue? Du vielleicht?«

»Nein, ich bestimmt nicht, Kumpel.«

»Ich bin nicht dein Kumpel.«

»Red doch keinen Quatsch. Wenn du hier bleiben willst, dann bleib eben hier!«

»Genau das werde ich tun!«

»Aber laß mich bitte mit deinem Gefasel in Ruhe. Hier bin ich jedenfalls ein Nichts. Und deshalb haue ich ab. Und zwar werde ich irgendwohin gehen, wo ich jemand bin.«

»Was redest du da?«

»Ich werde dir gleich sagen, wovon ich rede. George schleppt die Knete an. Walter ist der große Schlaumeier. Du bist der brave Hansdampf in allen Gassen – aber nur so lange, wie sie dich brauchen. Und dann hast du auch nichts mehr zu melden! Und Gene ist der Kleine. Wo soll da ich noch bleiben?«

»Ich weiß auch nicht. Wo?«

»Nirgendwo! Ich habe hier nichts zu suchen.« Er schloß wütend den Koffer und stürmte aus dem Zimmer.

Ich setzte mich darauf ans Fenster und sah auf die Elmhurst Avenue hinunter, wo Larry nach einer Weile aus dem Haus kam. Ich wünschte ihm, daß er fand, wonach er suchte. Am besten wäre es doch gewesen, wenn er es hier hätte finden können. Warum hatte er nur angefangen zu trinken? Ich ließ meinen Kopf auf meine Arme niedersinken und begann zu weinen. In meinem Innern herrschte ein fürchterliches Durcheinander. Eigentlich wollte ich böse auf Larry sein, weil er sich so sehr verändert hatte. Aber ich konnte ihm nicht böse sein; er tat mir nur leid. Hinter all seinem Jammern und Schimpfen war er genauso einsam wie ich. Er wollte irgendwohin gehören. Das konnte ich gut verstehen.

»Wiedersehen, Larry«, flüsterte ich.

Mama erzählte ich nichts davon, daß Larry weg war. Als sie nach ihm fragte, sagte ich ihr, er wäre losgegangen, um sich einen Job zu suchen. Auch Walter erzählte ich erst nach einer Woche davon.

»Na und?« war alles, was er dazu zu sagen hatte.

Mein elfter Geburtstag kam und verstrich unbemerkt. Mama erzählte ich lieber nichts, daß ich Geburtstag hatte. Sie hätte doch nur wieder zu weinen angefangen. Und das wollte ich nicht.

Schließlich kam Sal wieder zurück. Ich erzählte ihm von Larry.

»Es ist ein Jammer«, seufzte er. »Bei ihm wird es langsam richtig zur Gewohnheit, wegzulaufen. Und das ist nicht gut.«

»Wie meinst du das – es wird bei ihm zur Gewohnheit?«

»Wenn jemand einmal vor etwas davongelaufen ist«, erklärte er mir, »dann ist das eine Sache. Aber wenn man ständig davonläuft, wird das zu einer Gewohnheit. Das heißt, man läuft ständig nur davon, anstatt sich einer Herausforderung auch mal zu stellen. Und so etwas ist nicht gut.«

Als ich ihm sagte, er sollte Mama nichts von Larry erzählen, hielt er das auch für richtig.

Als er dann mit Mama sprach, erzählte er ihr, daß er eine neue Arbeit suchte.

»Ich möchte mehr bei euch sein können.«

»Ja, das fände ich auch schön«, sagte Mama schwach.

»Ich glaube, Jennings und Gene brauchen dringend jemanden, der sich um sie kümmert. Außerdem«, fügte er hinzu, »habe ich diesen Job langsam satt. Ich suche mir eine Arbeit, bei der ich nicht ständig auf Achse sein muß. Vielleicht könnte ich dann ja im Wohnzimmer wohnen.«

»Das wäre wunderbar«, meinte Mama.

»Ich muß aber erst die Jungen fragen.«

»Ich habe nichts dagegen«, erklärte ich, ohne lange zu überlegen.

»Ich weiß, daß du nichts dagegen hast, mein Junge. Ich habe dabei auch eher an George und Walter gedacht.«

»Ach so«, murmelte ich.

»Ja.« Er lachte. »Ich werde sie fragen, wenn das Ganze konkreter wird.«

»Und wann wird das sein?«

»So genau kann ich das jetzt noch nicht sagen. Vielleicht im Spätherbst.«

»Im Herbst! Das ist ja noch eine Ewigkeit.«

»Nein, das erscheint dir nur so, mein Junge.«

Am nächsten Tag ging Sal wieder auf Tour. Er fehlte mir sehr. Und die Zeit bis zum Herbst erschien mir endlos lang. Außerdem war mir klar, daß George sicher nicht einverstanden sein würde, wenn Sal ins Wohnzimmer einzog. Walter würde vielleicht nichts dagegen haben, solange er mit Sals Wagen fahren durfte. Aber in Georges Fall sah ich schwarz.

Eines Nachmittags saß ich am Fenster von Mamas Zimmer. Mama schlief, und sonst war niemand zu Hause. Das ist doch Sals Wagen, dachte ich. Ein Auto parkte vor dem Haus, und tatsächlich stieg Sal aus.

»Doggie, schau mal! Sal ist zurückgekommen!«

Doggie war völlig aus dem Häuschen.

Ich hielt ihn hoch, damit er besser sehen konnte. Und dann ging Sal um das Auto herum und öffnete die Tür auf der anderen Seite. Jerome stieg aus.

»Jerome!« platzte ich heraus. Ich stürzte aus der Wohnung auf den Flur hinaus, wo ich mehrmals auf den Liftknopf drückte. Aber der Lift wollte und wollte nicht kommen, so daß ich schließlich die Treppe hinunterrannte. In meiner Eile wäre ich fast über meine eigenen Füße gestolpert. Ich hatte gerade die Eingangshalle erreicht, als Jerome vor dem Lift stehen blieb.

»Jerome!« rief ich.

Wir fielen uns in die Arme.

»Was machst du denn hier?« fragte ich dann.

»Sie haben mich nach Hause gelassen.«

»Für wie lange?«

Er zuckte mit den Achseln. »Ich weiß nicht. Vielleicht sogar für immer.«

Oben wurde Jerome dann sofort ins Bett gesteckt. Unsere Wohnung war mit einem Mal wie ein kleines Krankenhaus. In einem Zimmer lag Mama, im anderen Jerome. Aber zumindest hatte ich jetzt wieder jemanden, mit dem ich sprechen konnte. Ich freute mich sehr, daß Jerome wieder zu Hause war. Er hatte mir gefehlt. Wir unterhielten uns über alles mögliche – Briefmarken, Flugzeug- und Schiffsmodelle, Baseball und Schach.

»Du spielst inzwischen wirklich gut«, lobte Jerome meine Qualitäten als Schachspieler.

»Ich hatte ja auch einen guten Lehrer. Mark.«

»Mark? Wer ist Mark?«

»Mark ist ein Junge, den ich im Heim kannte«, erwiderte ich betreten.

»Du sprichst ja über ihn, als wäre er tot.«

»Das ist er auch.«

»Tja, so ist das nun mal. Keiner von uns kann ewig hier bleiben.«

Die Beiläufigkeit, mit der er dies sagte, verblüffte mich.

»Macht dir das denn keine Angst?« fragte ich deshalb.

»Was? Der Tod?«

»Ja.«

»Nein. Wenn man sein ganzes Leben im Krankenhaus verbracht hat, dann gewöhnt man sich mit der Zeit an so etwas.«

»Na, ich weiß nicht.«

»Hast du denn Angst vor dem Tod?«

»Äh ... eigentlich habe ich mir darüber noch nie Gedanken gemacht – zumindest nicht, bis Mark gestorben ist. Jetzt denke ich schon manchmal darüber nach.«

»Das ist doch nichts Besonderes«, meinte Jerome. »Für Leute wie mich ist der Tod nur das Ende von Krankheit und Schmerzen – nichts weiter.«

»Und für Leute wie mich?«

Er lachte. »Leute wie du sollten lieber nicht an den Tod

denken. So lebt es sich für euch sicher leichter.« Er schob seine Brille hoch.

Jerome erinnerte mich immer stärker an Mark. Die beiden hätten sich bestimmt gut leiden können, wenn sie sich mal kennengelernt hätten.

Danach unterhielten wir uns über die Familie. Als ich Jerome erzählte, daß Larry weggelaufen war, äußerte er sich dazu ähnlich wie Sal.

»Wegzulaufen kann manchmal eine richtige Gewohnheit werden«, drückte er es aus.

Dann sprachen wir darüber, daß George sich wünschte, daß wir dankbarer sein sollten, daß er so viel für uns tat.

»Es geht ihm nicht so sehr um euren Dank als um eure Anerkennung«, meinte er.

»Das verstehe ich nicht ganz.«

»Er will eben, daß Mama und Walter gut finden, was er tut, und ihm ihre Anerkennung zeigen. Wenn sie dagegen ständig nur auf ihm herumhacken, weil er so viel trinkt, hat das nur zur Folge, daß George noch mehr trinkt.«

»Woher weißt du das alles?« fragte ich erstaunt.

Jerome lachte. »Ich achte eben auf das, was um mich herum geschieht. Und ich stelle Fragen. Indem man Fragen stellt, lernt man etwas, und indem man dazu lernt, entwickelt man sich weiter.«

»Werde ich mich auch weiter entwickeln, wenn ich Fragen stelle?«

»Klar.«

»Könntest du mir dann vielleicht sagen, was es heißt, einen Bruder zu haben und einer zu sein? Darüber denke ich schon seit einiger Zeit nach.«

»Klar.« Jerome nickte.

»Und?«

»Was und?«

»Willst du es mir nicht erklären?«

»Doch, doch, natürlich.«

»Und wann?«

»Wenn die Zeit gekommen ist, Jennings«, meinte er nachdenklich, »werde ich es dir erklären.«

»Das habe ich mir fast gedacht«, murmelte ich enttäuscht.

»Erzähl mir doch lieber«, wechselte Jerome das Thema, »was Walter von all dem hält.«

Ich sagte ihm, daß Walter der Meinung war, das einzige, was zählte, wäre eine anständige Ausbildung. Alles andere hätte keinen Wert. Für Walter waren George und Larry nur Herumtreiber.

»Das ist nicht gerecht«, meinte Jerome. »Walter sieht alles immer nur schwarz-weiß.«

»Wie meinst du das?«

»Walter sieht die Dinge nur aus seinem persönlichen Blickwinkel. Er will einfach nicht begreifen, daß George und Larry einfach nur auf eine andere Art und Weise mit ihren Problemen fertigzuwerden versuchen. ›Mitgefühl‹ ist für Walter offensichtlich ein Fremdwort.«

Als ich mich daraufhin am Kopf kratzte, mußte Jerome lachen.

»Weißt du, das ist so. Trotz aller seiner Intelligenz merkt Walter nicht, daß ihr alle dasselbe Problem habt. Ihr versucht alle, zu überleben, zu irgend jemandem zu gehören. Er hat nun eine Lösung für sein Problem gefunden – eine sehr gute sogar. Auch George und Larry haben eine Lösung ihres Problems gefunden – allerdings eine schlechte. Eines Tages wird Walter vermutlich begreifen, wieviel Glück er gehabt hat. Er hätte ebensogut die andere Möglichkeit wählen können – die von George und Larry.«

»Eines Tages werde ich auch noch lernen, mich mit Erwachsenen zu unterhalten«, konnte ich dazu nur erklären.

Jerome lachte. »So schwierig ist das gar nicht. Du brauchst nur zu sagen, was du fühlst, und dann mußt du noch lernen zuzuhören. Dann nennt man ›offen sein‹. Alles hat seine zwei Seiten.«

»Jedenfalls bin ich froh, daß ich dich gefragt habe. Spielen wir jetzt Schach?«

Jerome lachte.

Ich freute mich jeden Tag, nach dem Unterricht nach Hause zu Jerome zu kommen. Er war mein einziger Freund – außer Doggie natürlich.

»Gehst du denn nie weg?« fragte er mich eines Tages.

»Nein.«

»Warum nicht?«

»Na ja, ich muß mich doch um Mama und dich kümmern. Als früher noch diese Krankenschwester zu uns kam, bin ich in den Park gegangen. Sie wollte nämlich nicht, daß ich dabei war, wenn sie Mama badete.« Ich schnitt ein Gesicht.

»Warum gehst du denn jetzt nicht mehr in den Park?«

»Jetzt? Aber ich will doch bei dir sein.«

»Ich möchte, daß du in Zukunft öfter in den Park gehst. Du kannst doch nicht ständig nur zu Hause bleiben. Ich bleibe doch nur hier, weil ich nicht anders kann. Aber du kannst sehr wohl.«

Aber ...«

»Nichts aber. *Geh jetzt!*«

Also ging ich in den Park, wo ich mich auf eine Bank setzte und wartete. Ich hatte mir vorgenommen, eine Weile die Zeit totzuschlagen und dann wieder nach Hause zu gehen. Ich beobachtete die anderen Kinder beim Schaukeln und Rutschen. Dabei fiel mir ein blondes Mädchen auf, das von der anderen Seite des Parks auf mich zukam. Sie kam immer näher, bis unsere Blicke sich trafen. Und dann blieb sie stehen und starrte wie gebannt in meine Richtung. Ich drehte mich um, um zu sehen, was ihre Aufmerksamkeit erregt hatte. Allerdings war niemand zu sehen. Als ich mich daraufhin wieder umdrehte und sah, daß sie auf mich zurannte, wurde ich plötzlich schrecklich aufgeregt.

»Jennings!« rief sie.

Erst als sie ganz nahe gekommen war, dämmerte mir, wen ich vor mir hatte. Es war Stacy.

»Stacy«, stammelte ich. Mir lief eine Gänsehaut über Arme und Beine. »Stacy.«

Ich wollte mich gerade von meiner Bank erheben, als sie mich erreichte. Sie stieß mich fast wieder auf die Bank zurück. Und dann gab sie mir einen Kuß.

»Was machst du denn hier?« fragte ich erstaunt.

»Ich wohne hier. Ich war weg in der Schule, aber jetzt bin ich wieder zurück. Und was machst du hier?«

»Ich wohne auch hier.«

»Wo?«

»Dort drüben.« Ich deutete in Richtung Elmhurst Avenue. »Daher kam mir der Name also bekannt vor«, murmelte ich dann mehr zu mir selbst.

»Was?«

»Der Name Elmhurst. Als ich zum erstenmal hierher gekommen bin, war ich mir sicher, den Namen Elmhurst schon mal gehört zu haben. Allerdings fiel mir damals nicht mehr ein, woher ich den Namen kannte. Jetzt weiß ich, daß du damals im Heim erzählt hast, daß du in Elmhurst wohnst.«

»Das ist ja toll!« jubelte Stacy. »Ich kann es noch gar nicht fassen. Erzähl doch, was du in der Zwischenzeit alles erlebt hast.« Sie faßte nach meinem Arm und umschlang ihn mit beiden Armen. »Wo bist du die ganze Zeit gewesen?«

Ich spürte, wie ich im ganzen Gesicht rot wurde. »Ach, überall«, erwiderte ich.

Sie bombardierte mich mit unzähligen Fragen. Offensichtlich hatte sie sich kein bißchen verändert. Jedenfalls redete sie immer noch so schnell wie früher. Allerdings war sie größer und hübscher geworden. Sie trug ein hellblaues Kleid mit weißen Spitzen am Kragen und an den Ärmeln. Ihr Haar war noch genauso goldblond wie früher und schimmerte in der Sonne. Sie wurde eine richtige junge Dame. Und sie roch wundervoll.

»Weißt du, als wir noch klein waren, mochte ich dich schrecklich gern«, sagte sie.

Ich wurde noch röter. »Ach, du meine Güte.«

Sie lachte. »Und du sagst immer noch: ›Ach, du meine Güte.‹« Sie beugte sich zu mir herüber und küßte mich auf die Wange. »Weißt du, ich mag dich immer noch schrecklich gern.«

»Ach, du meine Güte.«

Darauf mußte sie neuerlich lachen. Sie kuschelte sich an mich. »Erst war ich schrecklich traurig, als ich in den Ferien nach Hause mußte. Ich wollte den ganzen Sommer über im Internat bleiben. Aber jetzt bin ich froh, zu Hause zu sein.«

»Na, so was.«

Gemeinsam gingen wir dann zum Ausgang des Parks. Sie hielt mich an der Hand. Dabei wurde mir zum erstenmal bewußt, wie zärtlich und weich die Hand eines anderen Menschen sein konnte.

»Kommst du morgen wieder hierher?« fragte sie mich.

»Äh ... ja«, antwortete ich stockend. »Ich komme morgen wieder in den Park.«

Als sie sich diesmal vorbeugte, küßte sie mich nicht mehr auf die Wange, sondern auf den Mund. Ich blieb wie angewurzelt stehen und sah ihr nach, wie sie davonging. Nach einer Weile drehte sie sich noch einmal lächelnd nach mir um. Jetzt verstand ich, was Jerome mit »offen sein« gemeint hatte. Man mußte nicht rätseln, was Stacy dachte oder fühlte, weil sie es einem sagte.

Als ich dann nach Hause ging, überstürzten sich in mir die Gefühle. In unserem Schlafzimmer setzte ich mich auf mein Bett.

»Was ist denn mit dir los?« wollte Jerome wissen. »Hast du die frische Luft nicht vertragen?«

»Äh ... ich ... äh ...«

»Das fängt ja gut an. Und was sonst noch?« Er lachte.

»Ich ... äh ...«

»Das hast du bereits gesagt.« Er mußte erneut lachen. »Sollen wir Karten spielen?«

»Ja.« Ich stand auf und setzte mich auf den Stuhl neben seinem Bett, auf dem auch die Karten lagen.

»Hey, was hast du denn?« drang Jerome in mich. »Bist du verliebt, oder was?«

»Was? Nein!« platzte ich heraus. »Ich bin nicht verliebt, ich bin nicht verliebt.«

Er konnte sich kaum mehr halten vor Lachen. »Ich glaube fast, daß du doch verliebt bist.«

»Meinst du?«

»Könnte schon sein. Jedenfalls habe ich auch so ausgesehen, als ich mit elf zum erstenmal verliebt war. Wer ist sie denn?«

»Äh … Stacy«, murmelte ich.

»Stacy. Das ist ein netter Name. Erzähl mir doch von ihr.«

Also erzählte ich Jerome, wie ich sie im Heim kennengelernt hatte und was seitdem zwischen uns gewesen war.

»Ich glaube, du bist wirklich in sie verliebt.«

»Woher willst du das wissen?« fragte ich.

»So etwas spürt man eben. Wenn du deine Gefühle schilderst, dann hört sich das ganz so an, als wärst du verliebt.«

»Ich war noch nie verliebt, und ich habe auch etwas Angst davor.«

»Was?«

»Ich glaube, dieses Gefühl macht mir Angst.«

»Wie kann man vor der Liebe Angst haben, wo doch die Liebe das Schönste auf der ganzen Welt ist.«

»Ja, schon. Aber … wenn Liebe so etwas Schönes sein soll, warum spricht dann niemand darüber?«

»Aber wir sprechen doch darüber«, hielt dem Jerome entgegen.

»Das ist allerdings richtig.«

»Na, siehst du …«

Darauf erzählte ich Jerome, was ich über die Liebe dachte und fühlte, und wie sehr ich es bedauerte, daß ich Mark nicht gesagt hatte, wie gern ich ihn gehabt hatte. Und auch von meinen Gefühlen Sal gegenüber erzählte ich ihm.

»Mark und ich taten so, als wären wir Brüder«, gestand ich Jerome.

»Hast du mich deswegen gefragt, wie das mit Brüdern wäre?«

Ich nickte.

»Tja«, seufzte Jerome, »das bestärkt mich nur in der Überzeugung, daß du noch ganz allein herausfinden wirst, was es mit Brüdern auf sich hat. Doch was die Liebe betrifft, so glaube ich einfach, daß die meisten Menschen Angst vor diesem Wort haben. Nimm doch zum Beispiel nur mal Mama.«

»Mama?«

»Ja. Mama nimmt dieses Wort nie in den Mund, obwohl sie sich bestimmt manchmal so fühlt.«

»Woher willst du das wissen?«

»Na, sie hätte uns alle in ein Heim stecken und dann nie wieder abholen kommen können. Aber das hat sie eben nicht getan. So schwer es ihr auch gefallen sein mag, für uns zu sorgen, sie hat es trotzdem versucht. Sie hat versucht, unsere Familie zusammenzuhalten. Natürlich ging das ziemlich drunter und drüber, aber sie hat es zumindest versucht. Das ist Liebe.«

»Und warum glaubst du, daß sie nie darüber spricht?«

»Ach, weißt du, die meisten Leute haben Angst, ihre Liebe könnte nicht erwidert werden, deshalb schweigen sie lieber. Sie denken, wenn sie nichts sagen, können sie nicht so sehr verletzt werden. Aber das stimmt nicht.«

»Das stimmt nicht?«

»Natürlich nicht. Es ist sogar grundverkehrt. Indem sie nicht darüber sprechen, errichten die Menschen um sich herum eine Mauer. Und dahinter sperren sie ihre Liebe ein. Aber auf Dauer schmerzt das mehr, als zurückgewiesen zu werden.«

»Ich möchte schon manchmal sagen, daß ich jemanden sehr gern habe«, gestand ich. »Aber irgendwie bringe ich dann doch kein Wort hervor. Wenn ich zum Beispiel Mama oder Sal sagen will, daß ich sie sehr gern habe, bringe ich am Ende doch kein Wort hervor.«

»Also ich finde, wenn du es gern sagen möchtest, dann solltest du es auch sagen. Laß es einfach raus.«

»Na, ich weiß nicht, ob ich das kann«, meldete ich meine Bedenken an. »Ich dachte immer, daß sowieso niemand etwas von diesem ganzen Kram hören möchte. Aber inzwischen bin ich doch so weit, daß ich es hin und wieder gern sagen würde.«

»Dann sag es!« ermunterte mich Jerome. »Wenn alle nur herumliefen und dächten, keiner will etwas davon hören, dann gäbe es das Wort ›Liebe‹ doch gar nicht.«

Am nächsten Tag saß ich wieder auf meiner Parkbank und ließ meine Blicke umherwandern. Stacy war nirgendwo zu sehen. Ich wartete.

Plötzlich legten sich zwei Hände über meine Augen. Meine Hände zuckten hoch und legten sich über ihre.

»Rat mal, wer ich bin«, hörte ich Stacys angenehme Stimme.

Mir war bis dahin noch nie aufgefallen, wie angenehm ihre Stimme klang. Meine Finger tasteten behutsam über ihre Hände. Sie fühlten sich warm an.

»Stacy«, flüsterte ich.

»Gewonnen.« Sie beugte sich über mich und küßte mich auf die Wange. Dann schlang sie ihre Arme um meine Schultern und zog mich an sich. Ich legte meinen Kopf an ihre Brust. »Du hast mich gewonnen«, fügte sie schließlich hinzu.

Als wir dann durch den Park spazierten, hielt ich sie die ganze Zeit an der Hand. Wir sprachen über alles mögliche. Als ich ihr von Mark erzählte, konnte sie sich noch an ihn erinnern. Sie blieb stehen und begann zu weinen. Ich schlang meinen Arm um ihre Hüfte, und sie lehnte sich gegen mich. Ihren Kopf legte sie an meine Schulter, und ihre Arme schlang sie um meinen Hals. Obwohl ich dachte, ich müßte knallrot werden, traf dies zu meiner Überraschung nicht zu. Ich war Stacy gern nahe. Sie trug einen rosa Pullover, der zu ihrer rosa Hose paßte. Außerdem trug sie eine weiße Spitzenbluse. Das Haar hatte sie hinter die Ohren zurückgesteckt. Mir blieben die Worte in der Kehle stecken. Ich küßte sie aufs Ohr.

Dann begleitete ich Stacy nach Hause. Sie wohnte in der Straße hinter der Elmhurst Avenue in einem kleinen Häuschen mit Garten.

»Ich kann immer noch nicht glauben, daß wir plötzlich so nahe beieinander wohnen.«

»Ich kann es auch noch gar nicht so recht fassen.« Sie legte mir den Arm um die Hüfte.

»In dem Haus dort drüben wohne ich.« Ich deutete auf unseren Wohnblock.

Sie sah zu dem riesigen Gebäude hinüber.

»Was? Das ganze Haus gehört euch?« fragte sie erstaunt.

»Nein, natürlich nicht.« Ich lachte. »Wir haben dort nur eine kleine Wohnung.«

»Gehen wir am Samstag ins Kino?« fragte sie dann.

»Ja, gern.«

»Also gut, dann bis Samstag.« Sie beugte sich vor und gab mir einen Kuß.

Ich küßte sie ebenfalls.

Als ich mich dann auf den Heimweg machte, schwebte ich halb die Straße hinunter. Unzählige neue Gefühle und Gedanken brachen über mich herein. Ich mußte lachen, als ich daran dachte, wie ich mich damals vor drei Jahren im Heim Stacy gegenüber verhalten hatte. Während ich so dahinging, hatte ich das seltsame Gefühl, als hörte ich Musik. Das war komisch. Eigentlich hatte ich gedacht, daß nur die Leute im Kino Musik hörten, wenn sie verliebt waren. Darin hatte ich mich auch keineswegs getäuscht. Ich kam an einer hölzernen Bauhütte vorbei, die neben einer Baustelle stand. Die Musik, die ich hörte, kam aus ihrem Innern. Jemand spielte Mundharmonika. Ich blieb in der Nähe der Tür stehen und lauschte.

»Komm doch rein«, forderte mich eine Stimme auf, nachdem die Musik verstummt war.

Nach kurzem Zögern öffnete ich die Tür.

»Hallo, junger Freund«, begüßte mich ein älterer Schwarzer mit weißem Kraushaar. Er saß neben einem kleinen Kanonenofen und trug einen braunen Pullover, der am Ellbogen ein riesiges Loch hatte. Außerdem hätte der Mann dringend eine Rasur vertragen können.

»Setz dich, mein Junge«, forderte er mich auf, »und wärm dich ein bißchen auf.«

»Es ist doch gar nicht kalt«, entgegnete ich.

»Na, ich finde es schon kalt«, lachte der Mann. »Wie heißt du denn?«

Sein Lachen war tief und rauh.

»Ich heiße Jennings.«

»Sehr erfreut.« Er streckte mir seine Hand entgegen. »Ich bin Clarence.«

»Woher wußten Sie, daß ich draußen vor der Tür stand, Clarence?« fragte ich ihn, während wir uns die Hand schüttelten.

»Wozu hat der Mensch seinen Instinkt, mein Junge?« kicherte er.

Ich kratzte mich am Kopf. Zwar fand ich nicht, daß ich Körpergeruch hatte, aber wenn er mich durch die geschlossene Tür hatte riechen können, mußte es doch so sein. Ich würde mich duschen müssen, wenn ich zu Hause war.

Dann spielte mir Clarence auf seiner Mundharmonika vor. Er hielt beim Spielen die Augen geschlossen und schwankte im Rhythmus der Musik hin und her. Clarence spielte wundervoll, und er schien dabei ganz woanders zu sein.

»Wohnen Sie hier allein?« fragte ich ihn, als er zu spielen aufhörte.

Clarence lachte. »Ich wohne nicht hier. Ich arbeite nur hier. Ich bin der Nachtwächter.«

»Was bewachen Sie denn?«

»Ich passe nur auf, daß sich niemand auf der Baustelle herumtreibt, bis am Morgen die Arbeiter wieder anfangen.«

»Ach so. Und deshalb sitzen Sie die ganze Nacht nur hier herum und spielen Mundharmonika.«

»Ganz genau.« Er grinste. »Ich spiele Mundharmonika und lerne neue Freunde kennen.«

»Lernen Sie viele neue Freunde kennen?«

»Millionen, mein Junge. Millionen.« Als er lächelte, kamen mindestens so viele Zähne zum Vorschein, wie er Freunde hatte.

»So viele? Wo bringen Sie Ihre Millionen Freunde unter?«

Er lachte. »Das ist doch ganz einfach. Ich brauche nur genügend Platz für den Freund, der mir gerade Gesellschaft leistet. Und wenn er dann geht ... dann habe ich wieder Platz für einen anderen.« Er begann, ein anderes Lied zu spielen. Doch mittendrin brach er unvermittelt ab. »Mach dir mal keine Sorgen, wie viele Freunde man braucht, mein Junge«, tröstete er mich. »Freu dich einfach, wenn jemand bei dir ist.«

»Es gibt da ein Mädchen, mit dem ich furchtbar gern zusammen bin. Sie heißt Stacy.«

»Stacy! Das ist aber ein schöner Name. Ich möchte wetten, daß sie auch sehr hübsch ist.«

»Ja, das ist sie.«

»Und ist sie deine erste Liebe?« wollte er wissen.

»Ich glaube schon.«

»Na, das ist doch wunderbar.« Er lachte und zeigte dabei wieder seine Zähne. »Ach, ich kann mich noch genau erinnern, als ich so alt wie du war.« Er schloß verträumt die Augen. »Damals war ich in ein Mädchen verliebt; die hieß Milisa.« Er summte leise vor sich hin.

»Und was ist aus ihr geworden?«

»Wir sind größer geworden, und dann haben sich irgendwann unsere Wege getrennt. Trotzdem denke ich immer noch an sie. Sie war meine erste Liebe, und das ist etwas ganz besonderes.«

Er begann, wieder Mundharmonika zu spielen.

Nachdem das Lied zu Ende war, sagte er: »Falls du und Stacy je getrennt werden solltet, darfst du sie nie vergessen. Sie wird immer diejenige sein, die dein Herz als erste zum Klopfen gebracht hat. Und das ist sehr wichtig.« Er lächelte.

Darauf begann er wieder zu spielen. Er zwinkerte mir zu,

als ich die Tür öffnete und ging. Ich mußte nach Hause, da ich mich sowieso schon verspätet hatte.

Von nun an traf ich mich fast jeden Tag mit Stacy. Natürlich mußte ich erst Mama und Jerome versorgen, aber wenn das erledigt war, konnte ich mich mit Stacy treffen. Wir gingen viel spazieren und hin und wieder auch ins Kino. Es war einfach wundervoll, mit ihr zusammenzusein.

Stacy zeigte mir Dinge, die ich bis dahin noch nie gesehen hatte. Das waren Dinge, von denen ich zwar wußte, daß es sie gab, ohne daß ich ihnen jedoch irgendwelche Beachtung geschenkt hätte, wie zum Beispiel den Blumen. Stacy liebte Blumen und Vögel und Bäume. Wenn wir abends zusammen waren, nannte sie mir die Namen verschiedener Sterne. Ich hatte bis dahin nicht einmal gewußt, daß die Sterne Namen hatten. Ich hatte gedacht, sie wären alle einfach nur Sterne. Zum Beispiel hatte ich auch nicht gewußt, daß das Gras einen ganz besonderen Geruch hatte, oder wie sich die Blätter der verschiedenen Bäume anfühlten. Ich hatte nicht geahnt, um wie vieles schöner ein Sonnenuntergang sein konnte, wenn man ihn gemeinsam mit jemand anderem betrachtete. Auch daß Regen manchmal warm sein konnte, hatte ich nicht gewußt. Irgendwie verstand es Stacy, selbst die einfachsten Dinge ganz wundervoll erscheinen zu lassen. Wenn ich es jemals schaffen sollte, zu jemandem zu sagen »Ich liebe dich«, dann war es bestimmt Stacy. So oft war ich ganz nahe daran, die richtigen Worte zu finden. Doch ebensoviele Male schluckte ich sie im letzten Augenblick doch wieder hinunter. Aber eines Tages würde ich es ihr sagen, dachte ich. Dessen war ich mir ganz sicher.

Es war Anfang Juli, als Stacy und ich wieder einmal spazierengingen. Wir setzten uns in einem kleinen, dreieckig angelegten Park, in dem es keinen Kinderspielplatz gab, unter den Bäumen auf eine Bank.

»Ich muß fort, Jennings«, begann Stacy unvermittelt.

»Fort? Wohin?«

»Na, eben fort. Meine Eltern ziehen mit mir und meiner Schwester fort von hier.«

»Na, so was Blödes. Ich will aber nicht, daß du weggehst.«

»Ich doch auch nicht, aber ich muß.«

Sie legte ihren Kopf an meine Brust und begann zu weinen. Ich strich ihr mit der Hand übers Haar und küßte sie auf die Stirn.

»Nicht weinen«, versuchte ich, sie zu trösten. »Wenn du wieder zurückkommst, können wir uns ja wieder treffen.«

»Ich komme aber vor September nicht mehr zurück. Und dann muß ich wieder ins Internat.«

Ich rieb meinen Daumennagel an meinem Zeigefinger. Liebe kann auch fürchterlich weh tun, dachte ich. Es ist wie mit der Freundschaft. Auch wenn man nicht darüber spricht – es genügt, wenn man es fühlt.

»Darf ich dir schreiben?« fragte sie dann.

»Sicher. Ich habe zwar noch niemandem einen Brief geschrieben, aber ich werde dir auch schreiben.«

»Dann werden wir uns nächsten Sommer vielleicht doch wiedersehen.«

Ich sah über den Park zu meiner Schule hinüber. Das große Gebäude lag nun verlassen da, aber in wenigen Monaten würde ich wieder dorthin zurückkehren. Ich würde dann in die sechste Klasse kommen. Doch bis zum nächsten Sommer war es eine lange Zeit.

»Jennings«, sagte Stacy ruhig.

»Ja.«

»Wir werden uns nächsten Sommer nicht wiedersehen, nicht wahr?«

»Ich weiß nicht«, erwiderte ich. »Ich habe in meinem Leben schon so viele Menschen kommen und gehen gesehen. Deshalb mache ich mir keine sonderlichen Hoffnungen auf nächsten Sommer. Bis dahin ist es einfach eine zu lange Zeit, als daß ich irgendwelche Pläne machen könnte.«

»Du lebst immer noch nach den Regeln aus dem Heim, nicht wahr?«

»Ich habe doch gar keine andere Wahl, Stacy.« Ich blickte ihr in die Augen. Ihre Lider waren von Tränen gesäumt. Und auch meine Augen wurden feucht. »Ich habe einmal den Fehler gemacht zu denken, ich müßte nie mehr ins Heim zurück. Aber das soll mir nicht wieder passieren.«

»Warum?«

»Weil der Schock doppelt so groß war, als ich doch wieder zurück ins Heim mußte.«

Wir saßen auf der Bank, als es leicht zu regnen anfing. Wir rührten uns nicht von der Stelle.

»Wir werden ja ganz naß«, meinte Stacy schließlich.

Wir rannten auf die Schule zu und stellten uns unter das Vordach vor dem Haupteingang.

»Wann mußt du denn schon fort?« fragte ich.

»Morgen.«

Ich ergriff ihre regennasse Hand und küßte ihre Finger. Nun gab es nichts mehr, was ich noch hätte sagen können. Jerome hatte doch gesagt, ich sollte es einfach sagen, wenn ich es fühlte. Aber ich war dazu nicht in der Lage. Die Worte wollten nicht über meine Lippen. Sie waren da, aber ich brachte sie nicht heraus.

Als der Regen nachließ, begleitete ich Stacy nach Hause.

»Ich werde dir schreiben«, erklärte sie.

Ich nickte nur.

»Und wenn wir uns nächsten Sommer wiedersehen«, fuhr sie fort, »wird das bestimmt eine wundervolle Zeit.«

»Und wenn nicht«, fügte ich hinzu, »dann werde ich daran, wie sehr du mir fehlen wirst, sehen können, wie viel du mir bedeutet hast.«

Darauf küßte sie mich und rannte ins Haus.

Nach ein paar Minuten wich das Gefühl der Betäubung wieder aus meinen Gliedern, und ich konnte wieder gehen. Als ich an Clarences Bauhütte vorbeikam und die Klänge seiner Mundharmonika hörte, ließ ich mich gegen die Bretterwand neben der Tür sinken und begann zu weinen.

Zu Hause ging ich schnurstracks ins Bett. Ich holte Doggie unter dem Kopfkissen hervor und kuschelte mich an ihn. »Du wirst mich doch nie im Stich lassen, Doggie, oder?« flüsterte ich ihm ins Ohr.

Ich nehme an, daß ich die ersten Tage danach ziemlich niedergeschlagen durch die Gegend schlich, aber Jerome sagte nichts. Offensichtlich spürte er, daß etwas mit mir nicht stimmte, aber er sagte nichts.

Erst als ich langsam wieder der alte wurde, sprach er mich darauf an.

»Du bist plötzlich viel erwachsener geworden«, meinte er. »Das ist häufig eine Folge der Liebe. Sie prägt einen noch stärker als all die Fragen, die man stellen kann.«

»Glaubst du wirklich?«

»Ja. Ich weiß zwar nicht, was passiert ist, aber allem Anschein nach scheinst du es ganz gut zu verdauen.«

»Sie ist mit ihren Eltern weggezogen.«

Jerome machte ein Gesicht, als bedauerte er mich.

»Es werden andere kommen«, versuchte er mich zu trösten. »Stacy war erst der Anfang.«

»Glaubst du, daß es wirklich Liebe ist, was ich für sie fühle?« wollte ich wissen.

»Natürlich. Oder hast du nicht diesen Eindruck?«

»Wie kommt es, daß ich für Stacy andere Gefühle habe als für Mama oder Sal oder Doggie, obwohl ich auch sie sehr gern mag?«

Er lachte. »Liebe nimmt eben die unterschiedlichsten Formen an. Das wirst du schon noch sehen. Hast du ihr jemals gestanden, daß du sie liebst?«

Ich schüttelte den Kopf.

»Du hast wohl die Worte wieder nicht herausgebracht, hm?«

»Nein.«

»Du wirst es schon noch lernen. Und wenn du es dann zum erstenmal getan hast ...« Er machte eine kurze Pause. »... Dann wirst du nicht mehr aufhören können, es zu sagen, wenn du einmal weißt, wie schön es sein kann. Es wird dann richtig zu einer Gewohnheit.«

Nach dieser Unterhaltung sprach Jerome nicht mehr sehr viel. Wenige Tage später wurde er wieder krank. Ich rief die Nummer an, die für den Notfall neben unserem Telefon notiert war. Darauf kam seine Ärztin aus dem Bellevue Hospital und kümmerte sich um Jeromes Einlieferung in die Klinik.

»Du wirst mir sehr fehlen«, sagte ich zu Jerome. »Bitte komm bald wieder zurück.«

»Das werde ich«, flüsterte er schwach. »Ehrenwort.«

Ich drückte mein Gesicht an seinen Arm, während die zwei Sanitäter sich anschickten, ihn nach unten zu tragen.

»Versprichst du mir was?« fragte Jerome.

»Ja. Was?«

»Versprich mir, daß du nie aufhören wirst, Fragen zu stellen.«

»Gut.«

»Und noch etwas. Auch wenn noch so viel schiefgehen sollte, gib nie auf. Laß einfach nicht locker.« Er schloß die Augen.

»Jerome«, flüsterte ich.

»Ja.«

»Das zu fühlen, was ich für dich fühle, bedeutet für mich, daß ich einen Bruder habe. Und da ich dir das jetzt sagen kann, erweise auch ich mich als ein Bruder.«

»Siehst du? So einfach ist das.« Er lächelte.

Die Sanitäter hoben ihn auf eine Tragbahre und brachten ihn ins Krankenhaus.

Als ich dann neben Doggie im Bett lag, weinte ich so lange, bis mein Vorrat an Tränen erschöpft war. Ich war müde. Ich gab Mama ihre Medizin, worauf sie zu schlafen versuchte. Walter und Gene saßen vor dem Fernseher. George war außer Haus.

»Mama nimmt es sehr schwer, Doggie. Ich habe sie noch nie so viel weinen gesehen.«

Nach einer Weile hörte ich Walter in Mamas Zimmer gehen.

»Jerome wird sterben«, schluchzte sie. »Und ich muß hier liegen und kann nichts dagegen tun.«

Dann hörte ich ein lautes Krachen. Ich sprang aus dem Bett und stürzte in Mamas Zimmer. Sie hatte eines der Seile durchgeschnitten, so daß das Gewicht zu Boden gefallen war.

»Ach, du liebes Bißchen!«

»Da, nimm das Seil«, forderte mich Walter auf.

Er versuchte währenddessen, das Gewicht wieder daran zu befestigen. Mama schrie wie am Spieß. Mir lief es eiskalt den Rücken hinunter, und ich hatte Angst.

»Gib ihr noch eine Tablette«, meinte Walter.

»Ich weiß nicht«, zögerte ich. »Ich habe ihr schon drei gegeben.«

»Drei!« fuhr Walter hoch. »Ich habe ihr zwei gegeben.«

»Und ich habe ihr vier gegeben«, fiel Gene ein.

»Wirklich?« Walter sah ihn streng an.

Gene nickte.

»Mein Gott!« Walter schlug sich an die Stirn und rannte aus dem Zimmer, um die Polizei anzurufen. Dabei ließ er das Gewicht wieder zu Boden fallen.

»Seht zu, daß sie nicht einschläft«, rief er uns zu, als er wieder zurückkam. »Die Polizei ist schon unterwegs.«

»Wird sie sterben?« fragte Gene.

»Hoffentlich nicht!« Walter stürzte erneut aus dem Zimmer. »Seht zu, daß sie irgend etwas redet«, rief er uns noch zu.

»Mama, sprich mit mir«, sagte ich darauf.

»Natürlich, mein Liebling. Ist Jerome tot?« fragte sie.

»Nein, Mama. Er wird nicht sterben. Er hat mir sein Ehrenwort gegeben.«

»Ach, ich habe euch auch alles mögliche versprochen und habe nicht Wort gehalten«, seufzte sie.

»Das macht doch nichts«, tröstete ich sie. »Du hast es zumindest versucht.«

»Ach, wer glaubt denn schon, daß ich mich bemüht habe? Alle geben sie doch mir die Schuld für das, was aus uns geworden ist. Ich wollte euch ein Zuhause schaffen, aber allein ist es mir einfach nicht gelungen. Ich habe es einfach nicht geschafft.«

»Was redet sie da?« wollte Gene wissen.

»Ach, nichts. Sieh mal lieber nach Walter, ob er dich braucht.«

»Walter soll mich brauchen?« begann darauf Mama wieder. »Walter braucht mich doch nicht. Walter braucht keinen Menschen. George braucht nur etwas zu trinken, und Larry ...« Sie begann, haltlos zu schluchzen. »Ach, Larry! Warum mußtest du schon wieder weglaufen?«

»Er ist doch gar nicht weggelaufen. Er ist doch in der Arbeit.«

»Nein, er ist weggegangen. Ich weiß, daß er wieder weggelaufen ist. Ihr laßt mich doch alle im Stich. Ich stehe ganz allein da. Aber allein schaffe ich es doch nicht.«

Offensichtlich war mein Tränenvorrat doch nicht ganz erschöpft. Denn ich redete und weinte gleichzeitig. »Du wirst wieder gesund werden, Mama. Ganz bestimmt. Und du wirst nicht alles allein machen müssen. Ich werde dir helfen.«

»Es ist doch schon lange zu spät. Ich habe versucht, alles zusammenzuhalten. Ich wollte nicht, daß meine Kinder im Haß gegeneinander groß werden, aber nun ist es doch so gekommen. Ich habe euch alle verloren.«

Zwei Polizisten stießen mich zur Seite.

»Raus hier, Kleiner«, forderten sie mich auf.

Ich ging rückwärts zur Tür. Durch den Flur kamen gerade zwei Sanitäter. Walter zog mich dicht an sich und schloß mich in seine Arme. Gene klammerte sich an seinem Hosenbein fest. Dann rollten sie Mama auf einer Tragbahre an uns vorbei.

»Ist sie tot?« fragte Gene.

»Nein«, sagte ein Polizist. »Sie wird wieder gesund werden.«

Dann winkte er Walter zu sich, um sich mit ihm zu unterhalten. Dabei blickte er sich immer wieder über seine Schulter nach Gene und mir um. Ich wußte genau, was nun kommen würde. Deshalb ging ich ins Schlafzimmer, um bei Doggie zu sein.

»Ich halte das nicht mehr aus«, schluchzte ich Doggie ins Ohr und vergrub meinen Kopf unter dem Kissen.

Walter stieß mich vorsichtig an. »Jennings«, flüsterte er sanft.

»Hau ab!«

»Jennings!« wiederholte er eindringlich. »Du mußt wieder ins Heim.«

»Ich will aber nicht!« platzte es aus mir heraus. Ich riß meinen Kopf unter dem Kopfkissen hervor. »Ich will nicht!«

Walter setzte sich neben mich aufs Bett und strich mir mit der Hand beruhigend über den Rücken. »Ich werde dich heimholen, sobald sie mich lassen.«

Darauf stand ich auf und trat an den Schrank. Ich nahm meinen Wäschesack heraus und stopfte meine Sachen hinein. Da er wußte, daß es nichts mehr zu sagen gab, verließ Walter das Zimmer. Nachdem ich Doggie einen Kuß gegeben hatte, steckte ich ihn zuoberst in den Sack. Dann nahm ich mir von Walters Schreibtisch ein Blatt Papier und schrieb Sal einen Brief.

Lieber Sal,
bitte komme mich und Doggie abholen. Wir brauchen dich.

Dein Sohn
Jennings Burch

Doch dann zerknüllte ich das Blatt Papier und schleuderte es in Walters Papierkorb.

»Komm, Doggie«, flüsterte ich und warf mir den Wäschesack über die Schulter.

14

Wir saßen auf einer Bank in einer dunklen Ecke des Polizeireviers. Gene lehnte sich halb schlafend gegen mich. Er hatte die Beine auf die Bank hochgezogen. Ich war inzwischen froh, daß Stacy mit ihren Eltern weggezogen war. Es wäre bestimmt schlimm für sie gewesen, wenn sie auf mich gewartet hätte und ich nicht aufgetaucht wäre. Mir war zwar klar, daß sie vermutlich sehr bald auf die Gründe für mein Ausbleiben gekommen wäre, aber weh hätte es sicher trotzdem getan.

»Gene Burch«, rief ein Polizist hinter einem großen Schreibtisch, vor dem eine Dame stand, die Gene mitnehmen sollte.

»Los, steh schon auf«, trieb ich ihn an.

Endlich hatte Gene sich hochgerappelt.

»Wo gehen wir jetzt hin?« wollte er wissen.

»Du mußt mit dieser Dame gehen.«

Gemeinsam traten wir auf sie zu.

»Ich will aber nicht mit ihr kommen. Ich will bei dir bleiben, Jennings.«

»Dürfen wir zusammenbleiben?« fragte ich die Dame.

»Ich fürchte nicht, mein Junge, da wir im Moment nur einen von euch unterbringen können.«

»Du kannst dich wieder auf die Bank setzen«, forderte mich der Polizist auf.

»Ich möchte mich erst noch von meinem Bruder verabschieden.«

»Ich komme aber nicht mit!« begehrte Gene auf.

Darauf ergriff die Dame seine Hand.

»Ich will nicht!«

Ich kauerte mich neben Gene nieder, um ihm gut zuzureden. »Jetzt hör doch mal. Es ist doch nicht für lange«, sagte ich, obwohl ich es selbst nicht glaubte. »Wir werden schon bald wieder nach Hause kommen.« Als ich ihm einen Kuß auf die Wange gab, schmeckte sie salzig.

Er weinte so heftig, daß er nicht einmal die Worte »Wiedersehen« herausbrachte. Auch über meine Augen legte sich ein feuchter Schimmer, der alles verschwimmen ließ, als ich Gene hinterhersah, wie er mit der Dame den Raum verließ. Dabei blickte er sich immer wieder nach mir um, ob ich die Dame nicht doch umstimmen könnte. Aber ich war vollkommen machtlos. Ich setzte mich wieder auf die Bank und nahm Doggie aus meinem Beutel.

Dann machte ich es mir auf der Bank bequem, so gut es ging, und schlief ein. Bevor ich endgültig hinüberdämmerte, dachte ich noch an Mama und Jerome. Ob Jerome wohl geahnt hatte, daß die Lage sich noch verschlimmern würde? Immerhin hatte er mir eingeschärft, nicht den Kopf hängen zu lassen. Wie einfach es doch war, sich das vorzunehmen, so lange man nicht wirklich in dieser verzweifelten Lage war.

Irgendwann wurde ich von einem Polizisten geweckt.

»Da ist eine Dame von der Wohlfahrt«, erklärte er.

Ich setzte mich auf und rieb mir den Schlaf aus den Augen. Dann steckte ich Doggie in meinen Wäschesack zurück.

Die Dame führte mich nach draußen zu einem Wagen. Sie fragte mich weder nach meinem Namen noch sonst etwas. Vermutlich wußte sie bereits alles, was sie über mich wissen wollte.

Nachdem wir etwa eine Stunde schweigend dahingefahren waren, hielten wir vor einem alten Ziegelbau. Auf einer Seite des Eingangs wucherte Efeu die Wand hoch.

»Sind wir hier in Brooklyn?« fragte ich.

»Nein, in Yonkers. Komm jetzt.«

Sie behandelte mich streng und teilnahmslos. In ihrem Fall war mir klar, daß sie mir nicht »Alles Gute« wünschen würde, wenn sie wieder losfuhr. Sie öffnete die Eingangstür, worauf wir in einen dunklen Flur traten. Sie wußte genau, wohin sie zu gehen hatte.

Sie brachte mich in ein Büro und machte Licht.

»Setz dich«, forderte sie mich auf, und nachdem sie einen Ordner, den sie bis dahin unter den Arm geklemmt hatte, auf den Schreibtisch gelegt hatte, verließ sie den Raum.

Ich nahm auf einem wackligen, alten Stuhl Platz und wartete. Der Raum war in dem gewohnten Hell- und Dunkelgrün gestrichen. Wer streicht nur alle diese Heime? Diese Leute mußten doch Millionen Eimer grüner Farbe haben.

Plötzlich trat eine Dame in einem dunkelblauen Kleid in den Raum.

»Oh!« Sie schien überrascht. »Ich wußte nicht, daß jemand hier ist.«

»Ich bin hier.«

»Na gut.« Sie trat hinter den Schreibtisch und griff nach dem Ordner. »Mal sehen, wer du bist.«

Ich hätte ihr zwar sagen können, wer ich war, aber aus der Art, wie sie mit mir sprach, konnte ich entnehmen, daß sie nicht von mir hören wollte, wer ich war.

»Burch Jennings«, begann sie schließlich aus meiner Akte zu lesen. »Ein komischer Vorname – Burch. Was ist das für ein Name?«

»Burch ist mein Nachname«, erklärte ich mit einem gequälten Lächeln.

»Ach so! Na gut, dann sehen wir mal, wo wir dich unterbringen können, Jennings.« Sie streckte ihre Hand aus, damit ich sie ergriff.

Ich stand auf und ließ mich von ihr an die Hand nehmen. Sie führte mich durch die dunklen Gänge von vorhin in einen Schlafsaal. Vor einem leeren Bett ließ sie mich dann stehen und ging. Es war zu dunkel, um meine Nummer zu erkennen, so daß ich nicht wußte, wer ich war. Eine Nummer ist genauso gut wie jede andere, dachte ich. Und außerdem werde ich am nächsten Morgen herausfinden, wer ich bin.

Ich tastete neben dem Bett im Dunkeln, bis ich auf das Nachtkästchen stieß. Ich nahm einen Schlafanzug heraus. Mein Bett stand in der Nähe eines Fensters. Das Fenster war natürlich vergittert, und der Schatten der Gitterstäbe fiel auf mein Bett.

Nachdem ich in den Schlafanzug geschlüpft war, legte ich meine Sachen in das Nachtkästchen. Dann kletterte ich in mein Bett und legte Doggie neben das Kopfkissen.

Ich setzte mich gegen das Kopfende des Betts zurück und lauschte den üblichen nächtlichen Geräuschen – dem Husten, dem Schniefen, dem Weinen. Die Decke war schwer und kratzte; außerdem war sie überflüssig. Es war sehr heiß. Als ich die Decke mit den Füßen von mir stieß, stieg mir plötzlich Uringeruch in die Nase. Komisch, als ich den Schlafsaal betreten hatte, war mir der Geruch noch nicht aufgefallen. Vielleicht gewöhnte ich mich langsam an diese Heime. Ich schlüpfte unter das Laken und drückte Doggie an mich.

»Tut mir leid, Doggie«, flüsterte ich und gab ihm einen Kuß auf die Nase. Dann schob ich ihn zur Sicherheit unters Kopfkissen und schloß die Augen. Ich dachte an Clarence und seine Mundharmonika. Wenn ich ganz ruhig da lag, konnte ich ihn fast spielen hören.

Ein stechender Schmerz im Bauch riß mich aus dem Schlaf. Ich schlug die Augen auf und setzte mich auf. Ein widerwärtiger Junge stand mit geballten Fäusten neben meinem Bett. Hinter ihm drängten sich drei oder vier andere Jungen. Meine Hand glitt unter das Kopfkissen, um zu sehen, ob Doggie noch da war. Er war noch da. Es war Morgen, und aus irgendeinem unerfindlichen Grund hatte mich dieser widerwärtige Kerl geschlagen.

»Was willst du?« fuhr ich ihn an.

»Wer ist der stärkste hier?« knurrte er mich mit einer heiseren Reibeisenstimme an.

Sein braunes Haar stand ihm wirr vom Kopf. Außerdem hatte er eine lange Narbe, die von seiner Stirn über sein linkes Auge und seine Wange bis zum Mundwinkel herab verlief. Er machte mir Angst.

»Wer ist hier der stärkste?« wiederholte er seine Frage.

»Woher soll ich das wissen«, antwortete ich.

Offensichtlich war das die falsche Antwort, denn er boxte mich voll auf den Mund, so daß mir die Lippe aufplatzte. Das Blut rann über mein Kinn und tropfte auf meine Schlafanzugjacke.

»Wer ist hier der stärkste?« fragte er erneut. Er schien entschlossener denn je.

Ich dachte an das Heim der guten Engel und an Butch. Ich zog meinen rechten Fuß an und ließ ihn vorschnellen, so daß ich ihn voll am Bauch traf. Ich hörte, wie die Luft aus seinen Lungen entwich. Er sacke vornüber zu Boden. Als ich darauf aus dem Bett sprang, riß ich die Decke und das Laken mit. Ich landete voll auf dem am Boden liegenden Jungen. Da er wesentlich größer war als ich, nutzte ich jeden Vorteil, der sich mir bot. Nachdem ich ihm die Decke über den Kopf geworfen hatte, versuchte ich, ihn in den Schwitzkasten zu nehmen. Doch im nächsten Augenblick schoß seine Faust wie aus dem Nichts plötzlich auf meinen Kopf zu, daß ich Sterne vor den Augen hatte. Und bevor ich meine Benommenheit abschütteln konnte, war er bereits über mir. Er drückte meine ausgestreckten Arme auf den Boden, aber ich schlang meine Beine von hinten um seinen Hals und zog ihn rücklings von mir herunter. Wir wälzten uns gerade verzweifelt miteinander ringend unter meinem Bett, als eine Dame brüllte:

»Was ist denn hier los!«

Sie packte mich seitlich an den Haaren und zog mich vom Boden hoch. Mit dem anderen Jungen machte sie es genauso.

»Du also schon wieder!« fuhr sie ihn an. »Etwas anderes als Raufen kannst du wohl nicht!«

»Und du!« Das galt offensichtlich mir. »Wenn dein Aufenthalt bei uns gleich so anfängt ...« Sie machte eine kurze Pause, um Atem zu schöpfen. »... dann kannst du was erleben.«

Ich sagte nichts, sondern starrte wütend den anderen Jungen an, der mit der Rauferei angefangen hatte. Er warf mir ebenso haßerfüllte Blicke zu.

»Meldet euch bei mir, wenn ihr euch angezogen habt!« befahl sie dann. »Und zwar ihr beide!«

Darauf brachte ich mein Bett wieder in Ordnung, nahm meine Kleider aus dem Nachtkästchen und legte Doggie hinein. Dabei kauerte ich mich kurz nieder, um mich mit ihm zu unterhalten.

»Das fängt ja gut an«, flüsterte ich.

Dann ging ich mit meinen Sachen in den Waschraum. Dort warteten der Junge mit der Narbe und seine Freunde bereits auf mich.

»Wer ist hier der stärkste?«

Langsam erinnerte er mich an eine Schallplatte mit einem Sprung. Ich sah ihm unverwandt in die Augen. »Das weiß ich nicht«, erwiderte ich. »Bisher habe ich hier noch niemanden kennengelernt.«

»Damit du's weißt. Hier bin ich der stärkste!« erklärte er mit betont überzeugter Stimme. Dabei deutete er mit dem Daumen auf seine Brust.

»Kann schon sein«, entgegnete ich ungerührt und zog meine Schlafanzugjacke aus.

Der Junge mit der Narbe wurde rot und schlüpfte in seine Kleider. Ich zog mich ebenfalls an.

»Wie heißt du?« murmelte er dann.

»Jennings. Und das ist mein Vorname!« Diesmal deutete ich mit dem Daumen auf meine Brust.

»Ich bin Ronny«, erwiderte der Junge mit der Narbe und streckte mir seine Hand entgegen.

Das war wirklich eine Überraschung. Wir schüttelten uns die Hände. Er lächelte mich an, und ich lächelte zurück.

Während des Frühstücks mußten wir in zwei verschiedenen Ecken des Speisesaals stehen. Keiner von den anderen machte sich über uns lustig. Schließlich war ihnen klar, daß Ronny, falls er tatsächlich der stärkste Junge im Heim war, nicht ewig in seiner Ecke stehen würde. Und was mich betraf, war ich im Augenblick noch ein unbeschriebenes Blatt für sie, wenn man einmal davon absah, daß ich mich auf eine Rauferei mit dem stärksten Jungen im Heim eingelassen hatte. Diese Vorstellung war mir etwas unangenehm, da ich nicht in den Ruf gelangen wollte, ein Raufbold zu sein. Andrerseits war es durchaus ein beruhigendes Gefühl zu wissen, daß die anderen es nicht wagten, mich zu ärgern.

Nach dem Frühstück schrie uns die Dame aus dem Schlafsaal an. Sie trug das gleiche dunkelblaue Kleid wie die Dame, die mich am Abend zuvor in Empfang genommen hatte. Vermutlich war das ihre Uniform. Sie brachte uns in den Spielsaal und ging dann wieder.

Der Spielsaal sah genauso aus wie die Spielsäle in den anderen Heimen. Regale mit Spielsachen und Spielen, Tische und Stühle und verglaste Türen, die auf einen Hof hinausführten.

Als wir den Raum betraten, starrten alle Kinder uns an; aber niemand lachte.

»Gehen wir nach draußen«, schlug Ronny vor.

Wir traten auf den grau gepflasterten Hof hinaus. Wenn ich nicht gewußt hätte, daß ich in einem anderen Heim war, hätte ich geglaubt, wieder in Brooklyn zu sein. Sogar der Stacheldraht auf der Umzäunung fehlte nicht. Als wir den Hof überquerten, machten uns die anderen Jungen unverzüglich Platz. Gar nicht so übel, als Schläger zu gelten, dachte ich. Wenigstens wurde man auf diese Weise in Ruhe gelassen. Doch was nützte es einem andrerseits, wenn die anderen nett zu einem waren, nur weil sie Angst vor einem hatten? Wir setzten uns am Zaun nieder.

»Woher hast du die Narbe?« fragte ich Ronny.

»Ich bin von einem Zug gefallen.«

»Du bist von einem Zug gefallen?«

»Ja. Ich bin aus einem Heim in Texas weggelaufen. Dabei bin ich auf einen Zug aufgesprungen und runtergefallen. Sie haben mich mit zweihundert Stichen genäht.«

»Das ist ja irre!«

Ich zeigte ihm, wo sie mich schon genäht hatten. Ronny fand die Narbe ganz ordentlich.

»Ich habe Texas schon im Kino gesehen«, erklärte ich. »Gibt es dort wirklich so viele Cowboys und Indianer?«

»Nee. Das ist nur im Kino so. In Wirklichkeit ist es in Texas genauso wie hier. Ich habe dort keinen einzigen Indianer gesehen.«

»Es muß trotzdem schön sein, in Texas in einem Heim zu sein.«

»Bist du schon lange in diesen Heimen?«

»Ja, ziemlich.«

»Hat es dir in irgendeinem von ihnen gefallen?«

Jetzt verstand ich. Die Heime in Texas waren auch nicht besser als hier.

Dann unterhielten wir uns eine Weile über die Regeln und Vorschriften in diesem Heim und über verschiedenes anderes. Ronny erzählte mir, daß die Schlafsaalaufseherin Froschgesicht genannt wurde, aber in Wirklichkeit Mrs. Abbott hieß. Außerdem erzählte er mir, daß er als »schwer erziehbarer Jugendlicher« galt und daß seine Eltern ihn nicht mehr haben wollten.

»Was ist ein schwer erziehbarer Jugendlicher?«

»Na, eben ein böser Junge«, erklärte er mir. »Jemand, der schon mal im Knast war.«

»Du warst schon im Gefängnis?«

Er nickte.

»Das ist ja irre! Wie war das?«

»Du bist witzig! Stell dir das schlimmste Heim vor, in dem du je warst ...«

»Das war St. Teresa's oder ...«

»Wo genau, ist doch jetzt völlig egal«, unterbrach er mich. »Stell dir jedenfalls das übelste Heim vor, und trotzdem ist es im Vergleich zum Gefängnis immer noch der Himmel auf Erden.«

»Na, so was!« Mir stockte der Atem. »Und jetzt wollen dich deine Eltern nicht mehr haben?«

Er lachte. »Sie wollten mich schon nicht mehr, bevor ich ins Gefängnis gekommen bin.«

»Warum warst du im Gefängnis?«

»Wegen Hausfriedensbruchs. Ich habe in einer Scheune geschlafen, und der Farmer hat mich angezeigt.«

»Nur deswesen?«

Ronny zuckte mit den Achseln. »Es war seine Scheune.«

Ronny erinnerte mich sehr stark an Stevie. Er war gar nicht so hart und unnahbar, wie er sich den Anschein zu geben versuchte. Mir war klar, daß er genauso allein war wie alle anderen.

»Warum bist du denn hier?« fragte er mich.

»Meine Mutter ist krank.«

»Hast du keinen Vater?«

»Eigentlich schon. Aber ich kenne ihn nicht. Er ist ein Säufer.«

Er nickte, als hätte er diese Geschichte schon unzählige Male zu hören bekommen.

»Ich werde hier abhauen.« Dabei ließ Ronny seine Blicke über den Stacheldraht wandern. »Kommst du mit?«

»Nee. Ich habe schon mal versucht abzuhauen. Über den Zaun zu kommen, ist gar nicht so einfach.«

»Ach, du warst schon mal hier?«

»Nein, nicht in dem Heim, aber in einem anderen, wo sie genau den gleichen Zaun hatten. Diese Heime sind doch alle gleich.«

»Allerdings«, murmelte er.

»Wann willst du los?« fragte ich.

»Heute nacht, oder morgen.«

Ich nickte. Dann stand Ronny auf und streckte sich.

»Jetzt werde ich mal einen von den anderen ein bißchen piesacken«, brummte er, während er sich entfernte.

Ich schüttelte lächelnd den Kopf. Als ich mich etwas umsah, mußte ich feststellen, daß der altmodische, rote Backsteinbau mit dem Efeu gar nicht einmal so übel aussah. Nur schade, daß es im Innern des Gebäudes nicht genauso schön war.

Vor dem Mittagessen ging ich in den Schlafsaal. Ich wollte nach Doggie sehen und mich vergewissern, welche Nummer ich eigentlich hatte. In dem ganzen Durcheinander hatte ich nämlich ganz vergessen, darauf zu achten.

Doggie ging es gut. Er war zwar nicht gerade bequem untergebracht, aber er machte trotzdem einen recht zufriedenen Eindruck. Meine Nummer war siebenundvierzig.

Als ich gerade wieder gehen wollte, hörte ich plötzlich jemanden weinen. Ich sah mich überall um, konnte aber niemanden entdecken. Erst als ich mich auf die Zehenspitzen stellte und meinen Hals reckte, fiel mir im hinteren Ende des Schlafsaals ein Bett auf, dessen Decke eine auffällige Wölbung aufwies. Ich ging auf das Bett zu.

»Hallo«, sagte ich zu der Wölbung unter der Decke. »Was hast du denn?«

Das Weinen hörte abrupt auf.

»Hallo, du da. Was hast du denn?«

Darauf kam ein kleiner Kopf unter der Decke hervor. Der Junge war vielleicht acht Jahre alt. Sein Gesicht war tränenüberströmt. Sein dunkelbraunes Haar war völlig zerzaust. Und er hatte die größten braunen Augen, die ich je gesehen hatte.

»Was hast du denn?« fragte ich ihn.

»Ich habe Angst«, schluchzte er.

Ich setzte mich zu ihm aufs Bett und tätschelte seine zierliche Hand. »Wovor hast du denn Angst«, fragte ich ihn so freundlich wie möglich.«

Er sah sich mit seinen großen Augen im Raum um. Sicher konnte er mehr sehen, als ich je imstande sein würde. Blinzelnd kämpfte er dann gegen seine Tränen an, von denen ihm immer noch einige über das Gesicht rollten. »Vor diesem Heim«, brachte er schließlich mühsam hervor.

»Bist du zum erstenmal in einem Heim?« fragte ich ihn darauf, obwohl ich wußte, daß das eine dumme Frage war.

Er nickte.

Als ich an das Heim der guten Engel und meinen allerersten Tag dort zurückdachte, lief es mir kalt den Rücken hinunter.

»Wie heißt du denn?«

»Aldridge«, erwiderte der Junge, der sich bemühte, langsam wieder normal zu atmen.

»Das ist ein schöner Name. Und wie heißt du mit Nachnamen?«

»Aldridge ist mein Nachname. Mein Vorname ist Kevin.«

Ich konnte mir ein Schmunzeln nicht verkneifen, als ich ihm darauf meinen Namen sagte und wieder einmal das übliche Vor- und Nachnamentheater durchspielte.

»Hör mal, Kevin«, redete ich ihm dann gut zu. »Man kann nicht sagen, daß es hier gut ist; und man kann auch nicht sagen, daß es hier schlecht ist – weil es nämlich gar nichts ist.«

»Wie meinst du das?« Er sah mich mit weit aufgerissenen Augen an.

»Das hier ist ein Ort, an dem man nur wartet. Das einzige, was du hier tun kannst, ist, das beste aus der Zeit zu machen, die du hier verbringst. Du ißt und schläfst und merkst dir deine Nummer – nichts weiter.«

»Das ist alles?«

»Ganz richtig. Das ist alles.« Ich veränderte meine Haltung etwas. »Aber hör mir gut zu!« Ich hob meinen Zeigefinger. »Eines darfst du auf keinen Fall tun – nämlich den ganzen Tag herumlaufen und nur daran denken, wann du wieder nach Hause darfst.« Ich stieß einen leisen Seufzer aus. »Das solltest du dir ein für allemal aus dem Kopf schlagen!«

»Das soll ich mir aus dem Kopf schlagen?«

»Ja«, erklärte ich ruhig. »Das sollst du dir aus dem Kopf schlagen.«

»Bist du schon lange hier?« wollte er dann wissen.

Ich nickte. »Nicht in diesem Heim; aber in anderen.« Dann erzählte ich ihm, daß meine Mutter krank war und ich so lange im Heim bleiben mußte, bis sie wieder gesund wurde. Während ich sprach, starrte er mich die ganze Zeit wortlos an.

»Sind dein Vater und deine Mutter krank, oder trinken sie, oder was?« fragte ich ihn.

»Sie sind tot«, antwortete er mit völlig ausdruckslosem Gesicht. »Mein Vater hat meine Mutter umgebracht, und dann hat er sich selbst umgebracht.«

Mir verschlug es die Worte. Darauf wußte ich beim besten Willen nichts mehr zu erwidern. Ich dachte nur, daß dieser Junge die Spielregeln am besten so schnell als möglich lernen sollte. Er war ein Lebenslänglicher, ohne daß ihm das bewußt gewesen wäre. Er tat mir leid.

Ich half ihm aus dem Bett und führte ihn in den Waschraum, wo ich ihm das Gesicht wusch.

»Fühlst du dich jetzt besser?« fragte ich ihn.

Er lächelte. Das war das erste Mal, daß ich ihn lächeln sah, und mit seinen großen Augen brachte mich sein Lächeln fast zum Weinen. Ich wandte mich ab und kniff mir in die Nase.

Als wir in den Spielsaal gingen, lehnte Kevin sich an mich. Ich legte ihm meinen Arm um die Schulter. Als wir gemeinsam den Spielsaal betraten, wichen die anderen Jungen sofort zurück. Mein Ruf als Raufbold war mir also bereits sicher. Es gab nichts, was ich dagegen hätte tun können. Vermutlich wäre davon alles höchstens noch schlimmer geworden.

»Welche Nummer hast du, Kevin?«

»Vierzehn«, antwortete er zaghaft.

»Wer hat die Nummer dreizehn?« brüllte ich in den Raum.

Die anderen Jungen verstummten abrupt, und einer von ihnen hob seine Hand.

Ich räusperte mich. Mein Herz pochte wie wild. »Siehst du den Jungen dort, Kevin?«

Er nickte.

»Wenn wir uns wegen irgend etwas in Reih und Glied aufstellen, dann sieh zu, daß du hinter diesem Jungen stehst. Kapiert?«

Er nickte neuerlich.

»Und du!« Ich wandte mich Nummer dreizehn zu. »Paß auf, daß er hinter dir ist.«

Dann führte ich Kevin auf den Hof. Ich würde diesem Heim früher oder später wieder den Rücken kehren, aber Kevin würde für immer hierbleiben. Ich wollte ihm den Aufenthalt wenigstens etwas erträglicher machen, wie Mark das für mich getan hatte. Und auf diese Weise konnte ich Mark vergelten, was er für mich getan hatte.

Während der darauffolgenden Tage hing Kevin wie eine Klette an mir. Mir war klar, daß es auf die Dauer nicht gut war, wenn er sich zu sehr an mich hängte. Ich mußte ihn zu größerer Selbständigkeit erziehen. Außerdem schloß ich ihn mit der Zeit zu sehr ins Herz. Und am Ende würde doch nur er der Leidtragende sein.

Wir saßen eines Tages unter dem Efeu, der die Wand hochrankte.

»Hör mal, Kevin«, begann ich. »Du mußt langsam anfangen, auch mit anderen Jungen zu spielen.«

»Mit was für anderen Jungen?«

»Mit irgendwelchen eben. Ich möchte, daß du auch mal mit anderen Jungen spielst.«

»Warum?« er sah mich mit seinen großen, braunen Augen verständnislos an.

»Ach, du meine Güte«, seufzte ich. »Äh ... das sind eben die Regeln.«

»Die Regeln? Welche Regeln?«

»Es gibt hier eine Regel, die lautet, daß man jeden Tag mit anderen Kindern spielen soll.« Ich vermied beim Sprechen tunlichst seine Blicke. »Hast du verstanden?«

»Nein«, erwiderte er ruhig. »Ich spiele doch gern mit dir.«

»Ach, du meine Güte«, murmelte ich. »Genau das ist doch das Problem.«

»Wieso ist das ein Problem? Magst du mich denn nicht?«

Ich fuhr mir mit dem Ärmel über das ganze Gesicht, um nach den passenden Worten zu suchen. »Natürlich mag ich dich. Aber wenn du hier nur einen Menschen gern hast, wird das sehr schnell problematisch.«

»Ich mag dich«, erwiderte er. »Was soll daran problematisch sein?«

Ich versuchte mich krampfhaft an die Worte zu erinnern, mit denen Mark mir diesen Sachverhalt erklärt hatte. Dabei sah ich Kevin plötzlich wieder voll in die Augen.

»Weißt du, Kevin, wenn du ständig nur mit einem Jungen zusammenhängst und dieser Junge dann aus dem Heim kommt, dann bist du noch einsamer als zuvor. Verstehst du das?«

Seine großen Augen füllten sich mit Tränen. »Kommst du denn weg?« fragte er.

»Nein, ich komme nicht weg«, beruhigte ich ihn.

»Gott sei Dank!« platzte er glücklich heraus, während ihm eine Träne die Backe hinunterrollte. Als sie seinen Mundwinkel erreichte, leckte er sie mit seiner Zunge fort.

»Aber darum geht es doch nicht, Kevin. Eines Tages werde ich wieder nach Hause dürfen, und du wirst hierbleiben müssen. Und ich möchte, daß du ein paar andere Freunde zum Spielen hast, wenn es so weit ist. Verstehst du denn immer noch nicht?«

Diesmal begriff er, was ich meinte. Seine Unterlippe begann zu zittern, und seine Augen füllten sich wieder mit Tränen.

»Nicht weinen, Kevin. Ich sage das doch nicht, um dir weh zu tun.« Ich legte ihm meinen Arm um die Schulter. »Ich sage das doch nur, um dir zu helfen.«

Darauf saßen wir eine Weile schweigend da.

»Soll ich also jetzt gehen und mit ein paar anderen Jungen spielen?« brach Kevin schließlich das Schweigen.

Ich nickte.

Er stand auf und sah mich an. Als er sich dann mit seinem schmutzigen Handrücken übers ganze Gesicht fuhr, hinterließ er darauf wegen der Tränen eine deutlich sichtbare Dreckspur. Am liebsten hätte ich ihn in meine Arme geschlossen. Schließlich drehte Kevin sich um und entfernte sich. Ich sah ihm nach, wie er auf eine Gruppe von Jungen zuging. Unterwegs drehte er sich zweimal nach mir um. Ich gab ihm mit einer Handbewegung zu verstehen, er sollte weitergehen. Und tatsächlich trottete er in seiner ausgebeulten Hose weiter auf die Gruppe von Jungen zu. Kevin wird es schon schaffen, dachte ich. Zumindest für den Augenblick.

Je kälter die Jahreszeit wurde, desto stärker verfärbten sich die Blätter des Efeus ins Bräunliche. Und schließlich fielen sie ganz ab. Der Wind blies sie über den Hof, bis sie sich schließlich in den Ecken der Umzäunung sammelten.

Es war Ende November, als ich mit Doggie im Dunkeln auf der Kante meines Betts saß. Durch die Gitter vor dem Fenster sah ich zu den Sternen am Himmel hinauf. Ihre Namen hatte ich allerdings wieder vergessen. Doggie und ich überlegten, ob eigentlich schon Thanksgiving gewesen war. Schließlich schwang ich meine Beine auf das Bett und schlüpfte unter die Decke. Ich dachte an Jerome. Eines meiner Versprechen an ihn hatte ich gehalten – ich hatte nicht klein beigegeben. Fragen hatte ich allerdings keine mehr gestellt. Schließlich gab es in meiner Umgebung auch niemanden, der etwas wußte und dem ich Fragen hätte stellen können. Die eine Hälfte der Jungen hatte Angst vor mir, und die andere hatte sowieso zu sprechen verlernt. Während ich mich an Doggie kuschelte, schlief ich irgendwann ein.

Plötzlich wurde ich durch ein Wärmegefühl am ganzen Körper aus dem Schlaf gerissen. Mir wurde klar, daß ich ins Bett gemacht hatte.

»So was Blödes«, murmelte ich leise vor mich hin. »Wie ist das denn passiert?« Ich stieg aus dem Bett. Das Ganze war mir schrecklich peinlich. Ich hatte schon seit Jahren nicht mehr ins Bett gemacht. Jetzt trug auch ich noch zu dem Gestank im Schlafsaal bei. Ich begann, das Bett abzuziehen.

»Was ist denn hier los?« wollte Mrs. Abbott, die froschgesichtige Schlafsaalaufseherin, wissen.

Mir lief ein kalter Schauer den Rücken hinunter. »Äh … ich habe ins Bett gemacht, Mrs. Abbott.«

Ich hatte den Satz noch kaum zu Ende gesprochen, als sie mir einen fürchterlichen Schlag gegen den Hinterkopf verpaßte.

»Von den Kleinen ist ja nichts anderes zu erwarten«, schrie sie mich an. »Aber in deinem Alter!«

»Es tut mir schrecklich leid«, brachte ich zu meiner Entschuldigung vor. »Ich weiß auch nicht, wie das passieren konnte.«

»Du hast ins Bett gemacht – das genügt. Nimm dein Bettzeug«, fuhr sie mich an, »und komm mit.«

Mit diesen Worten stürmte sie davon. Ich steckte Doggie in mein Nachtkästchen und packte das feuchte Bettzeug. Draußen auf dem Flur vor dem Spielsaal holte ich Mrs. Abbott schließlich wieder ein. Sie öffnete die Tür zum Spielsaal und schaltete das Licht ein. Dann packte sie mich am Kragen meines Schlafanzugs und wirbelte mich in den Raum.

»Ausziehen!« befahl sie.

»Warum?«

Sie schlug mir ins Gesicht. »Ausziehen!« brüllte sie.

Ich begann, meine Schlafanzugjacke aufzuknöpfen, als sie plötzlich selbst danach griff und sie mir vom Leib riß.

»Wenn ich ›ausziehen‹ sage«, schrie sie, »dann beeile dich gefälligst ein wenig.« Sie schlug mich erneut.

Tränen rollten über meine schmerzenden Backen, als ich den Gummizug meiner Hose löste und sie zu Boden sinken ließ. Ich hielt mir die Hände vor.

»Setz dich auf den Tisch«, befahl sie darauf.

Ich setzte mich auf den Tisch. Sie warf mir das feuchte Bettuch über den Kopf.

»Und jetzt steh auf«, befahl sie weiter.

»Auf dem Tisch?« fragte ich.

»Natürlich auf dem Tisch, du Dummkopf.«

Mühsam stand ich, das Bettzeug um meinen Kopf geschlungen, auf. Dann ging das Licht aus.

»Setz dich erst, wenn ich es dir sage«, befahl sie.

Und dann schlug die Tür zu. Ich stand allein im Dunkeln, und je länger ich stand, desto kälter wurde mir. Obwohl ich mir sicher war, daß sie nicht mehr im Raum war, lauschte ich doch angestrengt nach irgendwelchen Geräuschen. Das einzige, was ich hörte, waren vereinzelte Straßengeräusche von draußen. Schließlich setzte ich mich auf den Tisch und zog die Beine an den Körper heran. Die Arme schlang ich um meine Knie. Mir war kalt.

So saß ich dann für den Rest der Nacht auf dem Tisch. Jedes Mal, wenn ich auf dem Gang jemanden kommen zu hören glaubte, stand ich rasch auf. Am Morgen war das Laken getrocknet. Ich war schrecklich müde. Durch die Glastüren fiel die Morgensonne in den Raum und warf lange Schatten auf mein Laken. Meine Verlegenheit wich der Angst, denn jeden Augenblick konnten die anderen Kinder kommen, und dann würden sie mich hier entdecken. Ich überlegte, ob ich nicht vom Tisch klettern und in den Schlafsaal schleichen sollte. »Aber sie wird merken, daß ich nicht mehr hier bin, wenn sie in den Spielsaal kommt«, sagte ich laut zu mir selbst. »Sie wird sehen, daß ich nicht mehr auf dem Tisch stehe. Ich bleibe also besser hier.«

Und dann hörte ich das schreckliche Geräusch marschierender Füße auf dem Flur. Das donnernde Dröhnen schwoll stärker und stärker an. Als die Tür aufflog und die ersten Jungen in den Spielsaal strömten, brachen sie sofort in lautes Gelächter aus. Die Mädchen konnte ich kichern hören. Ein paar der Jungen piekten mich durch das Laken.

»Seht mal, Kinder«, verkündete Mrs Abbott. »das ist ein Bettnässer.«

Die Kinder lachten noch schallender los. Vermutlich war es ihnen im Augenblick völlig egal, wer sich unter dem Laken befand und ob ich nun als Raufbold galt oder nicht. Sie fanden das schrecklich komisch und lachten entsprechend.

»Und so sieht er aus.« Mit diesen Worten riß Mrs. Abbott das Laken fort.

Unter schallendem Gelächter sprang ich vom Tisch, um jedoch unverzüglich von Mrs. Abbott am Arm gepackt und gegen den Tisch zurückgeschleudert zu werden.

»Habe ich gesagt, daß du vom Tisch herunterkommen sollst?« fuhr sie mich an. »Los, steig sofort wieder rauf!« Sie versetzte mir einen schmerzenden Schlag auf den Oberschenkel.

Und als ich wieder auf den Tisch kletterte, schlug sie mir auf meinen nackten Hintern. Die Kinder konnten sich vor Lachen kaum mehr halten. Ich stand auf dem Tisch und versuchte, mich mit meinen Händen notdürftig zu bedecken. Ich schloß krampfhaft die Augen, um auf keinen Fall in Tränen auszubrechen.

»Leg deine Hände auf den Kopf«, befahl sie schroff.

Entsetzt schlug ich die Augen auf, um sie direkt anzusehen. Ihr Gesicht war rot vor Wut. Sie zog einen dünnen Riemen von ihrer Hüfte.

»Leg deine Hände auf den Kopf«, wiederholte sie mit eisiger Ruhe.

Ich schloß die Augen wieder und legte meine Hände auf den Kopf. Die Mädchen kicherten. Und dann sauste Mrs. Abbotts Riemen mit einem einzigen Schlag auf meinen Rücken, meinen Hintern und meinen Oberschenkel nieder. Ich war wie gelähmt von dem stechenden Schmerz. Ich biß die Zähne zusammen. Der zweite Schlag traf mich an Bauch und Brust. Das Gelächter verstummte langsam. Ich stand da und nahm mir fest vor, nicht zu weinen oder zusammenzuzucken, wie oft sie mich auch schlug. Meine Augen hielt ich fest geschlossen. Ich wollte niemanden sehen. Auf diese Weise konnte ich so tun, als wäre sonst niemand im Raum.

Ich war todmüde, während ich in der Dunkelheit meiner geschlossenen Augen auf dem Tisch stand. Ich bewegte mich nicht. Stunden verstrichen, aber ich bewegte mich immer noch nicht.

Plötzlich tippte mich jemand gegen das Bein. Ich erstarrte.

»Komm hier runter«, wurde ich aufgefordert.

Als ich die Augen öffnete, stand die Dame vor mir, die mich am ersten Tag im Büro in Empfang genommen hatte.

»Zieh dich an«, forderte sie mich auf.

Wortlos sprang ich vom Tisch und ging in den Schlafsaal. Offensichtlich waren die anderen gerade beim Mittagessen. Ich zog mich an, stopfte alle meine Sachen, einschließlich Doggie, in meinen Wäschesack und verließ den Schlafsaal wieder. Ich ging zurück in den Spielsaal und von dort auf den Hof hinaus, den ich überquerte, bis ich vor dem Zaun zu stehen kam. Ich kletterte daran hoch und stieg vorsichtig über den Stacheldraht. Den Wäschesack hatte ich dabei an meinem Gürtel befestigt. Auf der anderen Seite sprang ich dann nach unten. Ich war draußen.

Ich hatte keine Ahnung, wohin ich ging. Ich wollte nur weg von hier. Etwa eine Stunde lang ging ich einen Highway entlang. Obwohl ich müde und hungrig war, blieb ich nicht stehen. Ich wollte so weit wie möglich weg von diesem Heim. Schließlich nahm ich Doggie aus meinem Wäschesack.

»Wir haben es geschafft, Doggie.« Die Tränen rannen mir die Wangen hinab. Ich wischte sie mit dem Ärmel meines Hemds ab. »Ich weiß zwar nicht, wohin wir eigentlich gehen. Aber jedenfalls sind wir weg von diesem Heim.«

Das freute Doggie.

So gingen wir noch mindestens eine Stunde weiter, bis ich einen Wegweiser entdeckte, auf dem Boston Road stand.

»Doggie!« entfuhr es mir. »Vielleicht sind wir nicht weit vom Zoo.«

Ich folgte der Ausfahrt des Highway, bis ich die Boston Road erreichte. Ich fragte einen Mann nach dem Weg zum Zoo, worauf er mir die Richtung wies. Ich hielt meine Freude noch eine Weile zurück, bis ich mich genügend weit von dem Mann entfernt hatte.

»Toll!« platzte ich schließlich heraus.

Doggie war genauso froh wie ich.

»Jetzt können wir immer im Zoo bleiben, Doggie. Wir bleiben dort so lange, bis ich groß bin.«

Als wir den Zoo erreichten, war die Sonne schon fast untergegangen. Der Zoo war zwar geschlossen, aber nicht für mich. Ich suchte meine alte Stelle und schlüpfte unter dem Zaun durch. Ständig auf der Hut vor den Wächtern, schlich ich durch den Zoo, bis ich eine Gruppe von Latschen entdeckte. Ich konnte mich erinnern, daß Stacy mir erzählt hatte, daß Nadelgewächse das ganze Jahr über grün blieben. Das bedeutete, daß sie ein hervorragendes Versteck bieten würden. Der Boden unter den Latschen war sehr weich und stellte einen idealen Ruheplatz dar. Ich hatte mächtigen Hunger, aber vor allem war ich müde. Ich schob mir meinen Wäschesack unter den Kopf und drückte Doggie an mich.

»Morgen werden wir uns was zu essen besorgen«, flüsterte ich ihm ins Ohr und schloß die Augen. »Jerome und Sal denken zwar, Weglaufen könnte zu einer Gewohnheit werden, aber sie mußten nicht auf diesem Tisch stehen.«

Als ich aufwachte, hörte ich ein seltsames, kratzendes Geräusch. Ich lag völlig reglos da. Und als ich dann vorsichtig die Augen aufschlug und mich umblickte, entdeckte ich keine zwei Meter vor mir ein Eichhörnchen.

»Na, du«, flüsterte ich ihm zu.

Das Eichhörnchen sah zu mir herüber und stellte sich kurz auf seine Hinterbeine. Dann wandte es sich wieder seiner alten Beschäftigung zu.

»Schau mal, Doggie«, machte ich ihn auf das Eichhörnchen aufmerksam. »Das ist ein Eichhörnchen. Es sucht nach Nüssen.«

Doggie hätte auch gern ein paar Nüsse gehabt. Er hatte schrecklichen Hunger.

»Ich weiß«, tröstete ich ihn. »Sobald die ersten Besucher im Zoo auftauchen, werden wir schon was zu essen bekommen.«

Da ich keine Comic-Hefte oder Baseballbilder bei mir

hatte, um mir die Zeit zu vertreiben, saß ich einfach da und wartete. Stunden vergingen, bis ich den ersten Besucher sah.

»Los, Doggie, gehen wir hinter ein paar Leuten her, und dann wollen wir hoffen, daß sie nicht zu hungrig sind.«

Wir verließen unser Versteck und wanderten durch den Zoo. Die Witterung war unangenehm kühl, so daß nur sehr wenige Leute unterwegs waren, und niemand von ihnen kaufte sich etwas zum Essen.

»Wie soll das nur weitergehen, Doggie?« bemerkte ich besorgt.

Doggie teilte meine Befürchtungen.

Schließlich ließ ein Junge eine ganze Tüte Popcorn fallen. Als er sie wieder vom Boden aufheben wollte, verbot ihm das seine Mutter. Ich wartete, bis sie außer Sichtweite waren, bevor ich das verstreute Popcorn zusammenscharrte. Das meiste davon aß ich, bevor ich es zurück in die Tüte füllte. Obwohl ich mächtigen Hunger hatte, mußte ich mir doch etwas für später aufsparen.

Bis der Zoo dann schloß, konnten wir nichts Eßbares mehr ergattern. Wir gingen zu unserem Versteck zurück, wo ich mir mit Doggie eine kleine Ration Popcorn teilte.

»Ich glaube, wir müssen uns einen anderen Platz suchen, Doggie, sonst verhungern wir hier noch.«

Das fand er auch.

Ich setzte mich gegen den Stamm des Busches zurück. Ich war todmüde, allerdings nicht so sehr schläfrig als körperlich erschöpft. Ich drückte Doggie an mich.

»Weißt du, Doggie«, gestand ich ihm, »ich kann mir nicht vorstellen, daß ich das alles durchgestanden hätte, wenn du nicht bei mir gewesen wärst. Du warst mir wirklich ein guter Freund. Vielen Dank.« Ich küßte ihn auf die Nase.

Dann legte ich mich flach auf den Boden und stopfte mir den Wäschesack unter den Kopf.

»Wenn doch nur Sal käme und uns nach Hause bringen würde.«

Das wünschte sich Doggie auch.

»Aber ich weiß, daß das nicht geht, Doggie. Es hat keinen Sinn, uns etwas vorzumachen. Am Ende tut es nämlich nur doppelt so weh.« Dann drückte ich Doggie an mich und schlang meine Arme, so gut es ging, um uns beide. Ich fror. Aber dann schlief ich doch ein.

Am nächsten Morgen weckte mich wieder das Scharren des Eichhörnchens.

»Na, Bushy«, begrüßte ich es. »Hast du was dagegen, wenn ich dich Bushy nenne?«

Es hatte nichts dagegen.

»Wenn ich nur auch ein paar Nüsse ausgraben könnte wie du. Im Augenblick würde ich alles essen.«

Es begann zu schneien.

»Au weia«, seufzte ich. »Das kann ja heiter werden.«

Das fand Doggie auch.

»Was sollen wir jetzt tun?«

Bushy huschte einen Baum hoch.

»Ich glaube, wir gehen besser, Doggie.« Damit stopfte ich ihn in meinen Beutel und steckte meinen Kopf unter den Büschen hervor. Die Luft war rein. Geduckt rannte ich auf mein Schlupfloch im Zaun zu. Jetzt erwischt zu werden, hätte mir gerade noch gefehlt. Ich kroch unter dem Zaun hindurch.

Dann ging ich kilometerweit die Tremont Avenue hinunter. Hin und wieder blieb ich in einem Hauseingang stehen. Ich fror, ich hatte Hunger, und ich war müde. Außerdem hatte ich keine Ahnung, wohin ich gehen oder was ich hätte tun sollen.

Schließlich blieb ich wieder einmal unter dem Vordach eines Geschäfts stehen, das einem Friedhof gegenüberlag. Ich schüttelte den Schnee von meinen Kleidern und lehnte mich gegen das Schaufenster, um über die düsteren Grabsteine in den grauen Himmel zu starren. Durch das Schneetreiben funkelte die lange Lichterkette einer Brücke zu uns herüber. Das sah sehr schön aus.

»Doggie!« platzte ich plötzlich heraus. »Ich hab's!«

Ich holte ihn aus dem Wäschesack.

»Weißt du, wohin wir gehen?«

Ich ließ ihn den Kopf schütteln, so daß ich es ihm erzählen konnte.

»Wir gehen zu Martha, Doggie. Wir gehen zu Martha.«

Darauf ging ich weiter die Straße hinunter und hielt nach jemandem Ausschau, den ich nach dem Weg zur Brücke fragen konnte. Als ich schließlich einen Mann aus seinem Wagen steigen sah, rannte ich auf ihn zu.

»Sir«, sprach ich ihn höflich an, »ist das dort drüben die Whitestone Bridge?«

Er sah in die Richtung, in die ich deutete. »Ja«, gab er mir zur Antwort. »Hast du dich denn verlaufen?«

»Verlaufen? Ich und verlaufen? Nein. Ich bin hier mit meiner Mutter zu Besuch und wollte nur wissen, ob das die Whitestone Bridge ist.«

»Ja, das ist die Whitestone Bridge«, bestätigte er mir und ging davon.

»Na«, gab ich einen erleichterten Seufzer von mir, »das wäre zumindest geschafft.«

Ich rannte über die Straße und sprang über die Friedhofsmauer. Und dann lief ich über das sanft gewellte Gelände auf die Brücke zu. Da unter der frischen Schneedecke die Wege nicht zu erkennen waren, lief ich einfach schnurstracks drauf los. Doch langsam ging mir die Luft aus und ich ging erschöpft weiter. Hin und wieder waren die Lichter der Brücke im Schneetreiben überhaupt nicht mehr zu erkennen. Dann blieb ich stehen und wartete, bis ich sie wieder sehen konnte. Bei einer dieser Gelegenheiten nahm ich Doggie aus meinem Beutel.

»Martha wohnt auf der anderen Seite der Brücke«, erklärte ich ihm.

Er wollte wissen, von welcher Brücke.

»Na, vor einer Minute war sie doch noch da.«

Ich ging noch ein Stück weiter, um schließlich unter einem Baum stehen zu bleiben, dessen kahle Äste hoch in den dunklen Nachthimmel emporragten und sich in dem böigen Wind bogen. Ich bekam es langsam mit der Angst zu tun.

»Ich glaube fast, wir hätten nicht in dieser Richtung gehen sollen, Doggie«, flüsterte ich, während ich mich verzweifelt nach allen Richtungen umsah.

Dann ging ich wieder in der Richtung weiter, in der ich die Brücke vermutete. Ich hatte mich verirrt.

»So was Blödes, Doggie. Was sollen wir jetzt machen?«

Er meinte, wir sollten zur Straße zurückgehen.

»Zur Straße! Das ist eine gute Idee.«

Ich brach also in der Richtung auf, in der ich die Straße vermutete. Je länger ich so dahinging, desto tiefer schien sich der Nachthimmel zu senken. Die langen Äste der Bäume schienen sich wie mächtige Arme nach mir auszustrecken. Und dann bekamen diese Arme sogar Hände und die Hände bekamen Finger. Ich duckte mich unter den nach mir grapschenden Fingern und begann zu laufen. Der Wind pfiff und heulte. Ich rannte schneller und schneller, verzweifelt nach dem Weg zur Straße suchend. Ich stolperte über einen niedrigen Grabstein. Als ich mich wieder hochkämpfte, packten mich die Finger eines widerspenstigen Strauchs. Ich kreischte laut auf.

»Wer da?« ertönte aus dem Nichts eine tiefe, kehlige Stimme.

Mir blieb das Herz stehen, als ich mich umblickte und niemanden sah.

»Wer da?« fragte die Stimme noch einmal, diesmal langsamer und lauter.

»Ach, du liebes Bißchen«, murmelte ich und drückte Doggie ganz fest an mich. Wenn das ein Gespenst ist, dann sollte ich ihm besser antworten, dachte ich.

»Jennings«, antwortete ich also so klar und deutlich, wie das mit meiner zitternden Stimme möglich war. Ich hielt Doggie gegen meine Wange gepreßt, und er zitterte so sehr, daß meine Knöchel gegen meinen Unterkiefer schlugen. Meine Zähne klapperten deutlich hörbar.

»Was treibst du hier?« wollte die Stimme wissen.

»Ich ... ich ... ich bin weggelaufen. Ich ... versuche, Martha zu finden.«

»Ist sie tot?« polterte die Stimme los.

»Nein, ich hoffe nicht.« Als ich mich neuerlich ängstlich umsah, konnte ich wieder nur die nach mir tastenden Äste im Dunkeln erkennen. »Sind Sie ein ... ein Geist?« brachte ich schließlich mühsam hervor.

»Ja.«

»Oh!« Ich drückte Doggie noch fester an mich.

»Buh!« Und dann kam er aus einem dichten Gebüsch hervor.

Ich rannte davon, so schnell meine Füße mich trugen. Ein paarmal fiel ich hin, um jedoch sofort wieder aufzustehen und zwischen Grabsteinen und nach mir greifenden Ästen weiterzuhasten. Während ich durch das Dunkel rannte, hörte ich hinter mir langsam das Lachen des Gespensts verhallen. Ich sprang über die Friedhofsmauer und direkt in die Arme eines Polizisten.

»Na, wer kommt denn da? Wohin denn so eilig, mein Junge?«

»Da drinnen ist ein Gespenst!« Ich deutete über die Mauer zurück.

»Ein Gespenst!« lachte der Polizist.

»Ja! Ein Gespenst!«

»Na, das sollten wir uns lieber mal ansehen.«

»Also, ich weiß nicht, ob das unbedingt eine gute Idee ist.«

Er lachte erneut. »Wie heißt du denn überhaupt, mein Junge?«

»Äh ... das habe ich vergessen.«

»Er heißt Jennings«, ertönte plötzlich die Stimme des Gespensts. Es lehnte sich über die Friedhofsmauer.

»Das Gespenst!« schrie ich entsetzt auf.

Der Polizist und das Gespenst lachten aus vollem Hals, während ich mich verzweifelt den Armen des Polizisten zu entwinden versuchte.

»Du bist also das Gespenst, Pop?« fragte der Polizist.

»Nicht immer, nur hin und wieder.« Das Gespenst lachte. »Wenn es nötig ist.« Er entfernte sich wieder von der Mauer und verschwand in der Dunkelheit.

»Ist das Ihr Vater?« fragte ich den Polizisten.

»Nein«, kicherte er. »Pop ist der Nachtwächter. Er vertreibt kleine Jungen wie dich vom Friedhof, indem er ihnen einen gehörigen Schrecken einjagt.«

»Ach so.«

»Und jetzt erzähl mir mal schön, mein Junge«, wandte er sich dann mir zu. »Wo wohnst du denn?«

So was Blödes. Jetzt würden sie mich wieder ins Heim zurückschicken, und ich würde nicht zu Martha kommen. Obwohl ich krampfhaft dagegen ankämpfte, stiegen mir die Tränen in die Augen.

»Hast du nicht gehört, mein Junge?«

»Was?«

»Ich habe dich gefragt, wo du wohnst.«

»Nirgendwo«, antwortete ich.

»Nirgendwo? Aber jeder wohnt doch irgendwo.«

»Ich nicht.«

Darauf führte er mich zu seinem Streifenwagen und öffnete mir die Tür. Ich setzte mich auf den Beifahrersitz. Jetzt erst bemerkte ich, daß ich in meiner Angst Doggie völlig verknautscht hatte, und drückte ihn wieder in seine alte Form zurück.

»Du hast aber einen netten Hund«, meinte der Polizist. »Er sieht ganz so aus, als ob er schon eine Menge durchgemacht hätte.«

Ich drehte Doggie in meinen Händen und sah ihn prüfend an. Ja, du hast wirklich schon eine Menge durchgemacht, armer Kerl, dachte ich aus ganzem Herzen. Es tut mir leid.

»Wie heißt er denn?« wollte der Polizist wissen.

»Doggie.«

Er streckte seine Hand nach ihm aus, aber ich drückte ihn fester an mich.

»Ich wollte ihn dir nicht wegnehmen«, entschuldigte er sich. »Ich wollte ihm nur Hallo sagen und die Pfote schütteln.«

»Ach so.« Ich hielt ihm Doggie hinüber und ließ ihn die Vorderpfote ausstrecken.

»Hallo«, sagte der Polizist zu Doggie. »Ich heiße Daily. Officer Daily.«

»Er sagt auch Hallo.«

»Ach, er kann sogar sprechen? Na, das ist ja ein Ding. Wo wohnst du denn, Doggie?«

»Er wohnt bei mir«, antwortete ich. Darauf küßte ich ihn auf die Nase und steckte ihn in den Beutel zurück.

Officer Daily ließ den Wagen an und fuhr los. Der Schneematsch klatschte gegen die Unterseite des Streifenwagens, während wir die Tremont Avenue hinunterfuhren. Das Seitenfenster war beschlagen. Ich wischte es mit den Fingern sauber. Die Wassertropfen an der Außenseite der Scheibe ließen die Lichter am Straßenrand ineinander verschwimmen.

»Du hast wohl Schlimmes durchgemacht, mein Junge?« fragte der Polizist nach einer Weile.

Ich antwortete nicht, da ich immer nur an Mrs. Froschgesicht denken mußte. Sie würde mich bestimmt umbringen, wenn ich wieder ins Heim eingeliefert wurde.

Er tätschelte mir das Knie. »Keine Sorge, mein Junge, ich werde schon dafür sorgen, daß alles wieder gut wird.«

Ich spürte, daß er es gut meinte. Mir war allerdings klar, daß er das nur sagte, um mich zu trösten.

Jetzt erst sah ich mir den Polizisten genauer an. Er hatte dicke Backen mit jeweils einem Grübchen in der Nähe des Mundwinkels. Sein Haar war feuerrot, seine Haut sommersprossig. Auf seine Stirn hing eine widerspenstige Locke herab. Seine Mütze hatte er weit nach hinten geschoben.

Schließlich kamen wir auf dem Polizeirevier an. Es sah genauso aus wie die anderen, in denen ich bis dahin bereits gewesen war. Zwei grüne Lichter vor dem Eingang, häßliche, graue Steinmauern und eine altersschwache, knarzende Tür. Innen sah es keineswegs besser aus. Der große Schreibtisch, das Holzgeländer, das den ganzen Raum in zwei Teile teilte, und die Holzbank an einer Wand. Ich setzte mich.

Officer Daily trat hinter den Schreibtisch und sprach mit einem Polizisten, der keine Mütze trug. Sie unterhielten sich sehr leise, und ich versuchte angestrengt, ihrem Gespräch zu folgen, was mir jedoch nicht gelang. Meinen Wäschesack fest an mich gepreßt, sah ich mich in dem düsteren Raum um und wartete.

»Bist du Jennings Burch?« fragte mich der Polizist ohne Mütze unvermitelt.

Sie wissen, wer ich bin. So was Blödes!

»Ich will nicht ins Heim zurück.«

Darauf unterhielten sich die beiden Polizisten wieder eine Weile und studierten verschiedene Papiere.

»Ich will nicht ins Heim zurück!« erklärte ich lauter.

»Keine Sorge, mein Junge. Das mußt du auch nicht«, erklärte der Polizist ohne Mütze barsch.

»Gott sei Dank«, murmelte ich erleichtert.

»Sie wollen dich dort nicht mehr haben«, fügte er darauf hinzu. »Wir schicken dich nach Martin Hall.«

»Martin Hall?«

»Du bist jetzt ein schwer erziehbarer Jugendlicher«, erklärte mir der Polizist ohne Mütze. »Du kommst ins Gefängnis.«

»Lassen Sie doch den Blödsinn, Frank«, wies ihn Officer Daily daraufhin zurecht. »Sie müssen ihm doch nicht noch zusätzlich Angst machen.«

»Na, aber so ist es doch!« erwiderte der Polizist ohne Mütze schroff.

Während sie sich daraufhin wieder flüsternd unterhielten, saß ich wie gelähmt da. Ich drückte den Wäschesack an mich. Die Tränen rollten mir übers Gesicht.

»Verflucht!« Ich war wütend über meine Tränen. Ich wischte sie mit dem Ärmel meiner Jacke ab. Stell dir das schlimmste Heim vor, in dem du je warst … Genau das waren Ronnys Worte gewesen. Na, das konnte ja heiter werden.

»Kommt gar nicht in Frage!« sagte Officer Frank plötzlich lauter.

»Aber, Frank; ich bitte Sie!«

»Kommt gar nicht in Frage! Nicht mit mir! Sie können ja mit dem Captain reden.«

»Er ist nicht hier.«

»Tut mir leid«, sagte Officer Frank grinsend. »In diesem Fall werden Sie ihn wohl oder übel dort abliefern müssen. Und zwar jetzt sofort! Und sobald Sie zurück sind, können Sie gleich einen Brief an die Bezirksverwaltung weiterleiten.«

»Na gut.« Damit kam Officer Daily auf mich zu.

»Muß ich jetzt ins Gefängnis?« fragte ich.

»Leider ja, mein Junge. Aber so schlimm ist es dort gar nicht. Das ist kein richtiges Gefängnis, sondern nur eines für Kinder.«

Als ich aufstand, drohten mir die Beine unter dem Körper wegzusacken.

»Fehlt dir auch nichts?« fragte mich Officer Daily.

Ich gab ihm keine Antwort. Wir gingen aus dem Polizeirevier und zu seinem Streifenwagen nach draußen.

»Verdammt!« Er hieb auf das Steuer ein, nachdem wir eingestiegen waren.

»Was ist denn?« fragte ich.

»Ach, nichts«, seufzte er. Er ließ den Motor an.

»Geht es darum, was Officer Frank nicht für Sie tun wollte?«

Er lächelte. »Du bist mir vielleicht ein waches Bürschchen. Ja, genau das ist es. Ich wollte für den Rest der Nacht frei haben, aber er wollte mich nicht vom Dienst befreien.«

»Ach so«, entgegnete ich. »Das war aber nicht nett von ihm.«

»Ach, eigentlich ist er ganz in Ordnung. Er hält sich nur zu sehr an die Vorschriften; das ist alles.«

»An welche Vorschriften?«

Er lachte. »Ach, das ist eine lange Geschichte.«

Als er schließlich losfahren wollte, hielt ein anderer Streifenwagen vor uns und versperrte uns den Weg.

»Jetzt mach schon! Beeil dich ein bißchen!« knurrte er den Wagen, der ihm den Weg versperrte, ungeduldig an.

Doch aus dem stieg nun ein großer Polizist in einer besonders schicken Uniform mit goldenem Abzeichen und goldenen Knöpfen.

»Wer ist das denn?«

»Das ist der Captain.«

Wir warteten, daß der Wagen vor uns wegfuhr.

»Hat Officer Frank nicht gesagt, Sie sollten den Captain fragen?«

»Ach ja, stimmt!« Er schlug sich mit der flachen Hand gegen die Stirn. »Wie konnte ich das nur vergessen!« Dann wandte er sich mir zu. »Hör mal, Jennings. Wirst du mir versprechen, zu warten und nicht wegzulaufen, wenn ich dich eben mal kurz allein lasse?«

Ich nickte.

»Nein«, bestand er. »Du mußt es auch sagen.«

»Ich verspreche es Ihnen.«

Darauf stieg er aus und ging zurück in das Polizeirevier. Allerdings blieb er wesentlich länger als eine Minute weg. Als er schließlich lächelnd wieder zurückkam, war bestimmt eine halbe Stunde verstrichen.

»Haben Sie heute abend noch frei bekommen?« fragte ich.

»Und ob. Sobald ich dich abgeliefert habe, habe ich Feierabend.« Er tat so, als wäre seine eine Hand ein Flugzeug, das von der Handfläche seiner anderen abhob.

Er drückte den Anlasser und fuhr los. Erst pfiff er im Fahren vor sich hin, und dann sang er ein Lied, das eigentlich keinen Text hatte. Officer Daily erinnerte mich ein wenig an

Sal, wenn ich auch den Grund hierfür nicht hätte sagen können. Vielleicht lag es einfach nur daran, daß er nett und freundlich zu mir war wie Sal.

Nach längerer Fahrt hielten wir schließlich vor einem kleinen, weißen Haus. Mein Herz klopfte wie wild. Es war also eher wie bei den Carpenters oder in St. Teresa's. Na gut. Jedenfalls war es kein großes Gebäude mit einem Hof, der mit Stacheldraht eingezäunt war.

»Ist das Martin Hall?« fragte ich mehr mich selbst als Officer Daily.

Er runzelte die Stirn. »Ja. Es wird dir dort bestimmt nicht gefallen.«

Als ich ausstieg, kam eine blonde Dame mit einer geblümten Schürze auf uns zu.

»Du bist also Jennings«, sprach sie mich lächelnd an, als sie uns erreicht hatte.

»Jennings«, sagte Officer Daily zu mir, »das ist Mrs. Daily, meine Frau.«

Ich warf ihm einen kurzen Blick zu, um mich dann wieder seiner Frau zuzuwenden. Beide lächelten. Er hatte mich also doch nicht ins Gefängnis gebracht.

15

Während ich am Küchentisch saß, machte Mrs. Daily Kakao. Außerdem stellte sie einen Teller mit Keksen vor mich. Ich war so hungrig, daß ich sie am liebsten sofort alle hinuntergeschlungen hätte, aber ich beherrschte mich und wartete. Statt dessen sah ich neben meinem Stuhl zu Boden, um mich zu vergewissern, daß mein Wäschesack und Doggie noch da waren.

Officer Daily war währenddessen auf das Polizeirevier zurückgefahren, um sich umzukleiden und den Streifenwagen zurückzubringen. Er hatte gesagt, er würde nicht lange wegbleiben.

»So einen stillen Jungen wie dich habe ich ja noch nie gesehen«, meinte Mrs. Daily.

Ich lächelte.

Darauf trat sie auf mich zu und strich mir das Haar aus der Stirn. Warum Erwachsene das wohl so gern machen?

»Gibt es denn gar nichts, worüber du gern reden oder was du fragen möchtest?«

»Äh … doch Ma'am.«

»Na, wunderbar! Und was?«

»War Thanksgiving schon, oder kommt es erst noch?«

Ihre Augen füllten sich mit Tränen. Komisch, was sollte denn an Thanksgiving so traurig sein.

»Stimmt irgend etwas nicht?« fragte ich deshalb.

»Nein, nein, mein Junge.« Sie beugte sich zu mir herab und küßte mich auf den Scheitel. »Es ist alles in Ordnung.« Darauf trat sie an den Herd und füllte zwei Tassen mit Kakao. Nachdem sie sie auf den Tisch gestellt hatte, setzte sie sich mir gegenüber. Sie schob den Teller mit Keksen näher zu mir heran.

»Thanksgiving ist nächste Woche«, sagte sie dann. »Möchtest du, daß ich einen richtig großen Truthahn koche?«

»O ja!« Schon allein der Gedanke an einen Truthahnbraten ließ mir das Wasser im Mund zusammenlaufen.

»Also gut! Aber jetzt iß doch erst mal ein paar Kekse.«

»Danke.«

Ich hörte die Eingangstür.

»Das muß Bob sein«, sagte Mrs. Daily. »Da hat er sich aber beeilt.«

Und tatsächlich steckte Officer Daily den Kopf zur Tür herein und sagte: »Hallo, da bin ich wieder.«

Ich mochte Mrs. Daily. Und dann schlang ich zwei Kekse hinunter.

»Mein Gott«, entfuhr es ihr, »der arme Junge ist ja halb verhungert.«

»Wann hast du zum letztenmal was gegessen?« fragte mich Officer Daily.

Ich blickte zur Decke hoch, um nachzudenken.

»Na, wenn du deswegen erst lange nachdenken mußt ...« Mrs. Daily sprach den Satz nicht zu Ende. »Habt ihr ihn den gar nicht gefragt, ob er Hunger hat?« wandte sie sich dann in tadelndem Ton an ihren Mann, um dann rasch aufzustehen und mir etwas zum Essen zu machen.

Officer Daily zuckte mit den Achseln.

»Männer!« schimpfte sie weiter drauflos, während sie mir ein Butterbrot reichte. »Iß erst mal das. Ich mache dir noch gleich einen Hamburger.«

»Danke.«

»Möchtest du auch etwas, Liebling?« fragte sie dann ihren Mann. Auch ihm gegenüber wurde ihr Ton nun wieder freundlicher.

»Nein, danke. Ich möchte nur eine Tasse Kaffee, und dann werde ich mal versuchen, ob ich unseren kleinen Freund nicht doch zum Sprechen bringen kann.«

»Mit mir spricht er bestimmt!« warf sie ein.

»Na, sei dir dessen mal nicht zu sicher.« Er lächelte und kniff mich in die Backe.

»Habe ich etwa nicht recht?« wandte Mrs. Daily sich darauf mir zu.

»Was wollen Sie denn wissen?« fragte ich sie.

Officer Daily warf die Hände in die Luft. »Sieh sich das mal einer an! Wir kriegen auf dem Polizeirevier kein einziges Wort aus ihm heraus ...« Er schüttelte eine Weile ungläubig den Kopf. »Und dann kommst plötzlich du daher, gibst ihm ein paar Kekse, und schon redet er wie ein Wasserfall.«

Wir mußten alle lachen. Mir war klar, daß er bereits alles wußte, was es über mich in Erfahrung zu bringen gab. Nachdem er meinen Namen wußte, brauchte er sich doch nur im Heim nach mir zu erkundigen.

Während Mrs. Daily mir nun einen Hamburger briet, unterhielten wir uns eine Weile. Ich erzählte den beiden, weshalb ich aus dem Heim weggelaufen war. Ich erzählte ihnen auch, daß mir zwar klar war, daß es nicht gut war, wegzulaufen, aber daß ich mich andrerseits auch zu sehr geschämt hätte, um zu bleiben.

»Du hast vollkommen recht, mein Junge«, redete mir Officer Daily gut zu. »Es ist wirklich nicht gut wegzulaufen, aber manchmal ist es trotzdem besser, wegzulaufen und sich in Sicherheit zu bringen, als sich endlos quälen und demütigen zu lassen. Letzten Endes kommt es nur darauf an«, fügte er hinzu, »daß man einen wirklich triftigen Grund hat wegzulaufen.«

Als Mrs. Daily einen dampfenden Hamburger vor mir auf den Tisch stellte, quollen mir die Augen über.

»Jetzt iß erst mal schön«, forderte sie mich auf. »Zum Reden haben wir nachher noch genügend Zeit.«

Der erste Bissen war köstlich.

»Gibst du denn diesmal Doggie nichts ab?« fragte mich Officer Daily.

»Doggie? Wer ist Doggie?« wollte seine Frau wissen.

»Doggie ist mein Freund.«

»Na, wenn er genauso hungrig ist wie du ...«

Ich griff nach meinem Beutel und holte Doggie daraus hervor.

»Oh, ist der aber süß«, meinte Mrs. Daily. »Aber er ist auch ziemlich schmutzig.«

Ich sah mir Doggie genauer an. Er war tatsächlich ganz schön staubig. »Er hat auch einiges durchgemacht«, führte ich zu seiner Entschuldigung an.

Sie lachten.

Dann stellten sie mir unzählige Fragen über meine Familie, über die Heime, in denen ich untergebracht gewesen war, und über die Leute, deren Bekanntschaft ich gemacht hatte. Sie wollten alles über mich wissen. Manchmal füllten sich Mrs. Dailys Augen mit Tränen. Dann wieder mußten beide lachen, oder sie sahen mich nur wortlos an. Mir war nicht recht klar, was in ihnen vorging. Das einzige, wovon ich nichts erzählte, waren meine Aufenthalte im Zoo, da ich dachte, Mr. Daily müßte mich als Polizist vielleicht verhaften, weil ich unter dem Zaun hindurchgekrochen war und keinen Eintritt bezahlt hatte.

»Erzähl mir doch noch etwas mehr über Sal«, forderte er mich schließlich auf.

»Was soll mit ihm sein?«

»Ich finde, er müßte ein sehr sympathischer Mann sein, wenn man dich über ihn reden hört.«

»Das ist er auch. Er ist wundervoll. Er kitzelt mich und bringt mich zum Lachen.«

»Hat er eigentlich mal gesagt, warum er nicht bleiben und sich deiner annehmen konnte?«

»Äh …« Nachdenklich zupfte ich an meiner Unterlippe und versuchte, mich zu erinnern, was Sal damals gesagt hatte.

»Darüber können wir uns ja ein andermal den Kopf zerbrechen«, schaltete sich Mrs. Daily nun ein. »Ich bin mir jedenfalls sicher, daß er seine Gründe dafür gehabt haben wird.«

»Ja, das hat er ganz bestimmt«, erklärte ich. »Ich versuche gerade, mich zu erinnern, wie er es damals ausgedrückt hat. Er hat gesagt, er könnte nicht … äh. Er könnte nicht … äh. Also, er hat gesagt, er wollte mir nichts vormachen und mir nicht versprechen, er würde mich aus dem Heim holen, wenn er es dann doch nicht tun würde. Er war noch nicht so weit … er war nocht nicht in der Lage …«

»Verantwortung zu übernehmen?« half mir Officer Daily nach.

»Ja, genau das hat er gesagt! Er war noch nicht an dem Punkt, die volle Verantwortung zu übernehmen. Er hat noch eine andere Arbeit gesucht und wollte erst sein eigenes Leben etwas ins reine bringen.«

»Das ist auch der Grund, weshalb ich ihn nicht finden konnte.«

»Haben Sie denn nach ihm gesucht? Haben Sie nach Sal gesucht?«

»Ja, das habe ich.« Er nickte. »Allerdings hatte ich kein Glück.«

»Er fährt einen Laster.«

»Das weiß ich«, lachte er. »Und ich werde ihn schon noch finden. Mach dir deswegen mal keine Sorgen.«

»Warum möchten Sie denn Sal finden?«

»Tja, weil wir dachten, er könnte inzwischen an dem Punkt angelangt sein, an dem er die volle Verantwortung für dich übernehmen möchte.«

»Nein, das ist er nicht.« Ich schüttelte den Kopf.

»Woher willst du das so sicher wissen?«

»Weil er mich nicht aus dem Heim abgeholt hat. Und er hat gesagt, er würde mich erst abholen kommen, wenn er mich für immer bei sich behalten würde.«

»Ach, so ist das.«

»Jetzt habt ihr aber genug geredet«, unterbrach uns Mrs. Daily. »Zeit für ein Bad.«

»Werden Sie jetzt ein Bad nehmen, Sir?«

Sie lachten beide.

»Nein, mein Junge; du bist derjenige, der jetzt ein Bad nehmen wird.« Und während Mrs. Daily das sagte, begann sie, mich am Bauch zu kitzeln.

Dann führte sie mich zu einem kleinen Schlafzimmer, das neben dem Bad lag.

»Warte noch einen Moment«, forderte sie mich auf, bevor wir dort eintraten. »Ich muß erst noch das Badewasser einlaufen lassen.«

Damit verschwand sie im Bad und drehte das Wasser auf. »Magst du gern Badeschaum?« fragte sie mich.

»Oh, ja!«

»Ich auch.« Sie lächelte und goß etwas Badezusatz in die Wanne.

Mrs. Daily hatte ein wunderbares Lächeln. Ihr Gesicht war sehr glatt und hübsch. Außerdem hatte sie die gleichen blauen Augen und die gleichen Grübchen wie Officer Daily.

Schließlich führte mich Mrs. Daily in das Schlafzimmer. Es war sehr hell und freundlich. Die Wände waren gelb gestrichen, und auch die Vorhänge und das Bettzeug waren gelb. Sie knipste eine Lampe auf dem Nachtkästchen an.

»So, und jetzt laß mal sehen, was du alles in deinem Beutel hast.« Sie hob meinen Wäschesack hoch. »Darf ich?«

Ich nickte.

Sie zog als erstes Doggie heraus und schnitt eine Grimasse. »Ein schmutziger Hund.«

Ich lachte.

»Ein Hemd.« Sie nahm es aus dem Beutel. »Eine Socke. Ist das alles?«

»Ja, Ma'am.«

»Wie trägst du nur eine Socke?«

»Na, eben nur an einem Fuß.«

Sie lachte. Und aus irgendeinem Grund mußte auch ich plötzlich lachen.

»Was ist denn hier so lustig?« fragte Officer Daily, der währenddessen in der Tür aufgetaucht war.

»Wir werden unserem kleinen Gast morgen ein paar Sachen kaufen müssen«, erklärte sie. »Im Augenblick bräuchte ich aber vor allem einen Schlafanzug.«

»Das werden wir gleich haben.«

Dann brachte mich Mrs. Daily ins Bad und begann, mich auszukleiden.

»Wo möchtest du ihn haben?« fragte Officer Daily, der inzwischen wieder zurück war.

»Auf dem Bett, bitte.«

Sie zog mich bis auf die Unterhose aus.

»Und für das letzte Stück mache ich die Augen zu.« Sie schloß die Augen und wandte ihr Gesicht der Decke zu.

Dann zog sie mir die Unterhose aus, und ich hüpfte in die Badewanne.

»Ich werde noch gleich deine Sachen waschen, damit sie morgen schön sauber und ordentlich sind.«

Dann schrubbte sie mich am ganzen Körper ab. Sie wusch mir Gesicht, Ohren und Haare und säuberte meine Fingernägel. Als sie damit fertig war, hielt sie ein großes, flauschiges Badetuch hoch und schloß wieder die Augen.

»So, jetzt komm wieder raus«, forderte sie mich auf.

Ich stieg aus der Wanne, und sie hüllte mich in das Badetuch ein. Als sie mich dann abtrocknete, kauerte sie auf dem Boden.

»Meine Güte, warst du vielleicht ein kleiner Schmutzfink.«

Darauf schlang sie ihre Arme um mich und drückte mich an sich. So hielt sie mich ziemlich lange, und sie hörte sich dabei an, als weinte sie.

»Was ist denn?« fragte ich besorgt.

»Ach, nichts«, erwiderte sie. »Ich bin nur ziemlich erkältet. Nichts weiter.« Und dann stand sie abrupt auf.

Nachdem sie mich ins Schlafzimmer gebracht hatte, half sie mir in Officer Dailys Schlafanzug.

»Er ist zwar etwas groß für dich«, meinte sie, »aber ich werde ihn morgen für dich umnähen.«

Nachdem sie Arme und Beine hochgekrempelt hatte, legte sie mich zusammen mit Doggie ins Bett. Als sie beim Anblick Doggies wieder eine Grimasse schnitt, mußte ich lachen.

»Ist es dir recht, wenn ich das Licht ausschalte?« fragte sie.

Ich nickte.

Darauf zog sie mir die Decke bis unters Kinn und gab mir einen Kuß auf die Stirn. »Falls dir ein kleines Malheur passieren sollte, mein Junge«, beruhigte sie mich, »dann mach dir keine Sorgen. Hier wirst du nicht bestraft, wenn du ins Bett machst. Das kann jedem mal passieren.« Sie schickte sich zum Gehen an.

»Mrs. Daily.«

»Ja?«

Ich streckte meine Arme nach ihr aus. Sie kam noch einmal zurück, um mich erneut zu umarmen und mich aufs Ohr zu küssen.

»Danke«, sagte ich.

Dann lag ich, eng an Doggie gekuschelt, im Dunkel dieses neuen Zuhauses.

»Die Dailys sind doch wirklich nett, findest du nicht auch?«

Das fand Doggie allerdings.

»Wenn ich nicht so gern bei Sal wäre, würde es mir, glaube ich, gar nicht so viel ausmachen, hier zu bleiben.«

Ich drückte mich an Doggie und schlief ein.

Plötzlich schreckte ich aus dem Schlaf hoch. Als ich mich auf die Seite drehte und nach Doggie tastete, war er verschwunden. Ich schaltete die Lampe auf dem Nachtkästchen ein, um zu sehen, ob er aus dem Bett gefallen war. Das war jedoch nicht der Fall, weshalb ich aufstand und nach draußen auf den Flur ging. Dort hörte ich Stimmen aus der Küche. Ich wollte eben wieder in mein Zimmer zurückgehen, als ich meinen Namen hörte. Ich näherte mich der Küchentür.

»Diese Vorschrift verstehe ich nicht«, hörte ich Mrs. Daily sagen.

»Was gibt es daran nicht zu verstehen? Die Vorschrift lautet, daß kein Polizist privat in einen Fall verwickelt werden darf. Und damit basta.«

»Aber das ist nicht fair.«

»Der Captain hat sowieso schon beide Augen zugedrückt und mir eine Frist von drei Tagen gewährt.«

»Der arme Kleine. Er hat doch schon viel genug durchgemacht.«

»Wem erzählst du das? Immerhin habe ich dich ja auch sofort verständigt, nachdem wir ihn aufgegriffen hatten.«

»Ich weiß, ich weiß. Trotzdem muß es doch etwas geben, was wir für ihn tun könnten.«

»Ich kann weiter versuchen, diesen Sal zu erreichen. Er

hat seine letzte Stelle gekündigt. Gott weiß, wo er jetzt steckt.«

Darauf wurde es still. Für den Fall, daß sie die Küche verließen, schlich ich zu meinem Zimmer zurück.

»Könnten wir ihn denn nicht aufnehmen?« hörte ich Mrs. Daily dann fragen.

Meine Augen weiteten sich.

»Ich würde ihn doch auch nur zu gern aufnehmen. Aber leider geht das nicht so einfach.«

»Wie meinst du das?«

»Na, du weißt doch selbst, wie lange dieser bürokratische Kram dauert. Und bis die ganzen Formalitäten erledigt sind, müßte er auf jeden Fall in ein Heim zurück.«

»Wie lange würde das ungefähr dauern?«

»Sicher Monate.«

»Monate!« entfuhr es ihr.

Darauf wurde es in der Küche erneut still. Ich hörte das Geräusch von einlaufendem Wasser und das Klappern von Geschirr in der Spüle.

»Selbst wenn ihn also Martha aufnehmen wollte ...« setzte Mrs. Daily an.

»Das würde nicht das geringste ändern«, fiel er ihr ins Wort. »Die einzige Möglichkeit wäre, Sal irgendwie ausfindig zu machen.«

»Warum?« fragte sie. »Er ist doch ebensowenig erziehungsberechtigt wie wir.«

»Natürlich. Aber er hat im Augenblick keine Wohnung. Wenn Sal nun Jennings wirklich aufnehmen wollte, bräuchte er nur Jennings' letzte Adresse als seinen Wohnsitz angeben, womit er automatisch als erziehungsberechtigt gälte.«

»Ach, das klingt alles so fürchterlich kompliziert.«

In diesem Punkt konnte ich Mrs. Daily nur zustimmen. Ich lehnte mich gegen die Wand.

»Also gut«, begann darauf Officer Daily wieder. »Wenn wir innerhalb der nächsten drei Tage Sal nicht ausfindig machen können, was ich im übrigen für höchst unwahrscheinlich halte, werden wir den Jungen aufnehmen. Trotzdem wird er natürlich so lange in ein Heim müssen, bis der ganze Papierkram erledigt ist.«

»Der arme Junge«, seufzte sie. »Er wird bestimmt nicht glauben, daß wir ihn wirklich wieder holen kommen werden.«

O doch, dachte ich, das werde ich schon – zumal ich keine andere Wahl habe.

»Na ja«, seufzte er. »Ich weiß auch nicht, was wir sonst tun sollten.«

Darauf schlich ich an der Wand entlang ins Bad, wo ich die Spülung zog. Dann ging ich in mein Zimmer zurück.

»Bist du das, mein Kleiner?« hörte ich Mrs. Daily aus der Küche rufen. Sie erschien in der Tür. »Was ist denn?«

»Ich kann Doggie nicht finden«, erklärte ich.

Ich ging in die Küche zu Mrs. Daily, und dann sah ich ihn. Er hing an den Ohren von der Wäscheleine – tropfnaß, aber sauber.

»Ich habe auch deinen Freund Doggie gebadet«, erklärte mir Mrs. Daily. »Allerdings hatte ich gehofft, du würdest so lange schlafen, bis er wieder trocken ist.«

»Ich bin aufgewacht, und dann habe ich gemerkt, daß er weg war.«

Sie legte mir den Arm auf die Schulter. »Das hätte ich mir eigentlich denken können. Entschuldige bitte.«

»Das macht doch nichts. Doggie mußte ja wirklich mal in die Badewanne.«

»Jedenfalls werde ich ihn dir sofort wieder bringen, sobald er trocken ist. Einverstanden?«

»Einverstanden.«

Darauf ging ich wieder in mein Schlafzimmer zurück und legte mich ins Bett. Kurz darauf kam Mrs. Daily herein und schaltete das Licht an. Ich hielt mir die Hand vor die Augen, bis ich mich an die Helligkeit gewöhnt hatte. Sie trat an mein Bett und legte Doggie neben mich. Er war in ein dickes, flauschiges Handtuch eingewickelt.

»Er ist zwar noch etwas feucht«, meinte sie dazu, »aber morgen früh ist er dann sicher trocken.«

Die nächsten zwei Tage waren wirklich herrlich. Hin und wieder vergaß ich sogar, daß ich wieder ins Heim zurückmußte. Officer Daily hatte sich extra freigenommen, damit wir alles gemeinsam machen konnten. Wir gingen einkaufen, und ich durfte alles behalten, was sie mir kauften. Ich bekam mehrere Hosen und Hemden, Unterwäsche und Socken. Als Mrs. Daily sagte, daß ich nun ausnahmsweise mal für jeden Fuß eine Socke hätte, mußten wir alle lachen. Ich bekam auch einen Schlafanzug und meine ersten Pantoffeln. Sie waren blau und hatten auf der Seite ein Bild von Hopalong Cassidy und Topper.

Während Mrs. Daily dann zu Hause Essen kochte, durfte ich mit Officer Daily ins Kino gehen. Mrs. Daily wollte etwas ganz besonderes kochen. Ich konnte es gar nicht erwarten, was das wohl sein würde. Wir sahen uns den *Roten Freibeuter* an. Doggie und mir gefiel besonders die Stelle, wo sich Burt Lancaster und sein kleiner Freund, der nicht sprechen konnte, wie Affen durch die Gegend schwangen. Und einmal, als sie vor den Soldaten flohen, versteckten sie sich in einem Faß voller Fische. Doggie und ich kamen aus dem Lachen nicht mehr heraus.

Zum Abendessen gab es dann Truthahn. Mrs. Daily meinte, wir sollten diesmal alle die Thanksgiving-Tage nachholen, die ich nicht gefeiert hatte. Officer Daily tranchierte den Truthahn und gab mir eine Keule. Bevor wir zu essen begannen, sprach er ein Gebet:

»Segne uns, o Herr, mit deinen Gaben und laß uns durch Jennings sehen, in welchem Maß du uns bisher mit deinem Segen bedacht hast.«

»Ich wußte gar nicht, daß es ein Gebet gibt, in dem mein Name vorkommt.«

Er lachte. »Den habe ich auch nur heimlich hinzugefügt.«

»Ach so. Aber trotzdem vielen Dank. Können wir jetzt mit dem Essen anfangen?«

Am darauffolgenden Tag gingen wir ins Naturgeschichtliche Museum. Sie hatten mich auch gefragt, ob ich in den Zoo wollte. Aber das hatte ich abgelehnt.

»Ich dachte, alle Kinder gingen am liebsten in den Zoo«, meinte Officer Daily erstaunt.

»Schon, aber … äh … äh … ich war schon im Zoo.«

»Man kann doch auch öfter in den Zoo gehen, findest du nicht?«

»Schon, aber ich war auch schon öfter dort. Eigentlich war ich schon so oft im Zoo, daß man denken könnte, ich hätte dort gelebt.«

An diesem Abend verlief das Essen in wesentlich gedrückterer Stimmung als am Tag zuvor. Die Dailys waren sehr still. Sicher dachten sie daran, daß sie mich wieder ins Heim zurückschicken mußten.

Als dann das Telefon klingelte, sprang Officer Daily so abrupt von seinem Stuhl auf, daß er ihn fast umgeworfen hätte. Das Klingeln des Telefons erinnerte mich an das Geräusch des Schnappers im Heim der guten Engel.

»Ja, Captain«, hörte ich ihn ins Telefon sagen. »Aber …« Doch er sprach nicht mehr weiter und lauschte statt dessen in den Hörer. »Jawohl, Sir, ich verstehe. Aber …« Doch er sprach auch diesmal nicht weiter.

»Willst du noch etwas mehr?« fragte mich Mrs. Daily.

»Nein, danke.«

»Und wie steht's mit Doggie? Will er noch einen Knochen?«

»Nein«, lachte ich. »Er muß auf sein Gewicht achten, sonst wird er noch richtig fett.«

Mir war klar, daß sie mich von dem Telefongespräch ablenken wollte. Und das schaffte sie auch.

Ich hörte nämlich nur noch, wie Officer Daily sagte: »In Ordnung, Sir. Um fünf Uhr.« Und dann hängte er ein.

Er setzte sich wieder zu uns an den Tisch, ohne mit einem

Wort auf den Anruf einzugehen. Es war fast, als hätte das Telefon nie geklingelt. Ich war mir sicher, daß sie erst darüber sprechen würden, nachdem sie mich ins Bett gebracht hatten. Deshalb beschloß ich, ihnen etwas entgegenzukommen.

»Ich bin schon müde«, gähnte ich. »Kann ich schon schlafen gehen?«

»Natürlich«, sagte Mrs. Daily. »Du brauchst doch deswegen nicht extra um Erlaubnis zu fragen.«

Ich stand auf.

»Soll ich mitkommen und dir helfen?«

»Nein, danke.«

»Na gut«, nickte sie. »Dann mach dich schon mal allein fertig. Ich komme dann und packe dich ins Bett.«

»Gut.« Und damit verließ ich die Küche.

Ich ging den Flur hinunter und öffnete die Tür zu meinem Zimmer.

»Eigentlich tut man so etwas nicht, Doggie, aber ich muß einfach herausfinden, was los ist.«

Das konnte Doggie sehr gut verstehen. Und nachdem ich ihn auf mein Bett gelegt hatte, schlich ich wieder zurück zur Küchentür.

»Das könnte dich deine Stelle kosten«, hörte ich Mrs. Daily sagen.

»Ich weiß. Aber ich kann es einfach nicht mitansehen, wie der Junge in Martin Hall eingeliefert wird.«

»Und von Sal immer noch keine Spur?«

»Nein, nichts. Ich bin sicher, er würde sich des Jungen annehmen, wenn er von der Sache wüßte. Deshalb würde ich vorschlagen, wir behalten ihn einfach bei uns und sehen, was weiter passiert – natürlich nur, wenn du nichts dagegen hast.«

»Ach, du bist einfach wunderbar«, jubelte Mrs. Daily.

Ich schlich wieder den Flur hinunter und in mein Zimmer.

»Na, so was«, seufzte ich. »Officer Daily kommt bestimmt

in ernsthafte Schwierigkeiten, wenn wir noch länger hier bleiben, Doggie. Was meinst du?«

Doggie wußte nicht, was er davon halten sollte.

»Du bist aber auch gar keine Hilfe«, tadelte ich ihn. »Ich glaube fast, er kann kein Polizist bleiben, wenn er mich behält. Meinst du nicht auch?«

Der Meinung war Doggie allerdings auch.

»Officer Daily hat gesagt, daß es vor allem darum ginge, wenn man wegläuft, daß man einen triftigen Grund dafür hat.«

Ich suchte im Nachtkästchen nach einem Bleistift und einem Stück Papier.

»Hast du dich noch nicht fürs Bett fertiggemacht?« hörte ich plötzlich Mrs. Dailys Stimme hinter mir.

»Nein, noch nicht.«

»Kann ich dir helfen?«

»Ich habe nur nach Papier und Bleistift gesucht.«

»Wozu das denn? Willst du jemandem schreiben?«

»Äh … nein. Ich wollte noch ein Bild zeichnen.«

»Jetzt? Bist du denn nicht müde?«

»Ein wenig, aber ich wollte erst noch …«

»Du brauchst dich nicht zu rechtfertigen, mein Junge. Wenn du Papier und Bleistift willst, dann sollst du das auch haben.« Damit verschwand sie aus meinem Zimmer.

»Ach, Doggie«, seufzte ich. »Wenn wir doch nur hierbleiben könnten.«

Nachdem mir Mrs. Daily Papier und Bleistift gebracht hatte, half sie mir beim Umziehen. Als ich dann auch im Bad fertig war, kletterte ich in mein Bett. Officer Daily wünschte mir von der Tür aus eine gute Nacht.

»Sir.«

»Ja?«

»Vielen Dank für alles.«

»Aber ich bitte dich, mein Junge, das war doch selbstverständlich. Bis morgen also.«

»So, mein Junge«, sagte Mrs. Daily dann, während sie mir

die Decke glatt strich, »und morgen nachmittag werde ich mich nach einer Schule für dich umsehen. Was hältst du davon?«

»Das fände ich schön.«

»Und jetzt schlaf schön. Wenn du noch zeichnen willst – Papier und Bleistift sind hier. Aber du wirst morgen noch genügend Zeit zum Zeichnen haben.«

»Ja.«

Sie gab mir einen Kuß und schickte sich zum Gehen an.

»Bitte, gehen Sie noch nicht weg.«

Sie kehrte um und setzte sich neben mich aufs Bett. »Was hast du denn, mein Junge? Hast du Angst vor etwas?«

»Nein.«

»Du siehst aber ganz durcheinander aus.«

»Nein, ich wollte Sie noch mal umarmen – nichts weiter.«

Darauf legte sie ihre Arme um mich und drückte mich an sich. Ich versuchte, die paar Worte hervorzubringen, aber ich schaffte es einfach nicht. Sie wiegte mich erst noch ein paar Minuten in ihren Armen, bevor sie schließlich ging.

Darauf lag ich im Dunkeln in meinem Bett und dachte nach. Es gab keinen anderen Ausweg. Ich durfte nicht zulassen, daß Officer Daily meinetwegen in Schwierigkeiten kam. Ich schlüpfte aus dem Bett und knipste die Nachttischlampe an. Dann schrieb ich folgenden Brief:

Lieber Officer Daily und liebe Mrs. Daily,

vielen Dank, daß Sie mich behalten wollten. Aber ich möchte nicht, daß Sie Schwierigkeiten bekommen. Deshalb muß ich fort. Vielen Dank für den Truthahn und das Kino und die anderen Sachen.

Jennings und Doggie

Ich lag noch stundenlang wach, bis ich sicher war, daß sie schliefen. Dann stand ich auf und packte meine Sachen in den Wäschesack. Nachdem ich mich angezogen hatte, steckte ich als letztes Doggie in den Wäschesack, um schließlich aus dem Fenster zu klettern.

Ich ging in derselben Richtung die Straße hinunter, die wir auch eingeschlagen hatten, als wir einkaufen gegangen waren. Da ich mich auf keinen Fall erwischen und ins Gefängnis stecken lassen wollte, schlich ich vorsichtig von Hauseingang zu Hauseingang. Schließlich kam ich zu einer überirdischen U-Bahn-Station wie in der Nähe des Zoos. Ich trat auf den Fahrkartenschalter zu und fragte den Mann, wie ich am besten zur Boston Road und Tremont Avenue kam. Mir war klar, daß es besser war, ihn nicht direkt nach dem Weg zum Zoo zu fragen, zumal es schon sehr spät war.

»Hast du dich verlaufen, Kleiner?«

So was Blödes, dachte ich. Wenn nur die Erwachsenen mal aufhören könnten, mich ständig zu fragen, ob ich mich verlaufen hätte. Dachten sie denn, Kinder wüßten nie, wohin sie zu gehen hätten?

»Nein, Sir, ich habe mich nicht verlaufen.«

»Aber was machst du denn um fünf Uhr morgens noch unterwegs?«

»Äh ... na ja, ich frage Sie eben, wie ich am besten zur Boston Road komme ...«

»Das weiß ich«, erwiderte der Mann. »Aber findest du es nicht ein bißchen spät, dich auf der Straße herumzutreiben?«

»Ach, du liebes Bißchen«, seufzte ich. »Ich dachte, es wäre schon früh.«

Er lachte. »So kann man es natürlich auch sehen. Also gut, ich werde eben mal anrufen, um mich zu erkundigen, in welcher Richtung du am besten fährst.«

Doch im nächsten Augenblick wirbelte ich auch schon herum und rannte auf den Ausgang zu. Ich hörte ihn hinter mir her rufen, als ich die Straße erreichte.

»Wohin?« fragte ich mich nun selbst. »Entscheide dich für eine Richtung.« Das tat ich dann auch und ging los.

Ein paar Häuserblocks weiter sah ich einen Streifenwagen mit eingeschaltetem Blaulicht die Straße in Richtung U-

Bahn-Station hinunterjagen. Ich drückte mich in einen dunklen Hauseingang.

»Und jetzt«, sagte ich zu mir selbst, »werden wir gleich sehen, in welcher Richtung die Boston Road liegt.«

Ich drückte mich tiefer in den Schatten des dunklen Hauseingangs und wartete. Inzwischen hatte der Streifenwagen vor der U-Bahn-Station gehalten. Zwei Minuten später machte er kehrt und brauste wieder an mir vorbei. Ich konnte mir ein Grinsen nicht verkneifen. Mir war klar, daß der Fahrscheinverkäufer den Polizisten gesagt hatte, nach welcher Straße ich gefragt hatte und daß der Streifenwagen in diese Richtung fahren würde.

Ein paar Stunden später erreichte ich den Zoo. Ich schlüpfte unter dem Zaun hindurch und schlich zu meinen Latschen. Es war immer noch empfindlich kalt, aber zumindest war der Schnee größtenteils wieder geschmolzen.

Ich legte mich auf den Boden und holte Doggie aus meinem Beutel. Wir waren beide müde.

»Jetzt bleiben wir immer hier«, sagte ich. »Es ist einfach zu gefährlich. Wenn wir den Zoo noch mal verlassen und erwischt werden, müssen wir ins Gefängnis.«

Ich drückte Doggie fest an mich. Auch ihm war klar, daß wir nun immer im Zoo bleiben würden.

Nach einer Weile schlief ich ein.

Als ich erwachte, hörte ich viele Stimmen. Einen Augenblick lang wußte ich nicht, wo ich war. Als ich meinen Kopf vorsichtig unter den Latschen hervorstreckte, sah ich mindestens ein Dutzend Kinder, die alle gleich angezogen waren.

»Das ist eine Schulklasse«, erzählte ich Doggie. »Jetzt bekommen wir sicher was zu essen.«

Ich kroch unter den Büschen hervor und folgte den Schülern. Ich wich den ganzen Nachmittag nicht von ihren Fersen. Einfach unfaßbar, wie viel sie wegwarfen. Ich rannte mehrere Male zu meinem Versteck zurück, so viele Brezeln und Pommes frites und Popcorn konnte ich ergattern. Sogar ein ganzes Käse-Sandwich hatte ein Junge einfach weggeworfen, ohne auch nur einmal davon abzubeißen. Ich hatte genügend Essen für eine ganze Woche.

»Weißt du was, Doggie? Wenn hier jede Woche eine Schulklasse vorbeikommt, brauchen wir uns wegen des Essens keine Sorgen mehr zu machen.«

Doggie war ganz meiner Meinung.

Nachts lag ich dann auf ein paar Steinen in der Nähe meines Unterschlupfs. Wegen des Nachtwächters brauchte ich mir auch keine Sorgen zu machen. Er hatte ständig eine Lampe bei sich, so daß ich ihn schon von weitem kommen sehen würde. Es begann zu regnen.

»So was Blödes«, stöhnte ich und packte meine Sachen zusammen. Ich verstaute den Wäschesack mit Doggie und meinen Lebensmittelvorräten unter den Latschen. Dann ging ich zum Raubtierhaus, wo es einen überdachten Eingang gab. Dort stand ich die ganze Nacht und wartete, daß es zu regnen aufhörte. Doch auch am Morgen nieselte es noch leicht dahin. Ich schlich vorsichtig zu meinem Versteck, um etwas zu essen. Dabei stellte ich fest, daß es ganz tief unter den Latschen gar nicht so naß war. Nachdem ich etwas gegessen hatte, schlief ich. Gegen Abend hörte es endlich zu regnen auf. Die Sonne ging gerade unter, und mir war kalt.

»Wir können wirklich von Glück reden, Doggie, daß wir so viel zu essen haben.«

Das fand Doggie auch.

»Schade, daß ich kein Comic-Heft oder ein paar Baseballbilder dabeihabe.«

Ich lehnte mich gegen den Stamm des Strauchs zurück.

»Am allermeisten wünsche ich mir, glaube ich, daß du richtig sprechen könntest, Doggie.«

Darauf mußte er lachen. Ich drückte ihn an mich und gab ihm einen Kuß auf die Nase. Doch dann hörte ich plötzlich Stimmen.

»So was Blödes«, flüsterte ich und hielt Doggie meine Hand über den Mund.

Um besser zwischen den Zweigen der Latschen hindurchsehen zu können, setzte ich mich etwas auf. Die Stimmen wurden lauter. Das müssen aber eine ganze Menge Leute sein, sagte ich zu mir selbst. Da stimmt etwas nicht. Der Zoo ist doch um diese Zeit geschlossen. Und dann hörte ich jemanden rufen:»Jennings!«

Mir lief es eiskalt den Rücken hinunter. Ich drückte Doggie ganz fest an mich und lauschte mit klopfendem Herzen in das Dunkel hinaus.

»Juhuuu, wo steckst du?« sang die Stimme. »Jennings!«

Und dann sah ich ihn plötzlich. Ich schob die Zweige beiseite und sprang auf den Weg hinaus.

»*Sal!*« schrie ich. »Sal!«

Er kauerte nieder und breitete seine Arme aus. Neben ihm standen Officer Daily und ein Streifenpolizist. Ich rannte auf Sal zu und stürzte mich in seine Arme. Er hob mich hoch in die Luft und wirbelte mich herum. Dann ließ er mich auf seine Brust herab und drückte mich an sich.

»Sal«, schluchzte ich. »Du bist mich doch holen gekommen. Du bist mich holen gekommen.«

»Ja, mein Junge, ich bin gekommen.« Er drückte mich ganz fest an sich.

»Na, so was«, staunte Officer Daily. »Woher wußten Sie denn, daß der Bengel hier ist?«

Sal lachte. »Ich kenne meinen Jungen eben.« Er versuchte, mir die Tränen wegzuwischen, die über mein Gesicht strömten.

»Sal, ich … Sal …«

»Was ist denn, mein Junge? Was willst du denn sagen?«

»Ich will sagen, ich … ich hab dich schrecklich gern.«

»Ich dich auch, mein Junge. Ich habe dich auch schrecklich gern.« Er drückte mich an sich und küßte mich.

»Ich mag dich schrecklich gern«, schluchzte ich. »Ich mag dich so schrecklich gern. So schrecklich gern.«

Nachwort

Seit diesem Novembertag des Jahres 1952 ist viel geschehen:

Sal hat sein Wort gehalten und ist bei uns geblieben. Er hat Gene und mich zu jungen Männern heranwachsen gesehen. Er half uns bei den Schularbeiten, nahm uns im Sommer mit seinem Lastwagen auf Tour mit und war uns ein Vater, wie man sich einen besseren nicht denken könnte. Inzwischen ist er in den Ruhestand getreten und lebt mit einer Frau, die er in den siebziger Jahren geheiratet hat, auf Long Island. Er hat auch ihre Kinder großgezogen.

Mama erholte sich erst nach fünf Jahren wieder einigermaßen von ihren Genick- und Rückenverletzungen. Allerdings haben diese Jahre ihren Tribut gefordert, da sie seitdem nie mehr ganz gesund geworden ist. Sie lebt heute in New Jersey.

George hat geheiratet und lebt mit seiner Frau und seinen Kindern an der Ostküste. Nach einigen schweren Jahren gehört er nun den Anonymen Alkoholikern an.

Walter hat seine Ausbildung mit Erfolg abgeschlossen. Er lebt mit seiner Familie im Mittelwesten.

Larry flüchtete von einem Ort zum anderen, von einer Situation zur anderen. Er lebt, von seiner Frau und den Kindern getrennt, irgendwo an der Ostküste.

Jerome kam bis 1958 phasenweise immer wieder nach Hause, bis er schließlich bis zu seinem Tod im Jahr 1961 endgültig zu Hause blieb. Er starb im Alter von einundzwanzig Jahren.

Gene machte während seiner Zeit beim Marine Corps eine Ausbildung in Computertechnik. Er lebt heute an der Westküste.

Was die anderen Menschen betrifft, die während dieser Zeit meine Wege kreuzten – die Dailys, die Fraziers, Martha und Stacy – sie sind nur Erinnerungen für mich geblieben. Clarence hat den Sachverhalt wohl am treffendsten ausgedrückt: »Und dann habe ich eben wieder Platz für neue Freunde.«

Ende der sechziger Jahre trat ich in den Polizeidienst und adoptierte meine Tochter Carolyn. Auf diese Weise gibt es wieder ein Tier weniger, das sie nachts in den Käfig sperren müssen.

Und zu guter Letzt ist Doggie immer noch bei mir. Er hat zwar immer noch nicht zu sprechen gelernt, aber wir verstehen uns trotzdem. Sag schön Hallo, Doggie.